Naomi Aldort

Von der Erziehung zur Einfühlung

Naomi Aldort

Von der Erziehung zur Einfühlung

Wie Eltern und Kinder gemeinsam wachsen können

Deutsch von Cordula Kolarik

Arbor Verlag
Freiburg im Breisgau

Die Originalausgabe erschien unter dem Titel:
Raising our Children Raising Ourselves

Alle Rechte vorbehalten

7. Auflage 2019

Titelfoto: © 2009 Maria Rafaela Schulze-Vorberg
Lektorat: Richard Reschika
Hergestellt von mediengenossen.de
Druck und Bindung: Kösel, Krugzell

Dieses Buch wurde auf 100 % Altpapier gedruckt und ist alterungsbeständig.
Weitere Informationen über unser Umweltengagement
finden Sie unter www.arbor-verlag.de/umwelt.

www.arbor-verlag.de

ISBN 978-3-936855-64-7

„Nichts, was aus dir wird, kann mich enttäuschen; ich habe keine vorgefasste Meinung, was du sein oder tun sollst. Ich habe keinerlei Wunsch, dich vorherzusehen, nur den, dich zu entdecken. Du kannst mich nicht enttäuschen."

Mary Haskell

Inhalt

Kapitel Vier

Emotionale Sicherheit 175

Vorbereitung

Paradigmenwechsel

Teilen Sie Ihr Leben mit einem Kind, dessen kompetente Handlungen nicht aus Angst, sondern aus Freude und Liebe entspringen.

Dieses Buch ist das Ergebnis vieler Jahre, in denen ich meine Kinder begleitet und Familien aus der ganzen Welt beraten habe. Aus den erstaunlichen Geschichten von Eltern habe ich erfahren, dass man oft schon weiß, wie man gute Eltern sein kann, sich jedoch nicht immer nach der eigenen Weisheit richtet. Vielleicht sagen Sie etwas oder verhalten sich so, wie Sie es eigentlich gar nicht wollen, und die Reaktion, die Sie spüren, ist Bedauern, denn tief im Inneren wissen Sie es. Aber Gedanken und alte Prägungen in Ihrem Kopf verstellen Ihrer Weisheit, die aus Ihrer Liebe erwächst, den Weg. In diesem Buch werden Sie lernen, unproduktive Gedanken von Ihrer Liebe zu Ihrem Kind zu unterscheiden, so dass Sie im Einklang mit sich selbst handeln und Ihrem wahren Selbst, der liebenden Mutter oder dem liebenden Vater, die Sie sein wollen, entsprechen können. Sie werden präzise Techniken lernen, um Ihre Liebe in schwierigen Situationen zum Ausdruck zu bringen.

Ich weiß, Sie wären froh, nie mehr zu schimpfen, zu strafen oder zu drohen, wenn Sie nur wüssten, wie Sie dafür sorgen könnten, dass

Ihr Kind ohne derartige schmerzliche Maßnahmen zu einem rück-
sichtsvollen, verantwortungsbewussten und erfolgreichen Menschen
heranreifen kann. *Von der Erziehung zur Einfühlung* ist die Antwort
auf Ihren Wunsch.

In den letzten Jahren hat der Wunsch nach einer friedlichen Haltung
als Eltern sanftere Wege hervorgebracht, Kinder zum Kooperieren zu
bewegen. Jedoch hat sich das uralte Konzept der Kontrolle nicht geändert, und „das Herbeiführen von Kooperation" ist die neue Termi-
nologie, die uns die Augen vor der darunter verborgenen Kontrolle
verschließt. Kontrolle ist unwirksam, weil sich Menschen von Natur
aus dagegen wehren. Ob es sanfte Nötigung oder versteckte Manipulation ist, eben die Kontrolle, die wir benutzen, verursacht die Probleme, die wir zu lösen versuchen.

Die meisten Eltern wissen bereits, wie man Kinder sanft kontrollieren kann; was wir aber nicht wissen, ist, wie man sie NICHT kontrolliert und in Frieden und Freude mit ihnen lebt. Wir kennen derartige
sanfte Kontrollmechanismen in Form natürlicher Konsequenzen, ver-
einbarter, „nicht strafender" Auszeiten, als „Herbeiführen von Kooperation", Bestechung und Lob. Aber Gehorsam, Folgsamkeit und sogar
das Herbeiführen von Kooperation bedeuten, dass sich das Kind dem
Willen des Erwachsenen fügt, auch wenn es dabei zufrieden zu sein
scheint (weil es ihre Liebe will und erleichtert ist, sie zu verdienen).
Eltern suchen heute nach Wegen, ihre Kinder zu begleiten, ihre Bedürfnisse zu erfüllen und ihnen Vorbild zu sein, ohne sie jedoch zu
kontrollieren.

Durch dieses Buch sollen Sie daher nicht lernen, wie Sie Kooperation erreichen können, sondern wie Sie Selbsterkenntnis für sich selbst
und für Ihr Kind fördern können. *Ein autonomes Kind, dessen Leben
in der von ihm gewünschten Richtung fließt, handelt produktiv, weil es
dies will. Die Triebfedern seines Handelns sind Freude und Liebe, nicht
Angst oder das Bedürfnis, Anerkennung zu erzielen.*

In den folgenden Kapiteln werden Sie lernen, sich von Ihren eigenen emotionalen Reaktionen und Ihrer Konditionierung zu lösen,

damit Ihr Kind der Mensch sein kann, der es ist, ohne von Ihrer Vergangenheit, Ihrer Angst vor der Zukunft oder Ihrer Sorge darüber, was andere über Sie als Eltern sagen könnten, eingeschränkt zu werden. Sie werden lernen, die Bedürfnisse Ihres Kindes zu erfüllen, ohne es zu formen – wie ein Gärtner, der die Blumen gießt, aber ihnen nicht hilft, sich zu öffnen, oder ihre Form oder Farbe auswählt.

Unser evolutionärer Fortschritt hin zu friedlicheren, miteinander verbundenen Menschen, die sich ihrer selbst bewusst sind, hängt davon ab, dass wir unser Festklammern daran, wie es früher war, und das Bedürfnis nach Kontrolle hinter uns lassen. Die typischen Fragen: Wie kann ich das Kind dazu „bringen“, bei der Hausarbeit zu helfen, ruhig zu sein, mit dem Wutanfall aufzuhören, gut zu essen usw., spiegeln den Wunsch wider, es zu kontrollieren. Es geht darum, das Kind dazu zu „bringen“, was die Eltern wollen; das Kind muss *das, was es will, aufgeben, das heißt, es muss sich selbst aufgeben*. Doch das Aufgeben des eigenen Willens ist die Ursache der meisten Schwierigkeiten bei Kindern. Ein Kind dagegen, das über sein Leben selbst bestimmt, handelt produktiv, weil die Triebfedern seines Handelns Freude und Liebe und nicht Wut, Angst oder Stress sind.

Wenn Sie den Mut haben, Ihrem Kind zu vertrauen, so dass es sein Leben selbst gestalten kann, werden Sie eine höchst erfüllende Erfahrung als Eltern machen, bei der Sie sich in die einzigartigen Bedürfnisse und Vorlieben Ihres Kindes verlieben. Eine solche Liebe ist bedingungslos – Sie lieben Ihr Kind, nicht die Vorstellung davon, wie es sein sollte. Liebe ist nur dann Liebe, wenn es keine Bedingungen gibt. Sobald Liebe als Belohnung für ein Verhalten oder eine Leistung benutzt wird, ist es keine Liebe mehr, sondern wird zu einer Lektion des Gebens und Nehmens. In diesem Buch werden Sie lernen, Ihre Rüstung abzulegen und Liebe, die an keine Bedingungen geknüpft ist, durch sich hindurch strömen zu lassen. Denn bedingungslose Liebe ist eine Belohnung in sich selbst.

Bei jedem schwierigen Moment mit Ihrem Kind haben Sie die Wahl: das Verhalten des Kindes zu unterbinden, damit Sie an Ihren alten

Gewohnheiten festhalten können, oder zu einem größeren Menschen zu wachsen, indem Sie sich mit Ihrem Kind auf den Weg machen. Ihr Kind ist Ihr Lehrer. Selbstbestimmte Menschen, die sich ihrer selbst bewusst sind, wachsen in Familien, wo die Eltern Seite an Seite mit ihren Kindern wachsen.

Elternschaft ist ein Weg des Reifens und Wachsens, wenn wir es wagen, mehr zu lernen und weniger zu lehren

Unser Streben nach Kontrolle ist weder ein Vergehen noch ein Fehler. Wir treten unschuldig in die Fußstapfen unserer Eltern und Groß-eltern, deren Grundlage Angst war. Sie glaubten, Kinder reiften nicht zu tüchtigen Erwachsenen heran, wenn ihre Eltern sie nicht formten. Sie meinten, die ziemlich göttliche Rolle, Babys und Kinder zu Er-wachsenen zu machen, selbst übernehmen zu müssen. Eltern sein ist viel einfacher, wenn uns klar wird, dass Kinder, wenn sie auf dieser Welt ankommen, schon dazu bestimmt sind, auf ihre eigene, einzig-artige Art zu erblühen.

In diesem Buch werden Sie große Erleichterung finden, weil die un-mögliche Pflicht, Menschen zu formen, nicht mehr bei Ihnen liegt. Die Natur oder Gott ist kein Trottel; es ist nicht Ihre Aufgabe, aus einem Säugling innerhalb von zwanzig Jahren einen Erwachsenen zu machen. Ihre Verantwortung und Ihr Privileg bestehen darin, für einen Menschen zu sorgen und ihn zu pflegen, solange er wächst.

Die folgenden Kapitel beruhen auf der Erkenntnis, dass Gedanken ohne unsere Kontrolle kommen und gehen; wir haben sie nicht geru-fen. Nicht all diese Gedanken sind nützlich oder auch nur wahr, und wir müssen uns nicht nach ihnen richten. Wenn wir wollen, dass die Zukunft der Menschheit anders aussieht, als sie es zurzeit tut, müssen wir unseren Kindern ermöglichen, diese Zukunft aus dem, was sie sind, und nicht aus dem, wie wir sie gerne hätten, zu erschaffen. Unsere Ambitionen für sie beruhen auf Gedanken, die wir aus der Vergan-genheit geerbt haben. Wenn wir die Vergangenheit wiederholen und uns nach den alten, in Angst begründeten Vorstellungen in unseren Köpfen richten, kann es keine Veränderung geben.

Dutzende von Eltern-Kind-Szenarios werden in diesem Buch geschildert. Es sind die wirklichen Geschichten von Familien, mit denen ich arbeiten durfte. Alle Namen und Schauplätze sind geändert, um die Vertraulichkeit zu wahren. Die Grundsätze der Liebe sind unabhängig vom Alter. Diese Geschichten handeln von Kindern aller Altersstufen – von Säuglingen bis zu Teenagern.

Elternschaft ist ein Weg des Reifens und Wachsens, wenn wir es wagen, mehr zu lernen und weniger zu lehren. Wenn Sie den Mut haben, damit aufzuhören, die Art, wie Sie sind oder wie Ihre Eltern Sie erzogen haben, zu verteidigen, können Sie sich der Möglichkeit öffnen, dass Sie viel großartiger, wunderbarer und fähiger sind, als Sie dachten.

Kapitel Eins

Worte, die heilen und verbinden

Die Worte, die wir in unserer Interaktion mit Kindern verwenden, haben die Macht, zu heilen oder zu verletzen, Distanz zu schaffen oder Nähe zu fördern, Gefühle zu verschließen oder das Herz zu berühren und es zu öffnen, Abhängigkeit zu verstärken oder dem Kind Kraft zu verleihen. Zum Beispiel:

Beim Einkaufen in einem Bioladen hörte ich ein Kind weinen. Ich folgte dem Geräusch und fand ein kleines Mädchen, etwa vier Jahre alt, das weinend und jammernd auf dem Boden lag. Niemand schien bei ihr zu sein. Ich sah mich rasch um, und eine Frau an der Kasse beantwortete meine unausgesprochene Frage: „Ich weiß nicht, wo ihre Mutter ist. Dieser Junge hier ist offenbar ihr Bruder."
Der Bruder des weinenden Mädchens war ungefähr neun Jahre alt. Er stand im Gang neben dem Einkaufswagen. Ich setzte mich neben das weinende Mädchen auf den Boden und versuchte zu erraten, warum sie weinte.
„Wartest du schon furchtbar lange darauf, endlich aus dem Laden hier rauszukommen?", fragte ich.
„Ja", sagte sie.
„Willst du nach Hause gehen?"
„Ja", antwortete sie und schluchzte dabei lauter.
„Es dauert so lang, und Mama ist so langsam", fügte ich hinzu.

*„Ja", kam die Antwort. Diesmal sah mich das Mädchen mit ihren gro-
ßen, tränenerfüllten Augen an.*

*„Es ist schwer, in diesem langweiligen Laden zu sein und so lange zu
warten", sagte ich.*

„Mmhh."

*Ihr Bruder kam zu uns herüber und sagte mit einer ungeduldigen Ges-
te: „Komm, Lizzie, steh jetzt auf."*

*Ich wandte mich an den Jungen und fragte: „Bist du es auch leid, auf
Mama zu warten?"*

*„Ja", antwortete er und fügte dann hinzu, „vor allem, wenn im Fern-
sehen gerade die beste Sendung läuft."*

„Oh", sagte ich. „Verpasst ihr gerade eure Lieblingssendung?"

„Ja", erwiderte Lizzie und erzählte mir von der Sendung.

*„So was Blödes", bestätigte ich. „Wann kommt die Sendung das nächs-
te Mal?"*

*„Morgen", sagten sie wie aus einem Munde. „Sie kommt jeden Tag",
ergänzte der Junge.*

*„Habt ihr Angst, dass ihr nicht herausbekommen könnt, was ihr verpasst
habt?", fragte ich, weil ich dachte, sie machten sich vielleicht Sorgen,
der Geschichte nicht mehr folgen zu können.*

„Ja", antwortete Lizzie, und ihr Bruder nickte.

*Dann stand Lizzie auf. Ich stellte mich vor. Lizzie umarmte mich herzlich.
Ich sagte: „Ich bin so froh, dass ich euch getroffen habe." Sie ließ sich in meine Arme sinken, und ich stand auf und hielt sie. Sie war jetzt ruhig. Dann
kam ihr Bruder näher auf uns zu und sagte: „Wir bekommen bestimmt
raus, was wir bei der Sendung verpasst haben, Lizzie." Lizzie lächelte.
In dem Moment kam die Mutter der Kinder und dankte mir für meine
Hilfe.*

Worte, die heilen, müssen nicht unbedingt etwas an den Tatsachen
ändern. Lizzie konnte nicht nach Hause gehen, als sie es wollte, und
sie verpasste ihre Fernsehsendung. Was sich jedoch änderte, waren ihre
Gefühle dazu und die Art, wie sie die restliche Zeit in dem Laden ver-

brachte. Die übliche Art, mit Kindern zu reden, negiert oft jede Aussage des Kindes. Sehen wir uns an, wie das Gespräch mit Lizzie ausgesehen hätte, wenn ich sie „liebevoll und sanft" negiert hätte.

Stellen wir uns vor, ich hätte Lizzie, als sie schluchzend auf dem Fußboden lag, gefragt: „Warum weinst du?". „Warum" zu fragen, drängt ein Kind in die Defensive und impliziert, dass wir keinen Grund zum Weinen sehen, während Kinder im Allgemeinen glauben, dass der Grund für ihre Tränen offensichtlich sei. „Warum?" kann auch einen verletzenden Vorwurf an ein weinendes Kind andeuten: „Irgendwas stimmt wohl nicht mit dir, dass dich das so aus der Fassung bringt." Doch für dieses Beispiel stellen wir uns mal vor, Lizzie hätte auf meine Frage „Warum weinst du?" mit „Ich will nach Hause" geantwortet.

„Mama braucht bestimmt nicht lange", hätte ich sagen können. „Willst du mal was sehen?"

Auf den ersten Blick wirken diese Sätze vielleicht harmlos, doch sie negieren Lizzies Gefühle sogar auf zweifache Weise. Erstens dauert es nach Lizzies Empfinden lange, bis ihre Mama mit dem Einkaufen fertig ist. Wenn ich etwas anderes zu verstehen gegeben hätte, hätte ich Lizzies Gefühl der Ungeduld angezweifelt. Und zweitens hätte ich durch mein Angebot, Lizzie von ihrem Unglück abzulenken, impliziert: „Tun wir so, als wärst du nicht unglücklich und als hättest du Spaß." Das negiert ihr Bedürfnis, sich ihrer Gefühle bewusst zu sein und über ihren Ärger und ihre Wünsche zu sprechen.

Wenn Lizzie auf die Ablenkung eingeht, hört sie vielleicht kurz auf zu weinen. Aber weil ihr Kummer immer noch schmerzt und ihre Gefühle weiterhin verleugnet werden, kann die Ablenkung, wie interessant sie auch sein mag, ihre emotionalen Bedürfnisse nicht befriedigen.

Sagen wir der Geschichte zuliebe, Lizzie ließe sich nicht auf meinen Versuch, sie abzulenken, ein, und heulte noch lauter: „Ich will meine Sendung gucken. Ich will jetzt nach Hause gehen!"

„Du kannst die Sendung bestimmt an einem anderen Tag sehen", hätte ich noch weiter negieren können. „Außerdem ist zu viel Fernsehen nicht gut für dich."

Damit hätte ich Lizzie so sehr entfremdet, dass sie am liebsten vor mir geflüchtet wäre. Ich hätte ihr Gefühl der Ungeduld bagatellisiert, ihre Frustration abgetan und ihr zu verstehen gegeben, dass sie keinen Grund hätte, unglücklich zu sein. Daher hätte sich Lizzie wahrscheinlich nicht mehr weiter bemüht, ihre Gefühle auszudrücken, und hätte nicht mehr nach dem verlangt, was sie wollte, weil sie nicht den Eindruck gehabt hätte, dass ich auf ihrer Seite wäre.

Mein Gespräch mit Lizzie hätte unbegrenzt so weitergehen können, da Negieren nie etwas löst, sondern vielmehr schmerzliche Emotionen steigert, weil das Kind dazu getrieben wird, seine Geschichte zu verteidigen. Schließlich hätte Lizzie einen Weg gefunden, mich loszuwerden, und wäre am Ende noch unglücklicher gewesen als zuvor.

Wenn Kindern der Eindruck vermittelt wird, dass sie authentisch sein und ihre Gefühle zeigen dürfen, und wenn sie sehen, dass wir ihren Blickwinkel ernst nehmen, finden sie oft selbst eine Lösung für ihr Problem oder schließen mit der Realität Frieden. Wenn die Gefühle von Kindern dagegen negiert und abgelehnt werden, sind sie oft nicht in der Lage, ihre Probleme zu lösen. Sie empfinden Wut, weil sie sich selbst als Opfer sehen.

In dem Szenario, das wir uns vorgestellt haben, hätte ich Lizzie in einem solchen Maß entfremdet, dass sie ihren berechtigten Unwillen zwangsläufig auf ihre Mutter übertragen und damit ihren eigenen Kummer und den ihrer Mutter noch gesteigert hätte. Was dagegen tatsächlich in meiner Gegenwart geschah, ist, dass Lizzie Erleichterung empfand, als ich Verständnis und Wertschätzung für ihre Gefühle zum Ausdruck brachte. Sie konnte nun akzeptieren, dass sie ihre Lieblingssendung nicht würde sehen können.

Führt Wertschätzung zum Erfolg?

„Ich habe meiner Tochter Wertschätzung entgegengebracht, aber leider erfolglos", sagte Annie mit einem verzweifelten Seufzen.

„Wolltest du, dass deine Tochter durch deine Wertschätzung mit ihrem Wutanfall aufhört, und das hat nicht funktioniert?" fragte ich.

„Ja", erwiderte Annie, „sie hat ihre Bauklötze trotzdem nicht weggeräumt."

Das Bekunden von Verständnis und Wertschätzung hat seinen Wert in sich selbst. Es ist keine Methode, die wir benutzen, um das Verhalten eines Kindes oder den Verlauf eines Wutanfalls zu lenken oder zu verändern. Im Gegenteil, durch unsere Wertschätzung ermöglichen wir dem Kind, sich gefahrlos auszudrücken; wir bieten dadurch Liebe und vertraute Freundschaft an. Die Folge einer solchen Wertschätzung ist, dass sich das Kind sicher genug fühlt, um seine Gefühle wahrzunehmen und sie ganz auszudrücken.

Die wahrscheinlichste unmittelbare Folge des Bekundens von Verständnis und Wertschätzung ist verstärktes Weinen, ein Wutausbruch oder andere Formen des Selbstausdrucks. Als ich in dem echten Szenario mit Lizzie meine Wertschätzung für ihre Gefühle zum Ausdruck brachte, reagierte sie, indem sie lauter schluchzte und ihrem Unwillen freien Lauf ließ. Erst als sie damit fertig war, zu weinen und über ihre Bedürfnisse zu sprechen, wurde sie ruhig und konnte die Realität hinnehmen. Wenn es kein Fremder ist, der seine Wertschätzung für die Gefühle des Kindes zum Ausdruck bringt, sondern seine Mutter oder sein Vater, weint das Kind wahrscheinlich länger, weil es alte Spannungen zusammen mit den aktuellen herauslässt. Kinder, die Verständnis und Wertschätzung für ihre Gefühle und Erfahrungen erleben, weinen manchmal mehr oder werden wütender, eben weil die Wertschätzung ihnen die Möglichkeit verschafft, ihre tiefsten Gefühle auszudrücken. Aber sobald sie damit fertig sind, blicken sie oft ohne einen Rest negativer Gefühle nach vorne.

Bisweilen bringt das Bekunden von Wertschätzung auch einen Kummer zu einem schnellen Ende, weil es um etwas Vorübergehendes geht und das Kind daher schnell Erleichterung empfindet. Doch wenn das Kind heftiger schluchzt, seien Sie für es da. Achten Sie darauf, dass Sie den Kummer nicht verursachen, sondern Liebe und Bestätigung bieten, damit die Gefühle herausgelassen werden können. Wenn Sie sich angesichts der Intensität der Gefühle unbehaglich fühlen, denken Sie daran, dass es bei Ihrem Einsatz nicht um Ihr eigenes Wohlbehagen geht, sondern um das Vertrauen des Kindes in Sie und in sich selbst. Durch ein solches Bewusstsein des eigenen Ich lernen Kinder sich selbst kennen und vertrauen; Gefühle und ihr Ausdruck, einschließlich intensiver Gefühle, machen ihnen dann weniger Angst.

Das Kind begreift seine eigenen Emotionen und Bedürfnisse nicht nur klarer, sondern Sie werden auch feststellen, dass Sie es durch die Wertschätzung für seine Gefühle besser verstehen und dass Sie beide sich tief verbunden und gestärkt fühlen. Sie werden Respekt für den individuellen Weg ihres Kindes und ein klareres Verständnis ihres eigenen Weges als Mutter oder Vater entwickeln. Zwischen Ihnen und Ihrem Kind wird ein tiefes Band des Vertrauens wachsen, das auch andere Beziehungen im gesamten Leben Ihres Kindes prägen wird. Dadurch, dass es sich selbst vertraut und keine Angst vor Gefühlen hat, wird es emotionale Stabilität und Mitgefühl gewinnen, um die Höhen und Tiefen des Lebens zu bewältigen.

Vermeiden Sie es beim Bekunden von Wertschätzung für die Gefühle Ihres Kindes, zu dramatisieren oder Ihre eigene emotionale Reaktion hinzuzufügen. Wenn wir dramatisieren, ist es wahrscheinlich, dass sich das Kind noch tiefer in seine Geschichte hineinsteigert; wenn es dagegen unsere wohlwollende Haltung erlebt, kann es laut weinen oder toben und dann sein eigenes „Drama" sehen und darüber lachen oder zumindest mit einer positiven Einstellung nach vorne blicken. Lizzie und ihr Bruder konnten mit der Realität Frieden schließen, weil man ihnen intensiv zuhörte und ihre Geschichte gleichzeitig nicht an Dramatik gewann. Ich vermied es zu dramatisieren. Weder bewertete ich die Situation, noch bot ich Auswege an, was impliziert hätte, dass die Lage schlimm wäre. Kinder springen förmlich aus ihrem Unglück heraus, wenn ihnen aktiv und wohlwollend zugehört wird und wenn sie damit fertig sind, sich auszudrücken.

S.A.L.V.E. für die Kommunikation

Viele Eltern fragen nach konkreten Worten, die ihnen helfen können, ihre Wertschätzung zu bekunden und zu bestärken, anstatt zu negieren. Die S.A.L.V.E.-Formel kann ein Werkzeug sein, um Ihnen beim Wechsel hin zum Bestätigen der Erfahrungen Ihres Kindes zu helfen, damit es seine Gefühle annehmen und authentisch und kraftvoll handeln kann.

S – Sondern Sie sich durch ein stummes Selbstgespräch vom Verhalten und den Emotionen Ihres Kindes ab. Das ist der schwierigste Schritt; sobald Sie ihn geschafft haben, ist der Rest einfach. Achten Sie darauf, wie Ihr Inneres Ihnen Worte in den Mund legt, wenn etwas, was das Kind getan hat, Sie zu einer Reaktion bewegt. Es ist wie ein Computer, der selbst Programme startet: Ihr Kind tut etwas, und ein Fenster öffnet sich automatisch in Ihrem Inneren. Dies wäre harmlos, wenn Sie das, was darin steht, nicht laut vorlesen würden. Wenn Sie aus der Fassung sind, ist es falsch, sich nach diesen Worten zu richten. Es würde die Situation nur verschärfen. Es ist nicht das, was Sie wirklich sagen wollen. Es entspricht nicht Ihrer wirklichen Absicht und ist daher unauthentisch. Der Beweis dieser Unauthentizität ist, dass Sie Ihre Worte und Handlungen später bereuen und dass Letztere Mauern zwischen Ihnen und Ihrem Kind entstehen lassen.

Um zu vermeiden, dass Sie Ihr Kind verletzen, lesen Sie die Worte in diesem automatischen Fenster stumm in Ihrem Kopf. Werden Sie sich der Worte bewusst, die Sie beinahe gesagt hätten, und lassen Sie Ihrer ganzen Äußerung, einschließlich bildlicher Vorstellungen, Maßnahmen, die Sie ergreifen wollen, oder Erinnerungen aus Ihrer Vergangenheit in Ihrem Inneren, freien Lauf. Das dauert weniger als eine Minute und schadet niemandem. Was Sie empfinden, ist für Sie allein bestimmt und kein Grund für Handlungen oder Äußerungen. Es ist eine alte Aufzeichnung, nicht der Mensch, der Sie in der Gegenwart sind.

Anfangs brauchen Sie für diese Erforschung Ihrer eigenen Gedanken vielleicht länger als diese eine Minute. Fangen Sie an, indem Sie sich Ihrer Gedanken einfach bewusst werden und sie so stehen lassen. Schreiben Sie Ihre Gedanken auf, damit Sie später gründlicher daran arbeiten können. Im Lauf der Zeit werden Sie größere Kontrolle über Ihr Inneres gewinnen und den ganzen kurzen Prozess auf der Stelle durchführen können.

Gedankenerforschung

- Prüfen Sie die Gültigkeit der Worte hinter Ihrer Aufregung, Wut, Sorge oder Kritik. Sind es wirklich *Ihre* Worte? Glauben Sie das wirklich? Gedanken wie, „sie wird es nie lernen", „er sollte sich nicht so verhalten" oder „sie sollte wissen, dass sie Verantwortung übernehmen muss", sind alte Aufzeichnungen, die vielleicht nicht einmal Ihre eigene Meinung widerspiegeln. Vielleicht ist es das, was andere sagen; vielleicht sind es Ihre Ängste, Ihre Erinnerungen oder Ihre eigenen Ambitionen. Was sie auch sein mögen, sie stehen Ihrer Fähigkeit, Ihr Kind so, wie es ist, zu lieben und zu verstehen, im Wege.
- Werden Sie sich bewusst, was diese Gedanken mit Ihnen machen, wenn Sie sie ernst nehmen. Stellen Sie sich vor, *wie Sie Ihr Kind behandeln würden, wenn Sie diesem Gedanken Folge leisteten.*
- Überlegen Sie, wer Sie wären, wenn Ihnen dieser Gedanke nicht in den Sinn käme. Ohne den Gedanken können Sie frei sein und auf Ihr Kind eingehen, statt auf Ihr eigenes Selbstgespräch. Versuchen Sie sich vorzustellen, Sie ständen mit Ihrem Kind in derselben Situation, jedoch ohne den Gedanken, der Sie dazu bewegt zu negieren und zu kontrollieren. Der Gedanke wird nicht verschwinden. Er gehört Ihnen. Stellen Sie sich nur vor, wer Sie ohne ihn sind. Ohne Ihren Gedanken, der Sie einschränkt, kann Ihr wirkliches, bedingungslos liebendes Selbst zum Vorschein kommen.

• Prüfen Sie, ob das, was Ihre Gedanken Ihnen über Ihr Kind sugge-
rieren, nicht ebenso auf Sie zutrifft. Gewöhnlich sehen wir bei anderen Menschen Dinge, die wir selbst auf uns bezogen hören sollten. „Er sollte sich nicht so verhalten" wird zu „ich sollte mich …
mit meinem Kind nicht so verhalten." „Sie wird es nie lernen" kann
auch ein Aufruf an Sie sein, selbst besser zu lernen, wie Sie sich als
Mutter oder Vater verhalten können, und „sie sollte wissen, dass sie
Verantwortung übernehmen muss" kann ein wichtiger Wegweiser für
Ihre eigene Fähigkeit sein, für die Reaktionen Ihres Inneren und für
andere Bestandteile Ihres Lebens Verantwortung zu übernehmen.

Sobald Sie sich einmal der Gedanken, die Sie in die Irre führen, bewusst
geworden sind, werden Sie entdecken, dass Sie wirklich voll bedingungsloser Liebe sind; statt in Ihrer eigenen Sorge um das Kind gefangen zu
sein, werden Sie mit nichts als Ihrer Liebe, wie sie immer war und ist,
für es da sein. Wenn Sie sich von Ihren störenden Gedanken frei gemacht haben, beginnt das Licht des Menschen, der Sie wirklich sind,
zu leuchten, und Sie sehen Ihr Kind in diesem liebenden Licht.

A – Aufmerksamkeit auf Ihr Kind richten. Wenn Sie die Unterhal-
tung in Ihrem Kopf (die mit Ihrem Kind nichts zu tun hat) still er-
gründet haben, wenden Sie Ihre Aufmerksamkeit von sich selbst und
Ihrem inneren Monolog ab und Ihrem Kind zu.

L – Lauschen Sie auf das, was Ihr Kind sagt oder worauf sein Verhalten hindeuten kann; dann hören Sie noch weiter zu. Halten Sie
Augenkontakt mit Ihrem Kind und stellen Sie Fragen, die ihm Gelegenheit geben, noch mehr zu sagen, oder wenn sich das Kind nonver-
bal ausdrückt, die es wissen lassen, dass Sie es verstehen.

V – Äußern Sie Verständnis und Wertschätzung für die Gefühle
Ihres Kindes und die Bedürfnisse, die es ausdrückt, ohne zu dramatisieren und ohne Ihre eigene Wahrnehmung hinzuzufügen. Lauschen
und Verständnis sind die Zutaten von Liebe (lv). Wenn Ihnen dies
gelingt, schaffen Sie eine Verbindung zu Ihrem Kind und fühlen sich
präsent und sich selbst gegenüber authentisch.

E – Ermutigen, bestärken Sie Ihr Kind, seinen eigenen Kummer zu bewältigen, indem Sie ihm freie Bahn lassen und ihm vertrauen. Zeigen Sie Zuversicht, dass es sich zu helfen wissen wird, indem Sie sich nicht aufregen und nicht versuchen, alles schnell in Ordnung zu bringen. Kinder bringen selbst ihre Bitten, Lösungen und Ideen vor, wenn sie wissen, dass man ihnen vertraut, und wenn sie sich fähig und frei von elterlichen Erwartungen oder Emotionen fühlen. Emotionen behindern die Fähigkeit, kraftvoll zu handeln. Sobald diese Gefühle ausgedrückt sind, gewinnt das Kind wieder Freiheit und Durchblick und lässt entweder seinen Wunsch fallen oder entwickelt eine Lösung. Auf schnelle, natürliche Weise wird Ihr Kind das tun, was Sie bei Ihrer Selbsterforschung getan haben.

Der neunjährige Clint weinte, weil seine Schwester Joy das Monopolyspiel mit ihm nicht zu Ende spielen wollte. „Ich will das Spiel zu Ende spielen. Ich war so nah dran zu gewinnen!", schrie er.

Ella, die Mutter der beiden, hätte beinahe „Gerechtigkeit" durchgesetzt, doch dann nahm sie sich Zeit, ihre persönliche Reaktion vom Streit ihrer Kinder abzusondern und ein stummes Selbstgespräch in ihrem Kopf zu führen (S von S.A.L.V.E.). Sie stellte sich vor, wie sie Joy anschreien, sie als rücksichtslos und gemein bezeichnen und ihr befehlen würde, das Spiel zu Ende zu spielen. Dann prüfte sie diese Gedanken und wurde sich darüber klar, dass sie nicht der Wahrheit entsprachen; ihre Tochter war überhaupt nicht gemein, und ihre Fähigkeit, sich zu behaupten, war etwas Gutes. Daraufhin konnte sie den Gedanken hinter sich lassen und die nächsten Schritte tun: Clint (A) Aufmerksamkeit zu schenken und (L) zu lauschen, ihm zuzuhören.

„Du warst also schon ganz aufgeregt, weil du die Chance zu gewinnen hattest. Bist du enttäuscht, dass du das Spiel nicht zu Ende spielen konntest?"

„Ich bin stinksauer. Ich will das Spiel zu Ende spielen", beharrte Clint.

„Ich weiß, du willst das Spiel zu Ende spielen, aber Joy will nicht."

„Ich war so nah dran zu gewinnen, und deshalb hat sie aufgehört", sagte Clint.

Ella bekundete weiterhin Verständnis und Wertschätzung und lauschte ihrem Sohn, änderte jedoch nicht die Realität für Clint. Sie ermutigte, bestärkte ihn, indem sie sich nicht einmischte und seine Realität nicht „in Ordnung brachte". Damit drückte sie aus: „Ich höre dich, ich sehe dein Problem, und ich weiß, dass du damit umgehen kannst."
Nach einer Weile war er fertig und fing über etwas anderes zu sprechen an. Das, was Clint zu sagen hatte, wurde gehört. Er fühlte sich mit seiner Mutter, die Verständnis und Wertschätzung für seine Gefühle bekundete und die Fakten gemäß seiner Wahrnehmung wiederholte, verbunden. Sie fügte keine Dramatik hinzu; sie mischte ihre eigenen Gefühle oder Ansichten nicht dazu. Ihr Vertrauen und ihre verlässliche Gegenwart ermöglichten es Clint, nach vorne zu blicken.

Junge Kinder und das Sprechen über Gefühle

Wenn man sagt, dass jemand traurig, verärgert oder enttäuscht ist, versteht das ein jüngeres Kind vielleicht, vielleicht aber auch nicht. Junge Kinder fühlen sich am ehesten bestätigt, wenn Tatsachen wahrgenommen werden. Bei einer Telefonberatung schilderte mir eine Mutter die Erfahrung, die sie mit ihrer Tochter im Schwimmbad gemacht hatte.

Orna (5) kam aus dem Schwimmbecken und weinte verzweifelt, weil sie länger dableiben wollte. Das Schwimmbad würde gleich schließen. Ihre Mutter Donna zog sie an, um das Gebäude zu verlassen. Während sie Orna anzog, spiegelte Donna die Erfahrung ihres Kindes, indem sie die Tatsachen beschrieb:
„Du spielst so gern im Wasser. Wolltest du noch viel länger spielen?"
Orna antwortete: „Ja, ich wollte noch mehr hüpfen."
Donna fuhr fort: „Ich weiß. Du wolltest noch nicht aus dem Wasser raus, und man hat uns gesagt, wir müssten raus."
Orna hörte auf zu weinen und sagte: „Ich bin so gern im Schwimmbad."

„Ja", sagte Donna, „und du magst es nicht, wenn du aus dem Wasser raus musst. "
„Mama", erwiderte eine ruhige Orna, „es macht mir jetzt nichts mehr aus. Ich will nach Hause gehen. "

Donna beschrieb nur die Tatsachen, und Orna konnte problemlos einen Bezug dazu herstellen und fühlte sich bei ihrer Mutter zufrieden. Von sich aus klammern sich Kinder nicht an schmerzlichen Gefühlen fest. Sie blicken kraftvoll nach vorne, weil sie keinen Berg von Geschichten um jedes Gefühl herum haben. Vermeiden Sie es, ihnen beizubringen, sich in Selbstmitleid zu ergehen, wie Erwachsene es oft tun. Erwachsene hören manchmal gar nicht damit auf und versuchen, ein Schuldgefühl beim anderen zu erzeugen, oder sie geben sogar der Kultur oder der Regierung die Schuld. Derartige Gewohnheiten wollen Sie Ihrem Kind sicher nicht beibringen. Bekunden Sie Wertschätzung, erwarten Sie jedoch von Ihrem Kind, den Blick nach vorne zu wenden und seine Gefühle nicht allzu ernst zu nehmen; und lernen Sie von Ihrem Kind. Emotionen sind etwas, was man herauslassen kann, wie Schweiß oder Stuhlgang. Emotionen müssen wahrgenommen werden, damit sie einem nicht im Weg stehen, genau wie Schweiß abgewaschen werden muss. Sobald das Bedürfnis des Kindes, verstanden zu werden, befriedigt ist, wird es den Blick nach vorne wenden. Seine Fähigkeit, nach vorne zu blicken, wird auch verhindern, dass es sich an der Episode festklammert und eine Geschichte daraus macht, die seine Einstellung für den Rest seines Lebens negativ beeinflusst.

Wenn das Bekunden von Wertschätzung zur Beleidigung wird

Manchmal kann das Bekunden von Wertschätzung in den Augen des Kindes seine Privatsphäre und Autonomie verletzen. Ein Kind kann Ihre anteilnehmenden Worte als Beleidigung auffassen, wenn es we-

gen etwas, das Sie getan oder gesagt haben, verärgert oder unglücklich
ist; auch kann es sein, dass ein Kind das Bekunden von Wertschätzung
unabhängig vom Grund seines Ärgers ablehnt. Ihr Kind braucht die
Freiheit zu entscheiden, ob es seine Gefühle offen legen will oder nicht.
Vielleicht will es gar nicht, dass man erwähnt, dass es wütend oder
traurig ist. Im Wesentlichen sagt das Kind: „Wenn ich unglücklich bin,
lass mich, aber sag mir nicht, dass du mich siehst." Wenn ein Kind ein
solches Bedürfnis nach stummem Zuhören hat, ist ihm wahrscheinlich
jedes Wort, das wir sagen, unangenehm:

*Die fünfjährige Amber baut einen Turm. Der Turm fällt um, und sie
ärgert sich. Da kommt ihre Großmutter ins Zimmer und spiegelt: „Oh,
ärgerst du dich? Wünschst du, der Turm wäre nicht umgefallen?"*
*Amber wirft die noch stehenden Bauklötze um und schreit: „Sag
nichts!!!"*
Die Großmutter sitzt still da und erkennt ihren Fehler.
*Amber wirft sich auf den Boden und schiebt die Bauklötze wütend hin
und her. Sie brüllt: „Blöde Bauklötze, blöder Fußboden, blöde Amber!"
Sie wirft noch mehr Bauklötze durch das ganze Zimmer. Die Großmutter
schweigt, ist aber präsent, und Amber reagiert auf ihre Aufmerksamkeit,
indem sie sich ganz ausdrückt. Als sie fertig ist, steht sie auf, sammelt die
Bauklötze ein und baut ruhig einen Turm.*

Schweigen heißt nicht Gleichgültigkeit. Schenken Sie dem Kind Ihre
volle Aufmerksamkeit, aber erwähnen Sie es nicht. Es ist dem Kind auch
unangenehm, wenn seine Gefühle erwähnt werden, wenn es verlegen
ist oder Angst hat. In solchen Fällen können Sie entweder nichts sagen
und aufmerksam bleiben oder das Kind bestärken, indem Sie Ihre eigene
menschliche Schwäche betonen und dem Kind von einer ähnlich pein-
lichen Episode in ihrem Leben erzählen, wie es mein Klient Adi tat:

*Während Adi im Garten arbeitete, ging seine vierjährige Tochter Rut-
hi nach drinnen und goss sich ein Glas Milch ein. Dabei verschüttete*

sie etwas Milch auf den Tisch und den Küchenfußboden. Als Adi ins Haus kam und die verschüttete Milch sah, wäre er beinahe herausgeplatzt: „Warum hast du mich nicht gefragt, ob ich dir helfen kann? Du weißt doch, dass du das nicht alleine kannst." Doch stattdessen atmete er tief ein; hörte diese Worte stumm in seinem Inneren (S von S.A.L.V.E.) und merkte, dass sie keinen Nutzen für ihn hatten. Dann wandte er seine Aufmerksamkeit (A) Ruthi zu. Ihm wurde klar, dass sie sich bemüht hatte, ihn nicht bei seiner Arbeit zu stören, und sich deshalb ohne seine Hilfe ein Glas Milch eingegossen hatte. Er kam näher auf sie zu und sagte fröhlich: „Wie ich sehe, hast du dir ganz allein Milch eingegossen."

Ruthi antwortete: „Ja, und etwas ist danebengegangen." Sie sah mit fragendem Blick zu ihrem Vater auf.

„Das ist mir neulich passiert, als ich bei Opa war", sagte er. „Ich hab Saft verschüttet. Ich kam mir ganz ungeschickt vor, aber Opa hat gelächelt und mir ein Tuch gegeben. Es ist ganz leicht aufzuwischen."

Ruthi lief aus der Küche und holte ein Tuch, das sie ihrem Vater gab. Es war nicht die Art Tuch, die Adi benutzt hätte, um den Boden aufzuwischen, doch er nahm das Tuch lächelnd an und wischte die Milch auf.

Indem er Ruthis Leistung, sich selbst ein Glas Milch einzugießen, wahrnahm und würdigte, behandelte Adi sie genauso, wie er einen Gast behandelt hätte, der versehentlich Milch verschüttet hätte. Adi gab seine eigene Ungeschicklichkeit zu und bekundete Ruthi dadurch seine Wertschätzung, ohne sie mit Worten, die ihre Gefühle bloßlegen, in Verlegenheit zu bringen. Als sie erkannte, dass sogar ihr Vater manchmal ungeschickt war, fühlte sie sich wieder wohl. Als sie das „falsche" Tuch brachte, kritisierte Adi sie nicht und nahm auch kein anderes Tuch. In diesem Beispiel entstand durch ein Missgeschick eine tiefere Bindung zwischen Vater und Tochter, und die Selbstachtung und Würde des Kindes blieben intakt.

Gefühle der Wut, Worte der Liebe

Manchmal empfinden wir trotz unserer Absicht, zu lieben und freundlich zu sein, gegenüber einem Kind Ärger oder sogar Zorn. Der Auslöser muss nichts Großes sein. Wir alle haben unsere Erinnerungen an
Schmerz und Scham, die an die Oberfläche kommen, wenn wir mit
auch nur vage ähnlichen Situationen konfrontiert werden.
Wir erinnern uns nicht unbedingt an irgendetwas, aber die mit diesen Erfahrungen assoziierten Gefühle überfluten unser Inneres. Die
s.a.l.v.e.-Formel (stummes Selbstgespräch, Aufmerksamkeit auf das
Kind richten, Lauschen, Verständnis und Wertschätzung, Ermutigen) mit besonderer Betonung auf dem ersten Schritt kann hier hilfreich sein.
    Ärger und heftige Reaktionen verdecken oft andere schmerzliche
Gefühle. Häufig sind das Gefühle, derer wir uns aufgrund von Angst
und Unbehagen, die in unseren früheren Erfahrungen wurzeln, nicht
bewusst sind. Wenn es für Sie als Kind nicht sicher war, zu weinen,
Aufmerksamkeit zu verlangen und sich ganz auszudrücken, haben Sie
diese Gefühle wahrscheinlich schon vor langer Zeit unterdrückt. Was
in der Gegenwart passiert, läuft automatisch ab: Die schmerzlichen
Gefühle werden sofort „weggeschoben", und Ärger tritt in den Vor-
dergrund, weil er als akzeptabler gilt und man sich weniger verletzlich
fühlt, als wenn man seine Traurigkeit oder seine Tränen zeigt.
    Doch Ärger gibt uns nicht die Befreiung, die wir brauchen, weil er
mit einer Schuldzuweisung einhergeht. Wenn wir unsere Aufmerksamkeit von uns weg nach außen lenken (Schuldzuweisung), verhindert
das, dass wir unsere Gefühle der Verletzlichkeit wahrnehmen. Wenn
wir den Gedanken, die unseren Ärger auslösen, nicht auf den Grund
gehen, bleiben wir unvollständig und oft noch ärgerlicher und klammern uns mehr an der schmerzlichen Position des Opfers (Schuldzuweisung) fest.
    Bevor Sie als Reaktion auf ein unerwartetes Verhalten Ihres Kindes
handeln oder etwas sagen, denken Sie nach (Selbstgespräch). Sprechen

Sie die ersten Worte, die Ihnen in den Sinn kommen, nicht aus. Dies sind die Worte, die Ihr Kind wahrscheinlich verletzen und das Problem verschärfen würden; zwar werden diese Worte nicht verschwinden, aber Sie können lernen, sie nur als Gedanken und nicht als Wahrheit anzusehen. Bei diesem Prozess können Sie sich sogar von Ihrem Kind helfen lassen. Bitten Sie es, Sie daran zu erinnern: „Nimm dir Zeit, Mama" oder „Denk einen Moment nach, Papa." Ihrem Kleinkind können Sie eine „Flagge" geben, die es zur Erinnerung schwenken kann. Solche vereinbarten Hinweise können Ihnen signalisieren, sich eine „Auszeit" für sich selbst zu nehmen, um Ihr inneres Selbstgespräch vom Problem Ihres Kindes und von Ihrem authentischen Selbst zu trennen. Kümmern Sie sich zuerst um Ihre Gefühle, dann können Sie die Freiheit erlangen, sich auf das Kind zu konzentrieren.

Das Kind ist der Auslöser, nicht die Ursache Ihres Ärgers; es ist nicht verantwortlich für Ihre Gefühle. Es hat etwas getan, woraufhin sich ein altes Programm in Ihrem inneren Computer geöffnet hat und verlangt, dass Sie tun, was es sagt. Diese Reaktion läuft automatisch ab, ob Sie wollen oder nicht; aber Sie können entscheiden, ob Sie dem Programm Folge leisten wollen oder nicht. Sie können Ihr eigener innerer Zuhörer sein und innerlich Dampf ablassen, damit Sie sich frei von diesen alten Reaktionen um Ihr Kind kümmern können. Wenn Sie sich etwas Zeit genommen haben, um Ihr Selbstgespräch von der Situation zu trennen, und wenn Ihnen klar geworden ist, dass die Gedanken, die Ihren Ärger auslösen, nicht wirklich dem Menschen entsprechen, der Sie sind, und nichts mit der Gegenwart zu tun haben, gelingt es Ihnen vielleicht, sie einfach wahrzunehmen, so stehen zu lassen und Ihre ganze Aufmerksamkeit dem Kind zu schenken. Später können Sie, wenn Sie wollen, einen Zuhörer finden, einen Freund oder einen Therapeuten, um Ihre eigene Gefühlserforschung abzuschließen. Sie können es auch selbst tun. Schreiben Sie jeden Gedanken auf, der bei Ihnen Ärger erzeugt, und prüfen Sie seine Gültigkeit für Sie, welche Gefühle und welches Verhalten der Gedanke bei Ihnen auslöst und wie Sie ohne diesen Gedanken reagieren würden. Überlegen Sie dann, ob vieles von dem, was Sie von Ihrem Kind erwarten oder wie Sie es bewerten, nicht ebenso nützlich für Ihr eigenes inneres Wachstum sein könnte.

Seien Sie liebevoll zu sich selbst. Das Wichtigste ist, keine Urteile über Ihre Gedanken oder Fantasien zu treffen; sie sind kein authentischer Ausdruck des Menschen, der Sie sind, und der Mutter oder des Vaters, die oder der Sie sein wollen. Nehmen Sie sich etwa eine Minute Zeit, um sich in Ihrem Inneren ganz auszudrücken. Sie können sich vorstellen, wie Sie schreien, schlagen, schimpfen, drohen, strafen oder was auch immer tun würden, das Ihnen in den Sinn kommt. Lassen Sie Ihren inneren „Film" laufen, bis er zu Ende ist und Sie zufrieden sind, und fragen Sie sich dann, ob er für die Gegenwart wirklich relevant ist und dem Menschen entspricht, der Sie sind. Sie werden froh sein, sich nicht nach diesem Film gerichtet zu haben.

Wenn Sie sich die Freiheit und Liebe gönnen, alles ungehindert durch Ihren Kopf strömen zu lassen, nimmt das nur wenig Zeit in Anspruch, gibt Ihnen aber Ihre Kraft und Ihre Liebe zurück. Sie beobachten Ihre Gedanken nur und betrachten den Inhalt Ihres Ärgers. Wenn Sie noch eine Minute Zeit haben, schreiben Sie diese Gedanken auf und prüfen ihre Gültigkeit für die momentane Situation. Nachdem Sie sich durch diesen „Wahrheitsprozess" hindurch gearbeitet haben, werden Sie sich viel besser in der Lage fühlen, sich auf die Gegenwart und die unschuldige Absicht Ihres Kindes zu konzentrieren. Eine Mutter, die auf meinen Rat hörte, erzählte mir die folgende Geschichte:

Während Wendy ein Nickerchen hielt, beschloss der neunjährige Emory, sie zu überraschen, indem er die Lasagne zubereitete, die sie an dem Abend zu einer Party mitnehmen wollten. Als Wendy aufwachte und in die Küche kam, um die Lasagne zuzubereiten, fand sie Emory dort vor: Er war ganz mit Tomatensoße beschmiert, stand mitten in einer Tomatenpfütze, und Tofu und Käse waren auf der ganzen Arbeitsplatte verteilt. Eine Backform war mit Zutaten gefüllt, die wie Lasagne aussehen sollten, für Wendy jedoch eher wie Kartoffelpüree in Tomatensuppe aussahen.

Wendy war kurz davor zu explodieren. Sie hatte keine Zeit, um vor der Party noch das ganze Chaos zu beseitigen und eine richtige Lasagne zu machen. Sie atmete tief durch und dachte an S.A.L.V.E. Im Geiste sah sie, wie sie schrie und fluchte, Emory aus der Küche zog und ihm verbot, zu der Party zu gehen. Nachdem die Worte und Fantasien der Wut unausgesprochen durch ihr Inneres geströmt waren, wandte sie ihre Aufmerksamkeit Emory zu. Bevor sie den Mund aufmachen konnte, sagte Emory: „Mama, ich hab die Lasagne gemacht. Wir müssen sie nur noch backen und hier aufräumen. Du kannst noch ein bisschen schlafen gehen."
Wendy, die jetzt die liebevolle Absicht des Kindes erkannte, lächelte und sagte: „Danke. Was für eine Überraschung. Ich fühl mich ausgeschlafen. Kann ich dir beim Aufräumen helfen?"
Emory nahm die Hilfe seiner Mutter an. Wendy fiel auf, dass die Lasagne jetzt nicht mehr so schlimm aussah wie vorher, als sie wütend gewesen war. Emory war stolz auf sich, und Wendy lernte eine wichtige Lektion. Mutter und Sohn hatten einen wunderbaren Abend zusammen.

Wendy gelang es nicht nur, ihre Aufmerksamkeit zu verlagern und das, was ihr Sohn getan hatte, erfreut wahrzunehmen, sondern durch ihr Schweigen gab sie ihm auch die Möglichkeit, die ersten Worte zu sagen, die alles lösten. Wenn wir uns ärgern, ziehen wir oft voreilig Schlüsse, ohne die Tatsachen und Absichten hinter dem Verhalten des Kindes zu sehen. Zu warten, bis ein Kind das Gespräch beginnt, kann dem Ärger den Wind aus den Segeln nehmen und Klarheit in die Situation bringen.

Schwierige Situationen liebevoll zu bewältigen, ist leichter, wenn wir uns vor Augen führen, dass es genauso lange dauert, das Chaos eines Kindes aufzuräumen, wenn wir wütend sind, wie wenn wir uns über es freuen. Wenn wir dem Kind die Worte ersparen, die Schuldgefühl, Groll und Scham hervorrufen, fühlt es sich wertvoll, geschätzt und gewürdigt. Diese Gefühle, die uns miteinander verbinden, machen unsere Zeit mit Kindern so wertvoll für sie und für uns.

Wenn Sie Ihr Kind um etwas bitten

Manchmal möchten wir ein Kind um etwas bitten – nach dem Du-
schen das Handtuch aufzuhängen, ein Telefongespräch zu beenden,
woanders Krach zu machen oder schmutzige Stiefel auszuziehen, bevor
es ins Haus kommt. Die Worte, die wir in diesen Situationen verwenden, können ein Kind beschämen und ihm ein schlechtes Gewissen
machen, oder sie können Rücksichtnahme und gegenseitige Fürsorge
bewirken. Bis vor kurzem wurden Schuldzuweisung und Beschämung
als Werkzeuge der Kontrolle, die keine Fürsorge bewirkten, sondern
durch Angst Gefügigkeit erzeugten, eingesetzt. Typische Sätze wie „Wie
oft muss ich dir noch sagen…?“, „Was ist los mit dir?“, „Du hast alles
verdorben“, „Wenn du nicht... bekommst du was zu hören!“ klingen
vielen Leuten noch aus ihrer Jugend in den Ohren.

Bisweilen war die Kontrolle subtiler, und wir fühlten uns verpflichtet, ohne zu wissen warum, etwa wenn Eltern sagten: „Jamie ist so
ein liebes Mädchen; ich weiß, dass sie dir helfen wird.“ Wir wurden
gelobt, wenn wir die Wünsche unserer Eltern erfüllten, und igno-
riert, wenn wir es nicht taten. Uns wurde gesagt, wenn wir unsere
Eltern liebten, müssten wir tun, was sie sagten. Wir wurden mit
Essen, Lob, Liebe, Privilegien oder Geschenken bestochen und mit
einer Vielzahl von Maßnahmen manipuliert. Diese Methoden, uns
gefügig zu machen, waren ebenso Instrumente der Kontrolle, nur
auf verstecktere Art. Kinder, die auf diese Weise kontrolliert wurden, waren oft verwirrt von dem, das einerseits so sanft und liebevoll
wirkte, bei dem sie sich andererseits aber klein, beschämt und nicht
authentisch fühlten.

Nachdem Kinder viele Generationen lang so aufwuchsen, dass sie
aus Angst heraus das taten, was ihre Eltern sagten, machen wir uns
nun endlich dazu auf, Kinder mit derselben Würde, wie wir sie uns
für uns selbst wünschen, zu behandeln. Sich von dem alten Konzept,
dass man von einem Kind erwartet, das zu tun, was Mutter oder Vater
sagen, zu verabschieden, ist nicht einfach. Es verlangt Engagement,

ständige Übung und Selbstkontrolle. Vielleicht ist es für Sie am ehesten eine Hilfe, sich eine Minute Zeit zu nehmen, bevor Sie Ihr Kind um etwas bitten, und sich selbst zu fragen: „Wie würde ich (oder würde ich überhaupt) einen erwachsenen Freund darum bitten?"

Nach dem neuen Paradigma sind Kinder nicht verpflichtet, unsere Wünsche zu erfüllen. Sie sind frei, gemäß ihrer eigenen Entscheidung auf unsere Bitten zu reagieren, und wir tun gut daran, ihre Entscheidungen zu respektieren und Rücksicht auf ihre Grenzen und Ambitionen zu nehmen. Es ist unsere Aufgabe, mit Kindern so zu kommunizieren, wie wir es mit unseren erwachsenen Freunden tun würden, ohne zu verstehen zu geben, dass wir von ihnen erwarten zu tun, worum wir sie bitten. Wenn unsere Bitte nicht erfüllt wird, sollten wir das entweder respektvoll akzeptieren oder Verständnis für die Wahl des Kindes zeigen und Möglichkeiten erörtern, wie die Bedürfnisse von allen erfüllt werden können, oder eine Lösung finden, mit der sowohl das Kind als auch wir glücklich sein können.

Bringen Sie Ihre Bitten authentisch vor; tun Sie nicht so, als sollte etwas dem Kind zuliebe geschehen, wenn es in Wirklichkeit Ihnen zuliebe geschehen soll. So sind zum Beispiel Sie es, die sich ein ordentliches Zimmer wünschen, nicht das Kind. Sie wollen lehren, aber das Kind will nicht lernen. Vorzeitiger Unterricht ist wie eine vorzeitige Geburt: Er hat seinen Preis, er verlangsamt den Lernprozess und lässt eine Mauer des Misstrauens zwischen Ihnen und Ihrem Kind entstehen. Haben Sie Vertrauen in die Entwicklungsschritte Ihres Kindes und stellen Sie ehrliche Bitten: *Ich wünsche mir,* dass das Zimmer ordentlich ist." Ihr Kind kann Ihnen beim Aufräumen helfen oder nicht, jedenfalls wird es von Ihrem Wunsch nach Ordnung erfahren und wird sich später dasselbe für sich wünschen (oder einen Partner finden, der es zu mehr Ordnung bewegt oder der selbst aufräumt, was auch eine Möglichkeit ist).

Gestehen Sie Ihrem Kind Unschuld zu, und überlegen Sie gut, bevor Sie eine Bitte äußern. Wenn Ihr Kleinkind mit matschigen Schuhen ins Haus kommt und über den Teppich geht, ist es sich keines Problems bewusst. Sie können einfach die Tatsachen schildern: „Deine Schuhe sind schmutzig. Lass sie mich dir ausziehen." Dann machen Sie den Teppich sauber.

Wenn Sie anfangen, den Teppich sauber zu machen, entscheidet sich das Kleinkind vielleicht, Ihnen zu helfen, aber vielleicht auch nicht. Es spielt keine Rolle, ob es beim Saubermachen hilft. Es zum Helfen zu zwingen oder zu drängen, würde nur Gefühle des Versagens, des Grolls und der Schuld auslösen. Diese schmerzlichen Gefühle lassen einen authentischen Wunsch zu helfen gar nicht erst aufkommen. Wenn unser Kind dagegen zusieht, wie wir saubermachen, und sich selbst dabei gut fühlt, oder wenn es fröhlich weggeht und den Teppich hinterher sauber vorfindet, kann es das, was wir tun, in sich aufnehmen und später die freie Entscheidung treffen, bei unserem Tun mitzumachen. Wenn Ihr Kleinkind seine Hilfe anbietet, lassen Sie sich von ihm helfen, ohne es zu kritisieren, ihm ihrerseits zu helfen oder in seiner Gegenwart hinter ihm her zu wischen. Sie können ihm vorschlagen, den Besen zu holen oder zu helfen, aber vermeiden Sie, es zu lenken, so dass es selbst entscheiden kann, ob es sich beteiligen, zusehen oder weggehen will.

Wenn junge Kinder gemaßregelt werden, sind sie durch die intensiven Gefühle und Wertungen ihrer Eltern oft so verängstigt, dass sie den Inhalt der Aussage überhaupt nicht verstehen. Auch wenn die richtigen Worte in einem etwas scharfen Tonfall oder eine versteckte Anschuldigung mit süßer Stimme vorgebracht werden, ist das für die Gefühle eines jungen Kindes zu überwältigend und lenkt seine Aufmerksamkeit davon ab, zu merken, worum es eigentlich geht. Es ist dann zu sehr damit beschäftigt, sich verletzt oder eingeschüchtert zu fühlen. Doch wenn das Kind spürt, dass der Fluss des Lebens und der Liebe frei fließen kann und dass seine Würde geachtet wird, kann es sich am besten der vielen Gewohnheiten und Bedürfnisse seiner Mitmenschen bewusst werden. Das Kind braucht keine Hilfe, um zu lernen, wie es mit uns zusammenleben soll; was es braucht, ist, dass wir ihm vertrauen und seinem Lernen nicht im Wege stehen.

Wenn Sie nur das „s" von s.a.l.v.e. beherzigen, wird der Rest ganz von selbst kommen. Sobald Sie dem Geschwätz in Ihrem Inneren auf den Grund gehen oder es an sich vorbeiziehen lassen, ohne ihm Folge zu leisten, können Sie statt Ihrer eigenen Reaktionen Ihr Kind wahrnehmen. Ob Sie eine Bitte äußern oder auf ein Problem eingehen – wenn Sie präsent und frei sind, Aufmerksamkeit zu schenken, werden Sie sich wahrscheinlich in Ihr Kind einfühlen können und wissen, was zu tun ist.

Zurückspulen

„s.a.l.v.e. funktioniert, wenn ich daran denke", sagt ein zweifelnder Vater. „Aber was ist, wenn ich nicht daran denke, mir Zeit zu nehmen? Wenn ich vor Wut einfach herausplatze?"

Es ist in der Tat nicht einfach, Gewohnheiten zu verändern, und es wird vorkommen, dass Sie in alte Verhaltensmuster zurückfallen. Um sich von einem gewohnheitsmäßigen „Negierer" in einen „Wertschätzer" zu wandeln, brauchen Sie Zeit und Übung. Fangen Sie an, indem Sie sich Ihre negierenden Bemerkungen bewusst machen, ohne zu versuchen, sie zu ändern. Schimpfen Sie innerlich nicht mit sich selbst, weil Sie Ihr Kind oder Ihren Partner negiert haben. Liebevolles Handeln zu entwickeln fängt damit an, zu sich selbst freundlich und geduldig zu sein. Ergründen Sie Ihre Gedanken, wenn die Situation vorbei ist. Es ist nur eine Stimme in Ihrem Kopf. Hören Sie sie verklingen und gewinnen Sie einen Augenblick in der Gegenwart. Prüfen Sie ihre Relevanz für den Moment, dann werden Sie klarer sehen. Stellen Sie sich vor, wie Sie ohne diese Stimme sein würden, dann richten Sie den Blick darauf, wie das, was Sie von Ihrem Kind erwarten, vielleicht auf Sie selbst zutrifft, und Sie werden Ihre Liebe zu sich selbst und zu Ihrem Kind spüren.

Durch regelmäßige Übung werden Sie allmählich lernen, Ihre Gedanken mitten im Satz zu unterbrechen und deren Richtung zu ändern. Wenn das geschieht, können Sie Ihren Fehler vielleicht Ihrem Kind gegenüber einräumen, „zurückspulen" und noch einmal von vorne anfangen.

Wir können lernen, Nutzen daraus zu ziehen, dass wir unbefriedigend verlaufene Szenen noch einmal wiederholen, wie bei einer Theaterprobe. Sie können sogar zu Ihrem Kind sagen: „Spulen wir zurück. Ich spiele die letzte Szene noch mal." Mit etwas Übung werden Sie sich rechtzeitig bremsen können, so dass die negierenden Worte unausgesprochen bleiben und Sie sich mit offenem Herzen und wachem Geist Ihrem Kind zuwenden können. So spulte ein Vater, der an einem meiner Workshops teilgenommen hatte, seine Ankunft zu Hause noch einmal zurück.

Als Norm das Haus betrat, waren überall auf dem Boden kaputte Kartons und zerbrochene Buntstifte verstreut. Er fing an, sich über das Durcheinander zu beschweren und zu verlangen, die Kinder sollten sofort alles aufräumen. Miranda, das jüngste Kind, fing zu weinen an, und ihr älterer Bruder Leon sagte: „Aber Papa, wir sind so schön am Spielen." „Das ist kein Spiel, all die Kartons und Buntstifte kaputtzumachen", brüllte Norm... und dann hörte er unvermittelt mit dem Brüllen auf und sagte: „Spulen wir zurück! Lasst mich diese Szene noch mal machen." Theatralisch ging Norm rückwärts und verließ das Haus. Dann kam er lächelnd wieder herein. „Hallo, Kinder, wie geht's euch?" Er küsste jedes Kind und seine Frau und fuhr fort: „Oh, schau an, was entsteht denn hier?" Die Kinder erklärten eifrig ihr Spiel, und seine Liebe und sein Interesse waren wiederhergestellt.

Es erfordert Zeit und Übung, eine solche Achtsamkeit zustande zu bringen. Schließlich sind wir alle in einer Kultur aufgewachsen, in der Negieren automatisch geschieht, einer Kultur, die uns gelehrt hat, uns mit den automatischen Worten, die in unserem Inneren ablaufen, zu identifizieren. Wir negieren so gedankenlos, dass unsere Äußerungen nicht einmal dem entsprechen, was wir wirklich denken oder fühlen; wir sind nicht authentisch. Doch es wird Ihnen nicht helfen, wenn Sie sich selbst dafür verurteilen, dass Sie solch menschliche Gedanken haben. Auch *Sie* sollen noch wachsen; seien Sie liebevoll zu sich selbst. Fangen Sie an, indem Sie eine einfache Abmachung mit sich selbst treffen: Wenn Sie aus der Fassung geraten, sagen Sie nicht die ersten Worte, die Ihnen in den Sinn kommen; diese würden zwangsläufig jemanden negieren und verletzen. Sie können „zurückspulen", sobald Sie sich ertappen, selbst wenn Sie schon mitten in der Szene oder sogar an deren Ende sind. Es ist nie zu spät, aus einem Albtraum aufzuwachen.

Die negierenden Worte im eigenen Kopf zu hören und zu stoppen, ist die Grundlage dafür, wertschätzend und liebevoll zu kommunizieren. Vielleicht gelingt es Ihnen in den ersten Monaten nur ab und zu, Ihre negierenden Worte zu stoppen, doch mit der Zeit wird es die alte Gewohnheit des Kontrollverlusts und der alten Filme, die Ihr Leben beherrschen, ersetzen.

Wenn Sie je eine neue Sprache, ein Musikinstrument oder eine andere schwierige Fertigkeit erlernt haben, wissen Sie, dass es Zeit und Wiederholung braucht, um irgendetwas zu meistern. Übung führt nicht zu Perfektion, Übung führt zu Beständigkeit. Ihre alten Gewohnheiten sind über viele Jahre eingeübt worden. Lassen Sie Ihr Kind wissen: „Das ist neu für mich. Ich lerne noch."

Wertschätzung für Unausgesprochenes

Es gibt täglich Gelegenheiten, einem schlecht gelaunten, aggressiven oder mürrischen Kind, das sich sträubt, seine Gefühle in Worten auszudrücken, seine Wertschätzung zu zeigen. In einem Beratungsgespräch erzählte mir Rebecca, eine Mutter, wie es ihr gelungen war, eine Verbindung zu ihrem Kind herzustellen.

Weil Rebecca auffiel, dass ihr Sohn Josh nach der Schule schlecht gelaunt war, sagte sie: „Ich frag mich, wie es für dich ist. Ich weiß noch, wie es

war, als ich im fünften Schuljahr war. Ich hab meinen Lehrer gehasst und hatte keine Freunde. Es war so ein unangenehmes Jahr für mich."
Josh spitzte die Ohren, stellte ein paar Fragen und sagte dann: „Der Lehrer hat heute mit mir geschimpft, und dann haben Rob und Dan mir Grimassen geschnitten und in der Pause nicht mit mir gespielt."
Rebecca achtete darauf, nicht nach dem Grund des Schimpfens zu fragen und keine Gefühle zu benennen. Stattdessen bemühte sie sich weiter darum, auf neutrale Weise seine Erfahrung zu spiegeln: „Oh, wie blöd."
Josh merkte, dass seine Mutter ihn verstand, daher fuhr er fort: „Ich hasse diesen Lehrer. Egal, was ich mache, nichts ist ihm gut genug."
„Du hast getan, was du konntest, und trotzdem hat er geschimpft und dich kritisiert?", fragte Rebecca.
„Ja", antwortete Josh, „und wenn er das tut, lachen mich meine Freunde aus. Ich hasse die Schule."
Rebecca setzte sich neben Josh und legte ihm liebevoll die Hand auf die Schulter. Durch ihre Berührung nahm Josh seine Gefühle besser wahr. Tränen liefen ihm über das Gesicht, während er seiner Mutter weitere Einzelheiten seines Erlebnisses und noch mehr Geschichten davon erzählte, wie er in der Schule und in der Beziehung zu seiner Schwester litt. Hinterher fühlte er sich viel besser, und Mutter und Sohn fühlten sich enger miteinander verbunden und waren bereit, an produktiven Lösungen zu arbeiten.
In den folgenden Monaten beschäftigte sich die Familie mit der Möglichkeit, ob Josh zu Hause unterrichtet werden könnte. Josh wollte in dem Jahr weiter zur Schule gehen, im nächsten Jahr entschied er jedoch, sein Lernen außerhalb der Schule selbst in die Hand zu nehmen.

Für Kinder ist es eine Hilfe zu wissen, dass ihre Eltern auch Zurückweisung, Einsamkeit, Angst und Misserfolg erlebt haben. Als ein Vater anfing, seinem Sohn Erinnerungen aus seiner Kindheit zu erzählen, begann der Sohn ungefähr nach einer Woche aufzutauen.

Kinder kommunizieren immer, selbst wenn sie keine Worte benutzen. Manche Kinder drücken ihre Ängste in Fantasiespielen aus.

Diese Ängste können sich auch durch gesteigerte Geschwisterrivalität, Bettnässen, Konzentrationsschwierigkeiten oder die Tendenz, mürrisch oder aggressiv zu sein, äußern. Andere Kinder reagieren, indem sie ihre Gefühle verbergen, sich in ihr Zimmer zurückziehen und ihre Zeit mit schmerzlichem Grübeln verbringen. Man übersieht leicht, dass sie unter genauso heftigen Gefühlen leiden können wie ein reizbares Kind, das sich durch Quengeln, Schlagen oder Schreien ausdrückt.

Sowohl das Kind, das seine Gefühle in Handlungen umsetzt, als auch das Kind, das sich verschließt, müssen ihre Gefühle ausdrücken, um nicht darin gefangen zu bleiben. Wenn man in unausgedrückten Emotionen gefangen bleibt, neigt das Innere dazu, die Geschichte zu einem Drama aufzublasen, was die emotionale Freiheit oft lebenslang behindert. (Werden Sie sich bewusst, dass dort, wo Sie sich ängstlich oder in Ihrer Liebesfähigkeit eingeschränkt fühlen, meist eine unverarbeitete, schmerzhafte Geschichte aus Ihrer Vergangenheit, die damit zusammenhängt, reaktiviert wird.) In späteren Kapiteln werden Sie lernen, wie Sie Ihrem Kind produktive Möglichkeiten bieten können, Gefühle der Hilflosigkeit und anderes Leid herauszulassen. Dieses Kapitel beschäftigt sich mit Wegen, eine Verbindung herzustellen und leichter über schmerzliche Gefühle sprechen zu können.

Kommunikation über Verluste

Wenn Dinge geschehen, die man nicht ändern kann (Tod, Scheidung oder Krankheit), ist eine offene Kommunikation die wichtigste Grundlage, um das Geschehene zu verarbeiten. Wenn ein Kind in seiner inneren Welt einsam ist, sind die Auswirkungen dauerhaft und schmerzlich, weil es sich mit dem Schmerz identifizieren und daraus die Geschichte seines Lebens machen wird. Das Kind muss wissen, dass es richtig ist zu empfinden, was es empfindet, und die Fantasien zu haben, die es hat; indem es diese Gefühle ausdrückt, wird es auch entdecken, dass sie nicht seine Identität sind. Es wird dann in der Lage sein, sein eigenes Ich von dem gedanklichen Prozess, der ihm Schmerz bereitet, zu unterscheiden.

Es ist nicht nötig, ein Kind vor unvermeidlichem Schmerz zu schützen, es ist aber nötig, mit ihm über seine Erfahrungen zu kommunizieren. Eine Mutter sagte mir, dass sie vorhatte, ihrer dreijährigen Tochter erst vom Tod ihrer Katze zu erzählen, wenn sie eine neue Katze für sie besorgt hätte. Nach einem Beratungsgespräch mit mir änderte sie ihre Pläne und berichtete ihrer Tochter am gleichen Tag vom Tod der Katze. Sie hörte zu, wie ihr Kind seine Gefühle ausdrückte, und war überrascht, als das Mädchen keine andere Katze haben wollte.

Finden Sie Zeit, jeden Tag über neue Realitäten zu sprechen. Reden Sie über Ihre Erinnerungen und lassen Sie Ihr Kind wissen, dass Weinen, Erinnern und Sprechen über Gefühle eine normale und gesunde Art ist, mit intensivem Schmerz umzugehen. Wenn ein Kind oder Kleinkind sein Leid in Form von Spiel, auf körperliche Weise oder in Form von Kunst ausdrückt, achten Sie darauf, dass Sie seine Botschaft wahrnehmen und wertschätzen. Es ist jedoch wichtig, dem Ausdruck des Kindes keine Dramatik hinzuzufügen, damit es sich frei entscheiden kann, den Blick nach vorne zu richten, wenn es dazu bereit ist.

Wie man Bedauern ausdrückt, damit sich das Kind versöhnt fühlt

Ein Kind kann sich ebenso wenig wie ein Erwachsener mit der Aussage „es tut mir Leid" zufrieden geben. Um sich innerlich wieder heil zu fühlen, will es, dass Sie ihm zeigen, dass Sie genau wissen, was es erlebt hat, etwa: „Du hast gerade im Wasser gespielt, als das Schwimmbad zumachte. Du wolltest nicht gehen, da hab ich dich aus dem Wasser geholt." Wenn Ihr Kind Ihnen seine Sicht der Dinge geschildert hat, fragen Sie es, wie Sie sich seiner Meinung nach beim nächsten Mal in einer solchen Situation verhalten sollen.

Manchmal entschuldigen sich Eltern, wenn es gar nichts gibt, wofür sie sich entschuldigen müssten. Sie sagen vielleicht: „Es tut mir Leid, aber du kannst diese Süßigkeit nicht haben." Dem Kind erscheint es so, dass Papa, wenn es ihm wirklich Leid täte – wenn er wirklich traurig darüber wäre –, nicht darauf beharren würde, ihm die Süßigkeit zu verbieten. Ja, das Kind würde Ihnen gerne Ihr „Leid" ersparen und die Süßigkeit bekommen. Derartige unaufrichtige Botschaften führen zu Verwirrung; dagegen schaffen Sie Klarheit für Ihr Kind, wenn Sie authentisch sind. Statt ihm zu sagen, was es haben kann und was nicht, was kontrollierend und negierend klingt, verwenden Sie eine persönliche Sprache, die Ihre Entscheidung ausdrückt: „Ich möchte nicht, dass Du diese Süßigkeit isst, weil sie ungesund ist." Wenn unsere Kommunikation klar ist, fällt es dem Kind leichter, es zu akzeptieren oder eine klare Bitte vorzubringen: „Kann ich eine gesunde Süßigkeit bekommen?"

Wenn wir etwas getan oder gesagt haben, was wir bedauern, wollen wir das zugeben, doch wenn wir sagen: „Es tut mir Leid, dass ich dir wehgetan habe", übernehmen wir Verantwortung für die Gefühle des Kindes. Wir mögen zwar bereuen, was wir getan haben, und uns bewusst werden, dass wir Schmerz ausgelöst haben, aber wir müssen dem Kind das Recht und die Würde zugestehen, der einzige Urheber seiner eigenen Gefühle zu sein. Indem wir implizieren, dass wir seine Gefühle ausgelöst haben, geben wir außerdem zu verstehen, dass das Kind schwach sei und keine Verantwortung für seine eigene Reaktion habe. Es lernt dann, sich als Opfer zu erleben und anderen die Schuld an seinen Gefühlen zu geben.

Zwar verfügt Ihr Kind offensichtlich noch über wenig Kontrolle über seine eigenen Reaktionen, aber es ist selbst der Ursprung seiner Gefühle und Handlungen. Wenn wir durch unsere Art zu sprechen deutlich machen, dass die Gefühle des Kindes ihm selbst gehören, wird es emotionale Stabilität gewinnen und seine Reaktionen besser steuern können.

Lassen Sie Ihr Kind selbst entscheiden, wie es reagiert, um ihm keine Gefühle einzureden.

Eine Mutter erzählte mir von ihrer Bestürzung über die Reaktion ihres Sohnes über ein Geschehen, das in ihren Augen eine entsetzliche Katastrophe gewesen war. Der Vater des Jungen hatte das Computerdokument des Kindes gelöscht und gesagt: „Es hatte keinen Namen.“ Er wusste, dass es ein Dokument seines Sohnes war, und zwar eine Geschichte, die das Kind geschrieben hatte. Er hatte sich geärgert, als er ein namenloses Dokument gefunden hatte, und dachte, das Löschen wäre eine Lektion für seinen Sohn.

Als der Junge feststellte, dass seine Geschichte weg war, drückte er seine Bestürzung seinem Vater gegenüber aus, aber er war nicht wütend. Seine Mutter war aufgebracht und fragte: „Wünschst du dir nicht, dein Vater würde sich wenigstens entschuldigen?“

Der Junge war ganz ruhig. „Nein, es macht nichts. Ich schreib die Geschichte noch mal, dann wird sie bestimmt besser.“

„Aber bist du nicht sauer?“, beharrte sie.

„Nur einen Augenblick lang war ich das“, sagte der Junge. „Doch dann wurde mir klar, dass es nutzlos ist, sauer zu sein, da es nichts ändert, also hab ich mir gedacht, dass es eigentlich ganz gut ist.“

Am nächsten Tag sagte der Vater: „Es war ein Fehler von mir, dass ich dein Dokument gelöscht habe. In Zukunft werde ich nichts löschen, ohne vorher zu fragen.“

Der Junge war zufrieden.

Wenn Sie merken, dass etwas, was Sie gesagt oder getan haben, bei Ihrem Kind heftige Gefühle hervorgerufen hat, und wenn Sie die Verletzung wieder gutmachen wollen, benennen Sie das, was geschehen ist, und finden Sie heraus, was Ihr Kind empfindet. Drücken Sie sich einfach und direkt aus: „Ich hab dich angeschrien. Ich wünschte, ich hätte das nicht getan.“ Vermeiden Sie übertriebene emotionale Worte, damit Ihr Kind die Freiheit hat, authentisch zu sein. Bleiben Sie aufmerksam und lassen Sie Ihr Kind seine eigene Wahrheit herausfinden. Wenn es reden will, hören Sie zu und lassen Sie ihm Ihre Wertschätzung zukommen, aber dramatisieren Sie nicht. Wenn sich

Ihr Kind nicht mit Worten ausdrückt, zeigt es Ihnen vielleicht seine Gefühle durch seine Körperhaltung oder indem es mit einer Puppe spielt, malt oder einfach still auf Ihrem Schoß sitzt. Wenn es fertig ist, können Sie Ihre eigenen Gefühle ausdrücken: „Ich bin traurig, weil ich möchte, dass unsere Beziehung von Verständnis und Achtung geprägt ist." Dann machen Sie einen Plan für eine bessere Zukunft und teilen es Ihrem Kind mit.

In dem Bemühen, das Übernehmen von Verantwortung für die Gefühle des Kindes zu vermeiden, kann es geschehen, dass Sie einen häufigen Fehler machen und sagen: „Es tut mir Leid, dass du dich schlecht deswegen fühlst." Dieser Satz könnte auch bedeuten, dass Sie nichts Falsches gemacht haben und dass nur das Kind mit dem „falschen" Gefühl reagiert hat. Die Folge davon ist meistens Wut. Beschränken Sie sich darauf zu beschreiben, was geschehen ist, dann kann Ihr Kind Ihnen vertrauen und weiß, dass Ihnen an ihm selbst gelegen ist und nicht nur daran, die Erinnerung an Ihr Verhalten, das Sie bedauern, auszulöschen.

Manchmal haben Sie vielleicht den Eindruck, dass Sie wirklich und absolut im Recht sind und nichts einzuräumen haben. Doch die Verstimmung Ihres Kindes ist der Beweis, dass ein Gesprächsbedarf besteht. Zwar bereuen Sie es nicht, dass Sie Ihr Kind von der Straße weggerissen haben, aber Sie können das Vertrauen untereinander wiederherstellen, indem Sie Ihr schnelles Eingreifen thematisieren und zuhören, wie Ihr Kind seine Erfahrung schildert.

Unsere Fehler zu klären ist kein Gerichtsprozess; es geht nicht darum, Recht oder Unrecht zu haben. Wenn Ihr Kind sich verletzt fühlt, ist sein Gefühl eine reale Erfahrung. Wenn Sie bereuen, was Sie gesagt oder getan haben, haben auch Ihre Gefühle Gültigkeit. Ihr Ziel ist es, eine Verbindung zwischen Ihnen beiden zu schaffen, Klarheit zu gewinnen und das Band des Vertrauens zu erneuern.

Der fünfjährige Jessie kam weinend zu seiner Mutter. Er sagte, sein zwölfjähriger Bruder David habe sein Lego-Auto kaputtgemacht. Jessie konnte das Auto nicht wieder zusammensetzen, und David weigerte sich, es zu reparieren. Linda, die Mutter, ging ins Kinderzimmer und schimpfte mit David, der daraufhin schmollte.

Als Linda mich anrief, sagte sie, sie habe doch Recht gehabt und habe nichts, wofür sie sich entschuldigen müsse. Doch nachdem sie darüber nachgedacht hatte, wie verletzt David gewesen war, wurde ihr klar, dass es bessere Möglichkeiten gab, ihre Gefühle auszudrücken, und dass sie wieder eine Verbindung zu David aufbauen und verstehen wollte, was in ihm vorging.

Beim nächsten Beratungsgespräch erzählte sie mir von ihrem Gespräch mit David.

LINDA: David, ich hab mit Naomi darüber gesprochen, was gestern passiert ist, und mir ist klar geworden, dass ich wünschte, ich hätte deine Bedürfnisse wahrgenommen. Kannst du mir sagen, was du empfunden hast, als ich mit dir geschimpft habe?

DAVID: Oh, nichts.

LINDA: Warst du frustriert, als ich dir vorgeworfen habe, du wärst rücksichtslos und so?

DAVID: Vielleicht. Aber das ist jetzt auch egal.

LINDA: Stimmt. Ich hab zu lange gewartet. Ich möchte aber, dass du weißt, dass ich meine Worte bereue und wünschte, ich hätte mich bemüht, auch deine Sicht der Dinge zu sehen.

DAVID: Ja, ja.

LINDA: Ich merke, du glaubst mir nicht, dass mir das wirklich wichtig ist.

DAVID: Ist es auch nicht.

Linda dachte einen Augenblick nach, dann fuhr sie fort: Ich bin traurig, weil es mir sehr wichtig ist, dass man dir zuhört.

David schwieg.

LINDA: Würdest du mir zu verstehen helfen, wie du dich gefühlt hast?

DAVID: Okay.

LINDA: Warst du sauer, als Jessie weinend zu mir kam?

DAVID: *Ja, sehr. Er ist so eine Heulsuse, und er erzählt nie, was er gemacht hat. Du fällst immer auf sein Geheule rein.*

LINDA: *Also warst du wütend und hast dir gewünscht, dass ich versucht hätte herauszufinden, was wirklich geschehen war?*

DAVID: *Ja, oder dass du dich einfach nicht eingemischt hättest. Jessie hat ein paar Legos aus meinem Raumschiff genommen, um den Lastwagen zu bauen, mit dem er spielte. Ich hab ihn gebeten, sie mir wiederzugeben, und gesagt, ich würde ihm aus anderen Legosteinen einen neuen Lastwagen bauen.*

LINDA: *David, jetzt kann ich verstehen, wie wütend du gewesen sein musst, als ich mich auf Jessies Seite gestellt und mit dir geschimpft habe, ohne überhaupt zu wissen, was passiert war.*

Ich bin froh, dass du mir das alles erzählt hast. Ich glaube, beim nächsten Mal werde ich einfach Verständnis für Jessies Gefühle äußern und euch zwei euer Problem alleine lösen lassen.

DAVID: *Das wäre gut, Mama.*

LINDA: *Und wenn ihr Hilfe braucht, um einen Streit zu schlichten, werd ich jedem von euch zuhören und euch helfen, eine Lösung zu finden. Würdest du mich daran erinnern, falls ich es vergesse?*

DAVID: *Na ja, nicht so gerne, aber okay.*

LINDA: *Ich werde mir alle Mühe geben, selbst daran zu denken.*

Wenn Linda nur gesagt hätte: „Es tut mir Leid, dass ich gestern mit dir wegen der Legos geschimpft habe", hätte David ihr nicht geglaubt, und das mit Recht. Er hätte noch mehr Wut empfunden. „Sie denkt, wenn sie sagt: ‚Es tut mir Leid', macht es das, was sie getan hat, ungeschehen. Das stimmt aber nicht... sie beschützt ihn immer...", und so weiter – so hätte er seiner sich entwickelnden Lebensgeschichte, die davon handelte, dass er weniger geliebt würde als sein Bruder, noch mehr Kapitel hinzugefügt. Im Gegensatz zu einer Entschuldigung brachte Lindas Weg, mit ihrem Sohn über das Geschehene zu sprechen, sie beide dorthin, wo sie den anderen verstehen konnten und einander liebevoll verbunden waren, und Davids Drama wurde aufgelöst.

Manche Eltern erwarten eine „Entschuldigung" von einem Kind und verurteilen es, wenn es sich nicht oder nicht „richtig" entschuldigt. *Seien Sie stets nur der Herr Ihrer selbst*, wachsen Sie an Güte und lernen Sie, Ihr Kind, wo es sich von seiner Fähigkeit, Bereitschaft und Entwicklung her auch befinden mag, zu achten. Wenn Sie ahnen, dass Ihr Kind vielleicht unter einem Schuldgefühl leidet und es nicht wagt, sich Ihnen anzuvertrauen, können Sie ihm seine Last abnehmen, indem Sie das Thema ansprechen und klären. „Fühlst du dich schlecht wegen des verlorenen Schlüssels?" Hören Sie Ihrem Kind zu und sagen Sie ihm: „Ich lasse einen neuen Schlüssel machen, und der alte taucht bestimmt irgendwann wieder auf. Ich verliere auch schon mal Sachen. Das kann jedem passieren." Eine Umarmung oder eine andere liebevolle Geste kann die Anspannung des Kindes lösen.

Wenn Kommunikationswerkzeuge nach hinten losgehen

Manchmal meinen wir dem Kind unsere Wertschätzung und Aufmerksamkeit zu zeigen, doch unsere Worte scheinen es nur abzustoßen. Es gibt ein paar Fehler, die wir begehen können und die zum Widerstand und zur Isolierung des Kindes trotz unserer Wertschätzung und Fürsorge führen. Wir können uns nicht an starre Formeln halten; wir müssen eine Sensibilität für das Naturell des Kindes und ein starkes Gefühl der Achtung und der Freude darüber, wie das Kind im Augenblick ist, entwickeln.

Die menschliche Neigung, aus jedem Konzept ein Kontrollwerkzeug zu machen, ist etwas, vor dem wir ständig auf der Hut sein müssen. Jede Kommunikationsmethode kann als Kontrollinstrument missbraucht werden. Wir können Wertschätzung einsetzen, um Kontrolle zu gewinnen; wir können dadurch manipulieren; wir können sogar diese Kommunikationsfähigkeiten auf respektlose Weise einsetzen und dadurch den Zorn eines Kindes hervorrufen. Kinder spüren, wenn wir sie manipulieren, selbst wenn sie ihr Unbehagen nicht wirklich erklären können.

Wenn Sie gar nicht wissen, wie es kommt, dass Ihre Worte Ihr Kind
von Ihnen entfernen, denken Sie daran, dass Menschen sich verletzt
fühlen, wenn sie spüren, dass ein anderer Kontrolle über ihre Gefühle und ihr Verhalten hat. Sie wollen ihre Autonomie verteidigen.
Wahren Sie die Würde des Kindes, indem Sie keine Absichten hegen,
das Kind solle so oder so sein. Kommunizieren Sie liebevoll um Ihrer
selbst willen, erwarten Sie nichts als Gegenleistung, so dass Ihr Kind
frei sein kann, auf seine Art zu empfinden und zu sein. Es kann seine
Wut herauslassen oder plötzlich losprusten. Es kann friedlich oder
außer sich sein. Es kann sich ausdrücken oder auch nicht. Wenn Sie
kein anderes Ziel haben, als eine Verbindung zu Ihrem Kind zu schaffen, und wenn Sie seine Art sich auszudrücken nicht bewerten, ist es
weniger wahrscheinlich, dass Sie es herablassend behandeln und kontrollieren; dagegen ist es wahrscheinlicher, dass Sie authentisch und
liebevoll sind.

Der erste häufige Fehler besteht darin, dass man ein Kind belei-
digt, indem man seine Gefühle äußert (statt danach zu fragen): Ihr
Kind läuft ganz trübsinnig durch das Haus, und Sie sagen: „Du bist
bestimmt traurig, dass deine beste Freundin in Ferien gefahren ist."
Vielleicht haben Sie damit Recht, doch die Tendenz, ein Gefühl zu
erraten, kann als herablassend wahrgenommen werden.

Stattdessen könnten Sie Feedback anbieten und eine Frage stellen:
„Kann ich dich etwas über dich fragen?" Wenn die Antwort positiv
ist und das Kind auf Ihre Initiative wartet, können Sie eine Frage stellen, die sich auf Ihre Beobachtung gründet: „Mir ist aufgefallen, dass
du stumm hin und her gehst. Bedrückt dich irgendetwas? Möchtest
du darüber reden?" Kinder sollten wissen, dass ihre innere Welt, ihre
Gedanken und Gefühle, nicht das Ziel von Bemerkungen durch ihre
Eltern sind. Sie können Ihrem Kind anbieten, Ihnen sein Herz aus-
zuschütten, aber es ist seine Entscheidung, ob es das will oder nicht.

Wenn ein Kind Ihnen seine Einsamkeit, seine Traurigkeit oder sonst
etwas, das es bedrückt, anvertrauen will, wird es das tun, wenn es sich
Ihres Interesses und Ihrer Liebe sicher ist und weiß, dass Sie ihm zu-

hören und seine Gefühle ernst nehmen werden, ohne Ratschläge zu geben oder es zu kritisieren. Da es sich in Ihrer Gegenwart sicher fühlt, wird es schließlich darüber sprechen, was es bedrückt. Sie können sich dem Kind anbieten, indem Sie Ihr Interesse und Ihre Bereitschaft, ihm zuzuhören, bekunden: „Ich hab nach dem Abendessen Zeit und kann dir zuhören."

Wenn dieses Konzept neu für Sie ist und Ihr Kind schon eine Weile schwierige, unausgedrückte Gefühle mit sich herumträgt, brauchen Sie vielleicht die Hilfe eines Beraters, um die Beziehung zu heilen. Gefühle des Schmerzes und der Wut, die man mit sich herumträgt und nicht herauslässt, hemmen das seelische, geistige und körperliche Wohlbefinden des Kindes. Sie können sich auch selbst helfen, Ihrem Kind näher zu kommen, indem Sie jeden Tag einen Prozess der Erforschung Ihrer eigenen störenden Gedanken ablaufen lassen. Schreiben Sie sie auf und durchlaufen Sie den „S-Teil" von s.a.l.v.e. Prüfen Sie die Gültigkeit oder Relevanz des Gedankens angesichts der Realität; achten Sie darauf, wie Sie sich fühlen und verhalten, wenn Sie dem Gedanken Folge leisten. Stellen Sie sich vor, wie Sie in derselben Situation ohne diesen Gedanken wären, und überlegen Sie, wie sich Ihre eigene Aussage auf Sie selbst beziehen könnte. Wenn Sie durch diese Gedankenerforschung die Fehler erkennen, die Sie gemacht haben, haben Sie die Chance, sich zu entschuldigen und etwas wieder gutzumachen, was das Vertrauen zwischen Ihnen und Ihrem Kind erneuern wird.

Ein weiteres Hindernis ist unsere Tendenz zu denken, wir wüssten, was für das Kind gut ist. Wir sollten den Kindern völlig vertrauen und davon ausgehen, dass sie, wenn sie sich als wertvolle, geliebte, starke Menschen sehen und frei sind, ihre Gefühle und Gedanken auszudrücken, für sich selbst sorgen und ihre Bedürfnisse am besten kommunizieren. Wenn wir Kinder so behandeln, wie wir es bei Erwachsenen tun würden, glauben wir nicht so leicht, dass wir wissen, was sie brauchen. Einen Freund behandeln wir liebevoll, ohne von ihm zu erwarten, dass er sich uns zuliebe ändert, und wenn wir mit einem Freund sprechen, besteht unser Ziel nicht darin, ihn zu lenken.

Wir täten gut daran, Kinder würdevoll zu behandeln, ihre Beschränkungen zu achten und uns ihren authentischen, selbst gewählten Zielen anzuschließen. Wir können zuhören, wenn sie ihre Gefühle schildern, und sie ermutigen, frei von ihren Beschränkungen zu handeln. Wenn Ihr Kind beispielsweise Angst davor hat, etwas vorzuführen, muss es seine Gefühle herauslassen, damit es danach die Freiheit hat, die Vorführung zu schaffen. Lassen Sie sich nicht von seiner Angst anstecken, wenn Sie zuhören, wie Ihr Kind Ihnen seine Ängste und Zweifel schildert; sehen Sie vielmehr im Geiste vor sich, wie die Vorführung ablaufen könnte. Sie helfen ihm dabei, seine Gefühle zu klären, so dass es trotz seiner Bedenken kraftvoll nach vorne blicken oder sich frei und nicht aus Angst gegen die Vorführung entscheiden kann.

Vermeiden Sie es, über die Kommunikationsfähigkeiten anderer zu urteilen, während Sie Ihre eigenen verbessern. Sie könnten versucht sein, Ihren Partner, Ihre Freundin oder Ihr Kind dafür zu kritisieren, dass sie nicht „richtig" kommunizieren. Vor allem Eltern neigen dazu, einander und ihre Kinder zu bewerten, indem sie sich Lieblosigkeit vorwerfen und sagen: „Du zeigst nicht deine Wertschätzung", „du drückst kein Gefühl aus", „du urteilst" oder „du negierst".

Urteilende Worte entfernen uns von denen, die wir lieben. Belehren Sie niemanden als sich selbst. Wenn Ihr Partner, Verwandter oder Ihr Kind urteilend oder herabwürdigend spricht, drücken Sie sich authentisch aus, indem Sie ihm sagen, wie Sie sich fühlen, oder versuchen, seine unausgedrückten Gefühle zu erraten. Wenn ein Kind beispielsweise über seine Schwester sagt: „Sie ist so eine Lügnerin", können Sie ihm eine wertschätzende Frage stellen, etwa: „Möchtest du mir sagen, was passiert ist?"

Wenn Sie ein nicht akzeptables Verhalten missbilligen müssen, ist ebenfalls kein Urteil vonnöten. Sprechen Sie persönlich über sich selbst, nicht in Belehrungen über „richtig" und „falsch". Wenn man zum Beispiel sagt: „Es ist falsch zu stehlen", wird das Kind wahrscheinlich keine Reue empfinden, sondern Scham und Entfremdung. Wenn Sie dagegen sagen: „Als du Süßigkeiten aus dem Geschäft genommen hast, ohne zu bezahlen, war ich traurig und hab mir Sorgen gemacht", werden diese Worte, die von Ihrer Verletzlichkeit zeugen, Ihren Teenager eher berühren und dazu bewegen, darüber zu sprechen, was ihn zu seinen verzweifelten Taten treibt.

Viele Leute haben Bedenken, diese Methode würde ihnen das Recht nehmen, Moralvorstellungen zu verteidigen. Doch das Gegenteil ist der Fall: Sie können Ihre Werte überzeugender vertreten, wenn Sie es mit persönlichen Worten tun. Wenn Sie mit dem Finger auf den Beschuldigten zeigen und nur von Falsch und Richtig sprechen, verlieren Sie ihn; er kann Sie dann nicht hören. Wenn Sie dagegen mit persönlichen Worten Ihre Verletzlichkeit zum Ausdruck bringen, wird sich Ihr Kind, Ihr Partner oder Ihre Freundin nicht eingeschüchtert oder entfremdet fühlen, sondern mit Ihnen verbunden und von Ihrer Aussage berührt.

Eine Einführung in die fünf
Grundbedürfnisse von Kindern

Das Verhalten Ihres Kindes verstehen

„Es gibt kein richtiges oder falsches Verhalten. Die einzige Entscheidung von Bedeutung ist die zwischen Angst und Liebe."

Gerald Jampolsky, Ph.D.

Oft rufen mich Eltern an, weil das Verhalten ihrer Kinder sie verwirrt. Sie wollen liebevoll darauf eingehen, stellen aber fest, dass ihnen das nicht gelingt. Viele Eltern wissen bereits, wie man liebevoll kommuniziert, doch sie sagen, sie bringen es nicht fertig, ihr Wissen umzusetzen.

Unsere eigenen Gedanken sind es, die uns daran hindern, das Kind zu verstehen und zu wissen, wie wir darauf eingehen sollen. Was ein Kind tut, ist nicht gut oder schlecht; es ist einfach der Ausdruck seelischer und körperlicher Bedürfnisse oder unschuldiges Spiel. Dennoch bewerten wir im Kopf schnell das Verhalten eines Kindes, und wir reagieren nicht auf das Kind, sondern auf unsere eigenen Interpretationen seines Verhaltens.

Auf einen klaren Wunsch nach der Erfüllung körperlicher Bedürfnisse wie Schlaf, Nahrung oder Wärme einzugehen, erscheint uns leicht. Doch wenn die Bedürfnisse des Kindes seelischer Natur sind oder wenn es sich auf eine Art ausdrückt, die im Widerspruch zu unseren Wünschen steht, erleben wir bei uns selbst vielleicht Reaktionen, die von Verwirrung über Wut bis hin zu Hilflosigkeit und Verzweiflung reichen können. Diese Reaktionen sind nicht authentisch in dem Sinne, dass es sich bei ihnen nicht um ein direktes Eingehen auf das Kind handelt, sondern um alte Gedanken; sie hindern uns daran, das Kind klar zu sehen, wie es in der Gegenwart ist. Diese Gedanken wurzeln in unserer Vergangenheit und werden in die Zukunft projiziert, häufig äußern sie sich in Form von Ängsten hinsichtlich der Entwicklung des Kindes oder unseres Bilds als Eltern.

Anders ausgedrückt, missverstehen wir ein Kind oft, weil wir zu sehr damit beschäftigt sind, auf die automatische Reaktion in unserem Kopf zu hören. Unser Inneres spielt alte Aufzeichnungen ab, und wir als Menschen sind so angelegt, dass wir uns mit dieser inneren Stimme identifizieren. Wir gehorchen der Stimme, die automatisch in unserem Kopf abgespult wird, obwohl sie nicht mit dem, wie wir sein wollen und wie wir wirklich sind, im Einklang steht.

Mit Weisheit und Liebe auf Kinder einzugehen, ist möglich, wenn wir ganz präsent und frei von altem inneren Geschwätz sind. Liebe kann nur in der Gegenwart erfahren werden. Wenn Sie ganz bei Ihrem Kind präsent sein könnten, würden Sie dieses Buch nicht brauchen und auch kein anderes zu dem Thema. Es ist nur unser Inneres, das komplizierte Botschaften sendet. Stellen wir uns vor, ein Kleinkind zieht seinem Babygeschwisterchen ein Spielzeug aus der Hand. Die Mutter hört in ihrem Inneren den Gedanken, das sei gemein oder grob, während das Kleinkind selbst völlig unschuldig handelt. Vielleicht will es spielen, es braucht ein Spielzeug und erkennt noch nicht, dass das Baby auch ein Mensch ist, oder ihm gefällt die Reaktion des Babys, oder es möchte Ihre Aufmerksamkeit. Wenn Sie Ihr Kind wahrnehmen, ohne es in eine Schublade zu stecken oder zu analysieren, können Sie effektiv und friedlich auf es eingehen, wie es in vielen Beispielen in den folgenden fünf Kapiteln gezeigt wird.

Wenn das, was ein Kind tut, bei Ihnen Ärger, Wut oder Schmerz auslöst, könnten Sie versucht sein, das Verhalten zu unterbinden. Doch das funktioniert nicht, und selbst wenn das Verhalten (durch Angst) abgestellt wird, tritt ein anderes an dessen Stelle, welches demselben unerfüllten Bedürfnis entspringt. Ihr Kind ist Ihr Lehrer; wenn Sie sich der Lektion entledigen, indem Sie Ihr Kind zum Aufhören bewegen, verlieren Sie beide. Wenn Sie dagegen den Gedanken, die dazu führen, dass Sie Ihr Kind negieren, auf den Grund gehen, wie Sie es in Kapitel Eins gelernt haben, werden Sie an emotionaler Freiheit gewinnen und in der Lage sein, auf Ihr Kind einzugehen, anstatt bloß auf es zu reagieren. Die Erkenntnis, dass das Kind ein Bedürfnis ausdrückt, kann uns helfen, unsere Zielsetzung zu ändern, so dass es uns nicht mehr darum geht, den Ausdruck des Kindes zu unterbinden, sondern darum, herauszufinden, was es braucht. Wenn wir den Ausdruck des Kindes unterbinden, bleiben wir in unseren alten Verletzungen gefangen und verstehen das Kind nicht. Doch wenn wir erkennen, dass unsere gedanklichen Reaktionen nur alte Aufzeichnungen sind, und deren Gültigkeit und Relevanz prüfen, können wir lernen, wie Prozesse in unserem Inneren ablaufen, und können das Kind dann in der Gegenwart klar sehen.

Mit anderen Worten, das größte Hindernis für unsere Fähigkeit, das Kind zu verstehen, besteht darin, dass wir unsere Gedanken und Ansichten, die automatisch als Reaktion abgespult werden, als Wahrheit oder als nützliche Richtschnur ansehen. Im Lauf der folgenden Kapitel werden Sie lernen, wie Sie Ihre liebevolle Hilfestellung (am Kind orientiert) von Ihren Reaktionen (an Ihnen selbst orientiert) unterscheiden können. Ein klarer Unterschied zeigt sich, wenn man die Folgen betrachtet: Liebevolle Hilfestellung führt zu friedlichen Lösungen und inniger Verbundenheit mit Ihrem Kind, während Reaktionen zu Streit, Ärger und Entfernung voneinander führen.

Oft ist das, was ein Kind tut, einfach die Erfüllung seiner Bedürfnisse, etwa wenn es endlos herumrennt, wie ein Brüllaffe schreit oder das Badezimmer in einen tropischen Regenwald verwandelt. Seine Motivation zu verstehen, macht es leicht, das Kind entweder gewähren zu lassen oder ihm ein Betätigungsfeld zu bieten, das Ihre eigenen Interessen oder das Wohlbefinden anderer nicht beeinträchtigt. Unser inneres Geschwätz, wir könnten die Kontrolle über das Kind verlieren, es könnte sich nicht gut entwickeln, oder andere in unseren Gedanken entwickelte Dramen und Erwartungen behindern unsere Liebe und unser Verständnis für den Ausdruck des Kindes.

Wenn Sie den Blick auf Ihr Kind richten, wird es Ihnen leichter fallen, liebevoll auf es einzugehen. Die fünf emotionalen Grundbedürfnisse, die der Verhaltenssprache eines Kindes zugrunde liegen, sind:

• Liebe
• Freiheit des Selbstausdrucks
• Autonomie und Macht
• Emotionale Sicherheit
• Selbstachtung

Wenn diese Grundbedürfnisse zuverlässig erfüllt werden, bildet diese Erfahrung ein stabiles Fundament, auf dem Kinder ihr Potenzial entfalten und kraftvoll und zufrieden mit sich selbst und mit anderen leben können. Mit anderen Worten, ein Kind, das sich in der Liebe seiner Eltern geborgen fühlt, das sich als wertvoll und autonom empfindet und sich sicher fühlt, ganz es selbst zu sein und sich ganz auszudrücken, wird gedeihen und mit sich selbst und mit Ihnen verbunden bleiben. Dagegen neigen Kinder zu Verhaltensstörungen, Lernschwierigkeiten und anderen Problemen, wenn sie sich emotional unsicher, hilflos oder einsam fühlen.

Die folgenden Kapitel bieten einen Einblick in die vielen Verhaltensweisen, mit denen Teenager, Kinder, Kleinkinder und Babys diese fünf Grundbedürfnisse äußern, und eröffnen bereichernde Möglichkeiten, wie man darauf eingehen kann.

Kapitel Zwei

Liebe

Wir gießen eine Blume nicht, wenn sie blüht; wir gießen sie, damit sie blühen kann.

E in Kind zu lieben ist keine Gewähr dafür, dass sich das Kind als geliebt erfährt. Wenn sich ein Kind der Liebe, die wir ihm gegenüber empfinden, nicht bewusst ist, kann es sich unsicher, hilflos oder unfähig fühlen, sich auszudrücken. Vielleicht flüchtet es sich in destruktive Verhaltensweisen, oder es fügt sich und unterdrückt sein authentisches Ich, um unsere Anerkennung zu bekommen. Die Gründe dafür, dass sich das Kind nicht mit uns verbunden fühlt, können darin bestehen, dass wir unsere Liebe nicht so ausdrücken, dass das Kind sie wahrnimmt, dass es sich als zweitrangig gegenüber einer Schwester oder einem Bruder empfindet oder dass die Liebe an Bedingungen geknüpft ist. Wir gießen eine Blume nicht, wenn sie blüht; wir gießen sie, damit sie blühen kann. Ebenso braucht ein Kind unsere Liebe, in der es sich geborgen fühlt, damit es gedeihen kann. Wenn die Liebe dagegen benutzt wird, um das Kind zu kontrollieren, zweifelt es schließlich an der Liebe. Wenn Ihr Vater Ihnen beispielsweise seine Liebe nur dann zum Ausdruck brachte, wenn Sie sich auf eine bestimmte Weise verhielten oder gute Noten nach Hause brachten, fragten Sie sich vielleicht tief im Inneren, ob er wirklich *Sie* liebte. Ein Kind ist nicht dazu da, um bewertet und dann durch Liebe belohnt zu werden. Jedes Kind ist von Geburt an wertvoll und verdient Liebe. Liebe ist nur Liebe, wenn sie nicht an Bedingungen geknüpft ist.

Manchmal verwechseln Eltern eine liebevolle Haltung damit, ein Kind alles tun zu lassen, was es will. Niemand kann immer alles tun, was er will. Zum Beispiel können wir nicht immer fahren, wie wir möchten; manchmal halten wir an, obwohl wir lieber weiterfahren würden. Rücksichtnahme auf die Bedürfnisse anderer schränkt unsere Freiheit ein, schützt sie aber auch. Das ist kein Widerspruch zur Liebe. Die Welt nach jeder Laune des Kindes zurechtzubiegen, kann die natürliche Entwicklung seiner emotionalen Stabilität behindern. Das Kind ist in eine echte Welt und in Ihre soziale Gemeinschaft hineingeboren. Es will dazugehören und Teil des sozialen Netzes von Familie und Freunden sein. Behandeln Sie es gleichwürdig und seien Sie sich gleichzeitig seiner Beschränkungen bewusst. Vielleicht verfügt es noch nicht über die Fähigkeit zu warten oder zu teilen, doch das heißt nicht, dass es Ihr Haus demolieren, jedes Spielzeug bekommen oder Ihnen an den Haaren ziehen kann. Es zu lieben heißt daher auch, liebevoll Möglichkeiten zu finden, wie Sie seine Bedürfnisse befriedigen, empathisch und ermutigend sein können, wenn das Leben ihm nicht jeden Wunsch erfüllt.

Die andere Seite der Liebe zu Ihrem Kind gemäß seinen Vorstellungen besteht darin, auch seine einzigartige Weise, seine Liebe auszudrücken, anzunehmen. Für ein Kind ist es wichtig, dass seine Art, Liebe auszudrücken, wahrgenommen wird, selbst wenn es uns Unannehmlichkeiten bereitet. Wir ärgern uns vielleicht, wenn ein Kind eine große Pfütze auf dem Badezimmerboden macht, doch es kann sein, dass es alles aufwischt, um Ihnen seine Liebe zu bekunden. Denken Sie an Pu den Bär, wenn Sie meinen, Ihr Kind handele destruktiv: I-Ahs Haus sah für Pu wie ein Stapel Holz aus, den er dann auseinander nahm, um ein Haus für I-Ah zu bauen.

Sowohl das Geben als auch das Annehmen von Liebe müssen ohne Bedingungen erfolgen. Wenn ein Kind Ansprüche erfüllen muss, um geliebt zu werden, und wenn es seine Art sich auszudrücken sorgfältig abwägen muss, wird es ängstlich und zweifelt an seinem eigenen Wert. Ja, ein solches Streben nach Liebe wird zu einem Wettrennen, zu gefallen oder Erwartungen zu erfüllen, einem Wettrennen, bei dem sich der Betroffene nie zufrieden fühlt, weil er sich stets als wertlos empfindet, wenn er sich nicht beweist oder jemandem gefällt. Das ist die Grundlage eines geringen Selbstwertgefühls. Wir fühlen uns unsicher, wenn wir fürchten, unsere Leistung oder unser Verhalten könnten uns nicht die Akzeptanz einbringen, nach der wir uns so sehnen. Ein intensives Bestreben, Ansprüche zu erfüllen, ist die Folge der Erfahrung, nicht gut genug zu sein und sich nur geliebt zu fühlen, wenn man gut genug ist.

Es ist nicht so, dass unsere Eltern keine Liebe zu uns empfanden, aber für viele wurde die Freiheit, bedingungslos Liebe auszudrücken, von kulturellen Normen und dem nicht bewältigten Schmerz aus ihrer eigenen Kindheit behindert. Viele von ihnen erlebten keine bedingungslose Liebe, obwohl ihre Eltern sie wirklich liebten. Als sie dann selbst Kinder hatten, hatten diese Eltern vielleicht das schmerzliche Gefühl, dass sie unfähig waren zu geben, was sie selbst nicht erlebt hatten. Ja, viele von uns fürchteten, als wir aufwuchsen, dass unsere Eltern uns nicht lieben würden, wenn wir nicht täten, was sie von uns erwarteten – ein Gefühl, das wir nicht an unsere Kinder weitergeben wollen. Nehmen wir stattdessen die Haltung ein, die Mary Haskell in einem Liebesbrief an den Dichter Khalil Gibran zum Ausdruck bringt: „Nichts, was aus dir wird, kann mich enttäuschen; ich habe keine vorgefasste Meinung, was du sein oder tun sollst. Ich habe keinerlei Wunsch, dich vorherzusehen, nur den, dich zu entdecken. Du kannst mich nicht enttäuschen."[1]

Wenn Ihr Kind nicht daran zweifelt, dass Sie es lieben und bewundern, ist seine Zufriedenheit der Grund, auf dem ihm seine Bemühungen gelingen können. Es wird in der Lage sein, authentisch in eigener Verantwortung zu agieren, ohne sich zu sorgen, ob es damit Ihre Anerkennung erringen kann, und wenn es Ihnen eine Freude machen will, wird es etwas tun, das einem Bedürfnis von Ihnen entgegenkommt (und nicht seinem eigenen Bedürfnis nach Leistung entspringt); es wird nicht helfen oder Rücksicht zeigen, um sich Ihre Liebe zu verdienen, sondern weil es Sie liebt.

Um zu verstehen, wie man dafür sorgt, dass das Kind die Erfahrung macht, geliebt zu werden, müssen wir vermeiden, Liebe als Handelsware einzusetzen, die wir als Gegenwert für ein Verhalten oder eine Leistung geben oder entziehen können. Liebe ist der Rahmen, in dem Sie Ihr Kind halten, damit es frei sein kann, es selbst zu sein. Seine Entscheidungen und sein Verhalten beeinflussen den Rahmen der Liebe nicht, und Lösungen für Schwierigkeiten werden innerhalb dieses Rahmens gefunden.

Ihr Kind zu lieben, heißt wahrzunehmen, wie großartig es ist, und den Wert seines Blickwinkels zu erkennen. Sie brauchen nicht das Chaos, das es gemacht hat, oder die Art, wie es seiner Schwester wehgetan hat, zu lieben, aber wenn Sie diesen Situationen voller Liebe, aus dem Hier und Jetzt heraus begegnen (und nicht alte Aufzeichnungen abspulen), sehen Sie sein Bedürfnis und sagen: „Oh, das hat bestimmt Spaß gemacht, die Bohnen auf dem ganzen Tisch zu verteilen", oder: „Ich sehe, wie du dich über deine Schwester ärgerst. Willst du mir zeigen (sagen), wie du dich fühlst?", während sie es sanft von seiner Schwester wegholen und ihm helfen, produktive Lösungen für sein Dilemma zu finden. Sie lieben seine Entscheidungen und Wege, einfach weil Sie Ihr Kind lieben, was es Ihnen erleichtert, sich in sein Wesen einzufühlen und Lösungen vorzuschlagen. Ihr Inneres zu beruhigen und präsent zu sein, wird Ihnen helfen, auf Ihre Weisheit und Liebe zurückzugreifen. Hören Sie, was Ihr Inneres sagt, erforschen Sie es, wie in Kapitel Eins beschrieben, und tun Sie dann den Schritt in die Gegenwart mit Ihrem Kind.

Liebe ist keine Belohnung

Der Gedanke, gegenüber einem Kind, das sich aggressiv verhält, Liebe
zu bekunden, verwirrt Eltern oft; doch wenn Sie das tun, werden Sie
entdecken, dass die Aggression Ihres Kindes sein Schrei nach Ihrer Liebe oder Ihrer Aufmerksamkeit für ein unerfülltes Bedürfnis ist. Daher
ist Ihre Liebe die beste Antwort auf die Not des Kindes. Es hat keine
Kontrolle darüber, wie seine Gefühle aus ihm herausströmen (ähnlich
wie ein Erwachsener, der brüllt oder verletzende Worte verwendet).

Das aggressive Kind hat nicht den Eindruck, durch Ihre Liebe belohnt zu werden. Vielmehr fühlt es sich erleichtert, weil Sie es verstehen und sich um es kümmern, was ihm helfen wird, seinen Schmerz
aufzulösen. Indem Sie das aggressive Handeln Ihres Kindes beenden
und ihm Ihre Liebe und Anteilnahme anbieten, geben Sie ihm Werkzeuge für eine liebevolle und friedliche Beziehung in die Hand. Wenn
Kinder sich in der Liebe ihrer Eltern geborgen fühlen, lassen sie sich
kaum dazu provozieren, einem anderen wehzutun.

Wir lieben das Kind, nicht seine Leistungen oder sein Verhalten. Liebe
ist ein Rahmen, der allem Farbe verleiht. Wenn wir uns über ein Kind
ärgern, brauchen wir nur Liebe „anzuwenden" und können uns dann
über es freuen (selbst wenn wir seinen Wunsch abschlagen müssen).
Um dazu in der Lage zu sein, müssen Sie Ihre Gedanken erforschen
(S von s.a.l.v.e.), damit Sie präsent sein können. Ihre Gedanken sind
nicht Sie. Sie kommen und gehen, ohne dass Sie irgendeine Kontrolle
darüber hätten. Ihre Gedanken sind nicht die Wahrheit; wenn Sie woanders aufgewachsen wären, hätten Sie andere Gedanken. Finden Sie
heraus, ob diese Vorstellungen Ihre Liebe verstärken oder behindern.
Später in diesem Kapitel finden Sie Beispiele, wie Sie die Gedanken
erforschen können, die der Liebe im Weg stehen.

Sie wissen, dass Sie Ihr Kind lieben; wenn das, was Sie sagen oder
tun, nicht liebevoll ist, widersprechen Sie dadurch Ihrem eigenen
Ich. Wenn Sie Lösungen im Rahmen der Liebe finden, sind es
friedliche Lösungen, die die Bedürfnisse und die Würde von allen

achten. Die alte Vorstellung von „liebevoller Härte" ist bloß ein
weiterer Gedanke, der es rechtfertigt, einem Kind wehzutun. Mit
Ausnahme der seltenen Fälle, in denen die Sicherheit des Kindes
Vorrang hat und Sie mit Gewalt einschreiten müssen (etwa indem
Sie Ihr Kind schnell von der Straße wegziehen), tut Liebe nicht
weh; sie liebt.

Wären wir als Kinder bedingungslos geliebt worden, bräuchten wir
keine Hilfestellung darin, wie wir lieben sollen. Wir würden es dann
gar nicht anders kennen, als unsere Kinder ganz und gar und unabhängig von ihrem Verhalten zu lieben. Unser persönlicher Schmerz
und unsere Angst sind es, die dem Bemühen, loszulassen und bedingungslos zu lieben, im Weg stehen.

Weil wir selbst die Erfahrung machen mussten, nicht genug zu bekommen, fürchten wir uns davor zu geben. Wir sorgen uns vielleicht,
das Kind würde unsere Liebe für selbstverständlich halten und uns
ausnutzen. Vielleicht fühlen wir uns verletzlich, wenn wir reichlich
geben. Dies ist dieselbe Angst wie die, die Ihre Eltern daran hinderte,
ihre Liebe zu Ihnen bedingungslos zum Ausdruck zu bringen. (Wie
man dieses und andere Hindernisse für die Liebe bewältigen kann,
wird später in diesem Kapitel erörtert.) Jedoch ist es für das Kind am
besten, wenn es Ihre Liebe für selbstverständlich hält. Eine solche gesunde Annahme darüber, geliebt zu werden, ist der Boden, auf dem
ein Kind gedeihen und zu einem mitfühlenden, liebevollen und fä-
higen Erwachsenen heranwachsen kann. Statt seine Energie darauf zu
verschwenden, Anerkennung zu erlangen, ist das Kind dann frei, seine
Fähigkeiten zu nutzen und zu wachsen.

Wie Kinder Liebe erleben

Im Folgenden finden Sie ein paar Ratschläge, wie Sie dafür sorgen
können, dass die Liebe im Fluss bleibt und dass Ihr Kind sie wahrnimmt.

Bedürfnisse erfüllen

Wenn sich Ihr Kind sicher genug fühlt, um sich auszudrücken, wenn es die Macht hat, sein Leben selbst zu steuern, und wenn es sich in dem Wissen, dass für seine Bedürfnisse gesorgt wird, geborgen fühlt, kann es sich als wertvoll und geliebt erleben. Wenn Sie also dafür sorgen wollen, dass Ihr Kind Ihre Liebe spürt, ist es am besten, ihm zu vertrauen und seine Bedürfnisse gemäß seinen Vorstellungen zu erfüllen. Unerfüllte Bedürfnisse können dazu führen, dass man sich als der Liebe unwürdig ansieht und unter den schmerzlichen seelischen Folgen einer solchen Wahrnehmung leidet.

Ein Kind drückt seine Bedürfnisse unter anderem dadurch aus, dass es Bitten äußert. Ein Baby schreit und setzt andere körperliche Mitteilungsformen ein; das Kleinkind teilt uns seine Bedürfnisse durch sein Verhalten und durch Worte mit. Gehen Sie auf die Bedürfnisse Ihres jungen Kindes ein und seien Sie bereit, das, was Sie gerade tun, dafür zu unterbrechen. Sagen Sie bereitwillig Ja und tun Sie, was nötig ist, um seine Wünsche und Bedürfnisse zu befriedigen. Das Geschirr kann warten, seine Seele nicht. Der Anruf kann verschoben werden, die Liebe nicht. Einen zerbrochenen Teller kann man durch einen neuen ersetzen; zerbrochene Seelen können Narben zurückbehalten. Schmutz kann man aufwischen und etwas Beschädigtes kann man reparieren; das Gefühl Ihres Kindes, von Ihnen geliebt zu werden, beruht auch auf seinem Wissen, dass es selbst wichtiger ist als Dinge und Zeitpläne.

Auf Bedürfnisse prompt zu reagieren, heißt nicht, dass Sie Ihrem Kind nie zutrauen könnten zu warten, bis Sie mit irgendetwas fertig sind. Wenn Ihr Kind älter wird und wenn es sich in Ihrer Liebe sicher fühlt, wird es zunehmend die Fähigkeit erlangen, auch auf einige Ihrer Bedürfnisse Rücksicht zu nehmen. Haben Sie Vertrauen in diesen Prozess, so dass er authentisch von Ihrem Kind kommen kann. Überlassen Sie ihm die Initiative, dann wissen Sie, dass sich Ihr Kind nicht deshalb so verhält, weil es sich Ihre Liebe verdienen will. Erwarten Sie nicht zu früh Rücksichtnahme auf Ihre Bedürfnisse, denn wenn Ihr

Kind Ihre Erwartung spürt, kann es sein, dass es sie zu erfüllen versucht, um Ihre Anerkennung zu erlangen, und wir sind wieder bei Liebe, die von Bedingungen abhängig ist, und bei Manipulation. Erwartungen bewegen Kinder, das zu tun, was bei den Erwachsenen in ihrer Umgebung Gefallen findet. Dies beschädigt ihr Gefühl des Vertrauens und ihr Selbstwertgefühl.

Schützen Sie die Authentizität des Kindes in seiner Beziehung zu ihnen, so dass es, wenn es Rücksicht zeigt, dies aus Liebe und Fürsorge Ihnen gegenüber tut. Wenn ein Kind dagegen etwas nur tut, um Ihre Anerkennung zu bekommen, statt aus einem authentischen Wunsch heraus, empfindet es Unmut und ist sich Ihrer Liebe unsicher. Diese negativen Gefühle behindern die authentische Entwicklung seines Wunsches, für andere zu sorgen.

Sie fragen sich nun vielleicht, was es mit dem verbreiteten Glauben, dass hohe Erwartungen zu hohen Leistungen anspornten, auf sich hat. Bei akademischen oder anderen Leistungen ist es in der Tat so, dass die von einem Lehrer, bei dem das Kind aus freiem Willen heraus lernen möchte, gesetzten Standards den Schüler zu besonderen Leistungen anspornen können. Ein Lehrer und ein Schüler sind als Menschen gleichrangig, jedoch nicht im Bereich des Lernens. Der Schüler hat entschieden, sich vom Lehrer leiten zu lassen, und bezahlt ihn auch oft dafür, Erwartungen zu stellen, die sein Streben zu lernen fördern.

Derartige Erwartungen sind in einer liebevollen Beziehung zwischen Eltern und Kind (oder jeder Liebesbeziehung) jedoch fehl am Platz und schaden sowohl der Beziehung als auch der authentischen Entwicklung der erwarteten Eigenschaft. Ihr Kind hat Sie nicht engagiert, um sein Leben zu lenken; vielmehr haben Sie sich freiwillig angeboten, auf seine Bedürfnisse einzugehen und sein Wachsen liebevoll zu begleiten.

Von einem Kind zu erwarten, sich in einem von Ihnen vorgegebenen Tempo zu entwickeln, steht im Widerspruch dazu, es so zu lieben, wie es ist, da sein Wert dann nach Ihren Standards und Zeitvorgaben gemessen würde. Ihr Kind zu lieben, heißt, sich über seine Wachstumsgeschwindigkeit zu freuen, so dass es sich frei fühlt, bei jedem Schritt des Weges es selbst zu sein, frei von der Sorge, Sie würden es nicht lieben oder schätzen, wenn es Ihren Zeitvorgaben oder Standards nicht entspricht.

Konzentrieren Sie sich auf Ihre Liebe zu Ihrem Kind. Statt respektvolles Verhalten zu erwarten, behandeln Sie Ihr Kind mit Respekt; statt von ihm zu erwarten, dass es warten und auf Ihre Bedürfnisse Rücksicht nehmen soll, seien Sie ihm gegenüber rücksichtsvoll und großzügig. Im Lauf der Zeit wird es diese Eigenschaften selbst übernehmen, weil es Sie liebt und dazugehören will. Das bedeutet nicht, dass Sie es nie um etwas bitten könnten, doch bleiben Sie dabei im Rahmen dessen, wozu es wahrscheinlich auch in der Lage ist. Sie können es manchmal bitten, ruhig zu sein, zu warten oder Ihnen etwas zu bringen, aber respektieren Sie seine Entscheidung, ob sie Ja oder Nein lautet. Allmählich wird es lernen, neben seinen Wünschen auch die anderer Menschen zu beachten.

Wie bereits erläutert, bedeuten Liebe und Eingehen auf das Kind nicht, dass das Kind Schaden anrichten oder alles tun dürfte, was es will (was niemand darf). Es bedeutet nur, dass Sie dafür verantwortlich sind, für das Kind zu sorgen und ihm Respekt entgegenzubringen, so dass es in seinem eigenen Tempo aufwachsen kann.

Unsere Vorstellungen, wie sich ein Kind verhalten und was es leisten sollte, abzulegen, kann schwierig sein. Wenn das Baby geboren ist, malen wir uns automatisch aus, dass es ein „pflegeleichtes" und „braves" Kind sein wird, das in unserem positiven Bild von Freundlichkeit und Erfolg aufwachsen wird. Beim Betrachten der Kultur um uns herum werden wir leicht im Terminplan der Erwartungen gefangen: Unser Kind sollte in einem bestimmten Alter bei der Hausarbeit helfen, „bitte" und „danke" sagen, verantwortungsbewusst, ordentlich und ruhig sein. Sicher ist Ihnen aufgefallen, dass Sie bisweilen sogar Ihren eigenen Wert am Verhalten Ihres Kindes messen, vor allem in der Öffentlichkeit. Benimmt es sich gut? Bin ich eine gute Mutter oder ein guter Vater?

Bei einer Telefonberatung erzählte mir Amandas Mutter Kara von ihrer Verlegenheit angesichts ihrer Tochter. Durch die Erforschung ihrer
Gedanken lernte sie, ihr Kind so, wie es ist, zu schätzen.

*Als Baby war Amanda süß und pflegeleicht, lächelte viel, ließ sich gerne
überall hin mitnehmen und fügte sich gut ein.*
*„Ich war sicher, dass sie sich zu einem kooperativen, aufgeweckten Mäd-
chen entwickeln würde. Jetzt ist sie sieben, und seit sie ungefähr drei ist,
gehe ich mit ihr kaum noch andere Leute und Kinder besuchen, weil mir
das so peinlich ist. Früher hat sie geschubst und anderen Sachen weggenommen. Jetzt kommandiert sie andere Kinder herum und räumt nach
dem Spielen nicht auf. Wenn sie reinkommt, ist es, als fegte ein Tornado
durch das Haus."*
*Um ihr beim Erforschen der Gedanken, die ihrem Bild von ihrer Toch-
ter im Weg standen, zu helfen, sagte ich: „Erzähl mir mehr von deinen
Erwartungen."*
*„Ich wünsche mir, dass sie merkt, was für ein Chaos sie veranstaltet,
dass sie es aufräumt und gleichberechtigt mit anderen Kindern spielt",
sagte Kara.*
*„Glaubst du, sie kann das Mädchen sein, das du dir vorstellst?", fragte
ich. (An dieser Stelle fand sie heraus, ob ihre Gedanken relevant und
zutreffend waren.)*
Kara seufzte: „Nein, sie ist im Moment nicht der Typ dafür."
Ich schwieg, und Kara dachte über ihre eigene simple Erkenntnis nach.
*„Ich liebe Amanda so sehr. Aber ich glaube, ich liebe sie so, wie ich sie
gern hätte, nicht so, wie sie ist." Kara brach in Tränen aus. „Ich will sie
so lieben, wie sie ist, aber ich kann es nicht."*
*„Was dir im Weg steht, ist nur dein eigener Gedanke. Kannst du dir vor-
stellen, ohne die Erwartung, dass sie nett und ordentlich sein und gleich-
berechtigt mit anderen umgehen sollte, mit ihr zusammen zu sein?"*
„Ja, o ja, ich würde sie so lieben, wie sie ist. Ich liebe sie doch so sehr."
*„Was fürchtest du zu verlieren, wenn du dich über ihr Wesen freuen
würdest?"*

„Die Leute würden mich für eine schlechte Mutter halten, weil ich keine Kontrolle über sie habe." (Das ist ein weiterer schmerzlicher Gedanke, über den sich Kara gerade klar wurde.) „Oh, das ist ja furchtbar. Ich hindere sie daran, unter Leute zu kommen, damit ich gut dastehe. Wie schrecklich." Kara schluchzte.

„Ja", sagte ich. „Siehst du, wie das, was du von ihr erwartest, eine Lektion für dich selbst sein könnte und wie es dir bei deiner Beziehung zu Amanda helfen würde, wenn du auf deine eigenen Lehren hören würdest?"

„Ich weiß nicht. Ich will, dass sie ihr Chaos aufräumt. Ich glaube, ich muss meine eigenen chaotischen Gedanken über sie aufräumen. Außerdem habe ich einiges an materiellem Chaos, das ich aufräumen sollte."

„Was ist mit deinem Wunsch, sie sollte gleichberechtigt mit anderen umgehen?"

„Oh, natürlich, ich würde sie gerne als gleichwertig behandeln. Das tue ich nicht."

„Und", fügte ich hinzu, „behandele dich selbst auch als gleichwertig zu anderen Eltern und Menschen. Du musst nicht besser als irgendwer sonst sein und eine engelsgleiche, vollkommene Tochter haben."

„Ja, das begreife ich jetzt auch." Kara fing zu lachen an. „Man kann das alles auch auf mich beziehen. Weißt du, manchmal gelingt es mir auch, sie einfach so sein zu lassen, wie sie will. Wenn wir auf den Spielplatz gehen, ist sie immer so glücklich und aktiv. Sie turnt auch gerne, und sie kann stundenlang mit Wasserfarben oder mit Knete spielen. Ich glaube, sie hat auch Spaß am Backen. Aber was ist damit, dass sie andere Kinder herumkommandiert?"

„Was ist damit?", fragte ich. „Ist dein Gedanke, dass sie andere nicht herumkommandieren sollte, nützlich oder von Belang?"

„Nein. Sie kommandiert gerne herum. Wenn ich nicht diesen Gedanken hätte, dass sie das nicht tun sollte, würde ich sie wegen ihrer Führungsqualitäten bewundern. Aber mir macht das Angst, weil ich selbst so ein schüchterner Mensch bin."

„Amanda ist also diejenige, die die Dinge in die Hand nimmt. Sie ist verantwortlich für den größeren Zusammenhang. Wir brauchen Führungspersönlichkeiten. Du hast in ihr eine großartige Lehrerin."

Am Ende des Beratungsgesprächs kamen Amanda und ihr Vater (Karas Mann) zur Tür herein. Kara sprang auf und umarmte Amanda lange, während ihr Tränen die Wangen hinabliefen. „Ich wusste gar nicht, wie lieb ich dich eigentlich habe, Amanda. Ich hab dich lieb, weil du du bist."

In den folgenden Wochen beobachtete Kara die Führungsrolle ihrer Tochter und bot ihr Gelegenheiten, ein unschädliches Chaos zu schaffen, zu bauen, zu turnen, zu schwimmen, auf einem Trampolin zu springen und ihren Überschwang anderweitig auszuleben.

„Ich dachte, das wäre furchtbar schwer", sagte Kara, „aber ich bewundere nicht nur, was Amanda für ein Mensch ist, sondern es sind auch die meisten Probleme verschwunden, die wir früher hatten. Manchmal will sie sogar ihr Chaos nach dem Malen und Kneten aufräumen, weil es ihre Sachen sind und sie sie nicht noch mal benutzen kann, wenn sie unaufgeräumt eintrocknen. Sie ist zufrieden mit sich selbst und mit mir. Als wir ihre Cousinen besuchten, passierte etwas Erstaunliches. Onkel Dave kam herein und sagte, sie sollten die Spielsachen aufräumen, woraufhin Amanda den Mädchen sagte, was zu tun war, und unter ihrer Leitung wurden die Spielsachen friedlich weggeräumt."

Kara musste die Werte, die sie ihrer Tochter vermittelt hatte, nicht aufgeben. Im Gegenteil, sie ergänzte sie um den Wert, jemand anderen auf seinem Weg zu begleiten. Amanda wird lernen, die Wünsche anderer zu beachten, weil ihr eigener Weg respektiert wird. Kinder wollen Teil der Gesellschaft sein. Dadurch, dass ihnen Liebe und Rücksichtnahme entgegengebracht werden, saugen sie diese Werte in sich auf. Haben Sie Vertrauen in Ihr Kind; es wird Ihnen signalisieren, wann es bereit ist, auf einige Ihrer Bedürfnisse einzugehen, und es wird im Prozess der Entwicklung einer partnerschaftlichen Beziehung mal dazu in der Lage sein und mal nicht.

Zärtlichkeit

Wer als Kind oft umarmt und geküsst wurde, neigt dazu, seine Liebe gerne durch körperliche Zuwendung auszudrücken. Doch wenn Sie als Kind nicht genug Zärtlichkeit bekommen haben, müssen Sie sich vielleicht bewusst dazu bringen, sie anzunehmen und zu geben. Kinder brauchen täglich alle Arten von Zuwendung; in diesem Abschnitt geht es jedoch um den körperlichen Ausdruck von Liebe. Küsse beim Schlafengehen, Umarmungen oder Kuscheln auf der Couch können Nahrung für die Seele sein, solange klar ist, dass Ihr Kind sie genießt. Viele Kinder mögen keine Küsse, „schnurren" aber, wenn man mit ihnen kuschelt.

Bei einem Kind, das körperliche Zuwendung ablehnt, können Sie vielleicht eine andere Art von Körperkontakt finden, die ihm Freude macht. Manche Kinder scheuen sich vor Umarmungen und Küssen. Diese Kinder haben oft ein besonders starkes Bedürfnis nach Berührungen, fühlen sich jedoch zu verletzlich und sind oft sehr sensibel. Wenn Ihr Kind bei Berührungen Unbehagen ausdrückt, bieten Sie ihm körperliche Zuwendung an, die weniger direkt ist – mit den Fingern auf dem Rücken malen, Augenkontakt, ab und zu eine sanfte Berührung, Kuscheln beim Vorlesen und andere Aktivitäten, bei denen man sich körperlich nahe kommt. Außerdem können Sie mit Ihrem Kind in einem Bett schlafen oder beim Einschlafen neben ihm sein – das Einschlafen ist eine gute Zeit zum Kuscheln, für persönliche Gespräche und Liebe. Ein Familienbett kann viele seelische Krankheiten bei Menschen jeden Alters heilen und verhüten; zögern Sie also nicht, einem der größten natürlichen Instinkte zu folgen, indem Sie beim Schlafen mit Ihrem Kind kuscheln.

Schenken Sie auch Ihrem Teenager weiterhin Zärtlichkeit. Er braucht es dringend, wagt aber nicht zu fragen. Jungen bekommen als Teenager oft nicht genügend Zärtlichkeit. Haben Sie keine Angst vor seiner Größe und seinem manchmal kühlen Auftreten. Auch er braucht Zuwendung. Berühren Sie ihn nicht vor Freunden oder in der Öffentlichkeit, aber bieten Sie eine Umarmung, einen Kuss, eine Massage oder, wenn er Sie lässt, einen Arm um seine Schultern an, wenn Sie zusammen einen Film sehen.

Kinder, die dazu neigen, Stress durch aggressives Verhalten auszudrücken, sind oft dieselben, die Berührungen durch ihre Eltern weitgehend ablehnen. Dies kann daran liegen, dass sie sich schuldig und wertlos fühlen, oder es ist einfach Teil ihrer sensiblen Natur. Körperliche Zuwendung kann diesen Kindern helfen, sich in Ihrer Liebe geborgen zu fühlen und weniger aggressiv zu werden. Ein Kind, das sich gegen Berührungen sträubt, kann auch körperlich besonders empfindlich sein; in dem Fall können Sie es mit kräftigeren Berührungen versuchen, damit Ihr Kind nicht das Gefühl hat, dass Sie es kitzeln; oder vielleicht möchte es eine Zeit lang nur, dass Sie ihm den Rücken kräftig abrubbeln. Nutzen Sie Gelegenheiten wie Baden und Schlafengehen, um mit zärtlichen Berührungen für den Körper Ihres Kindes zu sorgen. Darüber hinaus tut es Kindern gut, wenn sie miterleben, wie ihre Eltern zärtlich zueinander sind und einander liebevoll berühren.

Manche Kinder entwickeln eine Aversion gegen Berührungen, weil sie Zuwendung bekommen, die sie nicht wollen. Es ist von entscheidender Bedeutung, den Körper eines Kindes zu respektieren. Der Opa denkt vielleicht, ein Kuss zum Abschied sei ein wichtiges Ritual, aber wenn Ihr Kind keinen Kuss möchte, muss seine Würde gewahrt werden. Das Kind entscheidet, welche körperliche Zuwendung es möchte und welche nicht. Eltern haben keine „Rechte" am Körper Ihrer Kinder. Eine Umarmung zu verlangen, das Kind gegen seinen Willen hochzuheben oder zu küssen, sind keine liebevollen Handlungen, denn sie tun dem Körper eines Kindes Gewalt an. Sie genießen es wahrscheinlich, Ihr Kind zu umarmen und zu berühren, aber achten Sie darauf, dass Sie auf das Bedürfnis Ihres Kindes eingehen und nicht darüber hinausgehen. Wenn Sie den Körper Ihres Kindes respektieren, ist das auch der beste Schutz vor irgendwelchen Missbrauchsversuchen, denen es vielleicht einmal begegnet.

Wenn wir den Körper des Kindes mit Würde behandeln, wird ihm die Zärtlichkeit gut tun. Sie stärkt das Selbstwertgefühl, fördert positive Gefühle und die Intelligenz, verringert Zorn und aggressive Gefühle, trägt zu einem gesunden und geschmeidigen Körper bei und fördert die Entwicklung von Nähe und Fürsorge.

Aufmerksamkeit schenken

Wenn sie es auch selten in Worte fassen, fragen sich Kinder doch: „Bin ich meinen Eltern wichtig genug, dass sie so viel Zeit mit mir verbringen, wie ich es brauche?" Kinder scheinen unsere Liebe nicht wahrzunehmen, wenn wir ihnen unsere Aufmerksamkeit nur zum Teil zuwenden. Ein Kind besteht vielleicht darauf, dass Sie es ansehen, wenn es Ihnen etwas erzählt, und wenn Sie wegschauen, und sei es auch nur für eine Sekunde, zieht es Sie am Kinn, damit Sie sich wieder auf es konzentrieren. Vielleicht erzählt es seine Geschichte dann noch einmal von vorne. Wenn Sie mit Ihrem Kind spielen, dabei jedoch lesen, telefonieren oder einschlafen, bekommt es nicht die Dosis an Liebe, die es braucht. Ebenso kann ein Kind nicht das Gefühl liebevoller Verbundenheit empfinden, wenn es dies mit seinem Bruder oder seiner Schwester teilen muss. Selbst sich die Aufmerksamkeit mit einem Freund zu teilen, ersetzt keine konzentrierte, persönliche Zeit für es allein.

Manche Eltern machen sich Sorgen, sie könnten ihr Kind „verwöhnen", indem sie ihre Aufmerksamkeit ganz auf es richten. Jedoch geht es beim Bemühen um ungeteilte Aufmerksamkeit nicht darum, dass sich das ganze Leben um das Kind drehen soll. Vielmehr geht es um eine liebevolle Verbindung, ähnlich der zu unseren Partnern und Freunden. Können Sie sich eine Freundschaft oder Liebesbeziehung ohne konzentrierte Zeit unter vier Augen vorstellen? Eine solche Nähe ist Nahrung für Seele und Geist.

Wenn Sie den Kreis der Beziehungen für Ihr Kind über die Familie hinaus ausdehnen möchten, ähnlich wie in einem Stamm oder einer

Großfamilie, müssen Sie für eine derartige Gemeinschaft sorgen. Ihr Kind wird in der Lage sein, mit vielen Einzelpersonen umzugehen und tiefere Beziehungen zu einigen davon einzugehen. Dennoch ist es für seine Selbstwahrnehmung wichtig, dass es täglich einen innigen Kontakt mit Ihnen pflegen kann.

Damit sich Ihr Kind wirklich geliebt fühlt, schenken Sie ihm ununterbrochene Zeit zu zweit, zu der Sie sich ganz auf es konzentrieren und sich von ihm leiten lassen. Ihr Kind muss die Erfahrung machen, dass es in Ihrer Welt von Bedeutung ist und dass Sie bereitwillig Haus- oder Schreibarbeit, Lesen, Einkäufe, Anrufe oder Besuche verschieben oder unterbrechen, um Zeit mit ihm zu verbringen. Wenn Sie mehr als ein Kind haben, erfordert dies einiges an Planung. Wenn Sie dagegen für einen großen Teil des Tages die einzige Gesellschaft für Ihr Kind sind, macht die Zeit, in der Sie ihm Ihre ganze Aufmerksamkeit schenken, nicht nur Ihre Liebe deutlich, sondern erfüllt auch sein Grundbedürfnis nach menschlicher Nähe. Ja, gerade wenn Sie die einzige Gesellschaft für Ihr Kind sind, könnte Ihre Weigerung, ihm ganz nahe zu sein, zu Selbstzweifeln und geringem Selbstwertgefühl führen. Konzentrierte Aufmerksamkeit unter vier Augen zu schenken, ist die deutlichste Ausdrucksform von Liebe.

Ebenso wie Kleinkinder und größere Kinder brauchen auch Teenager Aufmerksamkeit unter vier Augen. Sie schwanken zwischen dem Bemühen, zu beweisen, dass sie Sie nicht mehr brauchen, und dem Versuch, zu testen, ob Sie noch für sie da sind. Respektieren Sie das Bedürfnis Ihres Teenagers, sein Leben autonom zu gestalten, fallen Sie jedoch nicht bei dem „Test" durch. Beteiligen Sie sich interessiert an Gesprächen mit ihm, erfahren Sie etwas über sein Leben, seine Gedanken, seine Gefühle, und bieten Sie Unterstützung, Teilnahme und Ihre Freude darüber an, dass Sie Ihr Leben mit ihm teilen dürfen. Vor allem hören Sie zu, was Ihr Teenager zu sagen hat, und richten Sie Ihre ganze Aufmerksamkeit auf das, was er Ihnen zeigen oder anvertrauen will. Es ist sehr wichtig, dass Sie ihn wirklich so sehen, wie er ist, und den Menschen lieben, zu dem er sich entwickelt.

Nachdem sein Verlangen nach Aufmerksamkeit gestillt ist, ist Ihr jüngeres Kind vielleicht damit zufrieden, Ihnen Gesellschaft zu leisten, während Sie Essen kochen, Rechnungen bezahlen oder ein Musikinstrument üben. Wenn sein Bedürfnis nach Aufmerksamkeit befriedigt ist, kann auch ein junges Kind es allmählich schaffen, für eine kurze, nicht festgelegte Zeitdauer darauf zu verzichten. Warten Sie, bis sich diese Entwicklung vollzieht; versuchen Sie sie nicht herbeizuführen, und erwarten Sie sie auch nicht.

Für Dawn war es nicht leicht, sich um ihren Gast Sarah zu kümmern und mit ihr zu plaudern, aber gleichzeitig auf ihr unzufriedenes Kleinkind Dona einzugehen. An dem Morgen rief mich Dawn verzweifelt an und sagte, sie habe Sarah seit Jahren nicht mehr gesehen und wollte, dass Ihr Kind sie den Besuch genießen ließ. Im Rahmen dieser telefonischen Beratung erforschte sie ihre Gedanken: „Mein Gast und ich sollten uns unterhalten können, ohne unterbrochen zu werden" und „Mein Gast Sarah erfordert die ganze Zeit meine volle Aufmerksamkeit", waren die Gedanken, die ihrem Stress zugrunde lagen.
Nach der Beratung mit mir änderte Dawn ihre Pläne: Am nächsten Morgen sagte sie nicht mehr ständig zu Dona, sie solle warten, sondern bat ihren Gast zu warten oder zuzuschauen, während sie ihrem Kind ein paar Stunden lang ihre ganze Aufmerksamkeit schenkte. Es wurde ein fröhlicher Morgen, an dem Sarah teilnahm, denn Dona wünschte sich, dass beide ihr beim Tanzen, Singen und Springen zusahen. Nach ein paar Stunden hatte Dona genug und fing an, für sich zu spielen. Sie war so zufrieden, dass Dawn und Sarah den Rest des Morgens fast ohne Unterbrechungen miteinander reden konnten. Am Nachmittag ging der Vater mit Dona spazieren, danach wurde ihr noch einmal für eine halbe Stunde die volle Aufmerksamkeit geschenkt, was es den beiden Frauen daraufhin ermöglichte, sich bis zum Abendessen zu unterhalten.

Ein Bedürfnis zu erfüllen, statt es zu versagen, führt dazu, dass es dem Kind gelingen kann, nach vorne zu blicken und das Bedürfnis hinter sich zu lassen. Am ersten Tag, als Donas Bedürfnis nicht erfüllt wurde, drehte sich am Ende alles um sie (kindzentriert), und niemand war zufrieden. Doch als auf ihr Bedürfnis nach Aufmerksamkeit eingegangen wurde, war sie zufrieden, und es musste sich nicht mehr alles um sie drehen. Dasselbe gilt auch langfristig: Je mehr Sie auf die Abhängigkeit Ihres jungen Kindes eingehen, umso unabhängiger wird es als älteres Kind und als Erwachsener werden.

Bieten Sie Ihrem Kind sowohl konzentrierte Aufmerksamkeit als auch gemeinsame Erfahrungen. Wenn Sie ausschließlich konzentrierte Aufmerksamkeit schenken, nehmen Sie Ihrem Kind die Möglichkeit, sich als Individuum selbst zu schaffen und sich selbstständig zu beschäftigen. Ihr Kind wird Ihnen klare Hinweise geben, ob es gerade Aufmerksamkeit braucht oder sich selbst beschäftigen will.

Zeit, die Sie gemeinsam verbringen, kann zum Beispiel beinhalten, dass Sie mit Ihrem Kind an Ihrer Seite Ihre Arbeit erledigen. Es ist dann in einer von Ihnen gewählten Umgebung in Ihr Leben einbezogen. Vermeiden Sie es, länger als Ihr Kind damit umgehen kann, Seite an Seite zu arbeiten. Achten Sie auf sein Zeitempfinden, damit die Erfahrung positiv ist. Wenn Sie möchten, dass es an einer Beschäftigung teilnimmt, die Sie ausgesucht haben, vergewissern Sie sich, dass es seine freie Entscheidung ist, Ihnen zuzuschauen oder Ihre Anweisungen zu befolgen. Die Fähigkeit eines Kindes, an Beschäftigungen anderer Menschen teilzunehmen, wird allmählich zunehmen, wenn es sich bei jeder derartigen Erfahrung erfüllt und zufrieden fühlt; auch wird es leicht hineinwachsen, wenn die Beschäftigung einigen seiner eigenen Interessen entspricht und wenn es sich darauf verlassen kann, dass es die volle Aufmerksamkeit bekommt, wenn es das braucht.

Falls Sie Aufmerksamkeit schenken, um das Kind dazu zu bewegen, was es Ihrer Meinung nach tun sollte, und die gemeinsame Zeit zu diesem Zweck benutzen, wird Ihr Kind allerdings nicht das Gefühl haben, mit Ihnen in Liebe verbunden zu sein. In solchen Fällen wird es eher den Eindruck gewinnen, ein Werkzeug zur Erfüllung Ihrer Bedürfnisse zu sein, und es wird versuchen, Ihren Erwartungen zu entsprechen. Dabei wird es sich vermutlich selbst ziemlich unsicher fühlen und an Ihrer Liebe zweifeln. Doch wenn Sie sich stattdessen von ihm lenken lassen, wird es die liebevolle Verbindung zu Ihnen spüren und außerdem die Fähigkeit entwickeln, Aktivitäten zu initiieren und seine eigenen Interessen zu vertreten.

Max wirkte nicht mehr so glücklich wie früher, und seine Mutter Leanne wurde sich bewusst, wie sehr er sich gegen ihre Arten, Liebe auszudrücken, besonders gegen die mit Worten, sträubte. Ja, er wollte überhaupt nicht, dass sie ihre Liebe mit Worten ausdrückte. Leanne begann genau darauf zu achten, was Max als Liebe erlebte. Sie merkte, dass er sich wünschte, dass sie ihm bei seinen endlosen Vorträgen über Dinosaurier-Sets aus Holz, um die sich bei ihm momentan alles drehte, zuhörte. Dies wurde ihr eines Morgens klar, als sie sah, wie gekränkt er darüber wirkte, dass dieses ganze Gerede über Dinosaurier seiner älteren Schwester auf die Nerven ging.

Als Leanne Max ihre ganze Aufmerksamkeit schenkte und seinem aufgeregten Vortrag über die Maße, das Aussehen und die Stabilität dieser hölzernen Wesen zuhörte, strahlte er. Um die Liebe seiner Mutter wirklich zu spüren, brauchte Max ihre konzentrierte Aufmerksamkeit und ihr Interesse an den Dingen, die ihm am wichtigsten waren. Von nun an wandte sie sich ihm jeden Morgen auf diese Weise zu. Als sich seine Gewissheit, von ihr geliebt zu werden, wieder festigte, kehrten auch seine natürliche Ausgelassenheit und Freude zurück.

Manchmal glauben wir, wir ließen uns von unserem Kind lenken, aber wir versuchen gleichzeitig, ein paar Ratschläge hineinzuschmuggeln. Auch dies schmälert die geschenkte Aufmerksamkeit, wie ein Fünfjähriger seiner Mutter im Rahmen meines Intensivworkshops für Familien klar machte:

Jeremy lernte gerade Roller fahren. Er bat seine Mutter, sich nach draußen zu setzen und ihm zuzuschauen. Als sie sah, wie er sich abmühte,

*das Gleichgewicht zu halten, machte sie einen Vorschlag, wo er seinen
Fuß hinstellen sollte.*
*Jeremy hörte auf zu fahren, sah seine Mutter an und sagte: „Ich hab gefragt,
ob du mir zugucken willst, nicht, ob du mir was beibringen kannst."*

Aufmerksamkeit zu schenken, ist ein Grundpfeiler der Liebe. Sie erfordert, das Kind vollkommen anzunehmen, sich von ihm lenken zu
lassen und auf seine Weise, Verbundenheit herzustellen, einzugehen.

Unterschiedliche Arten, Liebe wahrzunehmen

Was Ihr Kind braucht, legt es ganz allein fest. Es wird sich Ihnen verbunden fühlen, wenn Sie ihm Ihre „Ich-liebe-dich"-Botschaft auf seiner
Wellenlänge übermitteln, nicht auf Ihrer. Wenn Ihr Kind gerne viel
draußen spielt, können Sie Ihre Liebe zum Ausdruck bringen, indem
Sie für einen sicheren Garten sorgen und mit ihm draußen gemeinsam etwas erleben. Wenn Ihr Teenager mit Freunden zusammen sein
und komische Klamotten anziehen will, bedeutet ihn zu lieben, seine sozialen Begegnungen zu ermöglichen. Wenn Ihr Kleinkind gerne
klettert, besteht Ihr liebevolles Handeln darin, ihm Gelegenheiten zum
Klettern zu bieten; wenn Ihre Tochter gerne kuschelt, wird es ihr gut
tun, wenn Sie einen zärtlichen Nachmittag auf der Couch mit ihr verbringen oder sie huckepack durch die Wohnung tragen.

Wenn Sie sich von Ihrem eigenen Zeitplan lösen, ist die Chance
größer, dass es Ihnen gelingt, die Wirklichkeit Ihres Kindes intuitiv zu
erfassen und sich seiner individuellen Art, Liebe zu erleben, bewusst
zu werden. Ihr Kind wird sich geliebt fühlen, wenn Sie etwas tun, das
mit seiner Wahrnehmung von Liebe im Einklang ist. Anders als die
Worte „Ich hab dich lieb", mit denen viele Eltern beiläufig und oft
aufs Geratewohl Liebe ausdrücken, muss ein authentischer Ausdruck
von Liebe in einer Interaktion in der Gegenwart wurzeln. Ihr Kind
fühlt sich vielleicht gestärkt, wenn Sie ihm eine Geschichte vorlesen,

es im Arm halten oder ihm zuhören. Sie können ihm sagen, wie sehr Sie es genießen, mit ihm zusammen zu sein, wie wichtig Ihnen dieser gemeinsame Augenblick ist oder was es für eine Bereicherung für Sie ist, dass Sie es besser kennen lernen. Meistens ist Ihre Art, Liebe auszudrücken, ein weniger deutliches Zeichen von Liebe als das Eingehen auf die Bedürfnisse des Kindes gemäß seinen Vorstellungen.

Ihr Kind zu lieben, bedeutet nicht, ihm jedes Mal, wenn Sie in einem Geschäft sind, Geschenke zu kaufen oder Überstunden zu machen, um ihm Designerkleidung bieten zu können. Wenn wir selbst auch oft glauben, dass wir solche Dinge aus Liebe kaufen, erleben Kinder keine Liebe dadurch, dass sie diese Geschenke bekommen. Vielmehr wird Ihr Kind Ihre liebevolle Gegenwart vermissen, wenn Sie zu sehr damit beschäftigt sind zu arbeiten und einzukaufen. Vielleicht hat Ihr Kind auch den Eindruck, dass Ihre übertriebenen Geschenke als einfache Methode dienen, es zu beschwichtigen, ohne wirklich Zeit mit ihm zu verbringen. Geschenke können Liebe ausdrücken, wenn man das, was das Kind will, im Sinn hat und wenn man sie mit einem authentischen Ausdruck von Wertschätzung und Nähe schenkt.

Achten Sie besonders auf Handlungen, die Ihrem Ausdruck von Liebe zuwiderlaufen könnten. So ist es für ein Kind, das Liebe vor allem durch Berührungen und Umarmungen wahrnimmt, vielleicht verwirrend, wenn Sie ihm sagen, dass Sie es lieben, während es gleichzeitig sieht, wie Sie das Baby im Arm halten. Die beste Möglichkeit, sicherzustellen, dass Ihr Kind Ihre Liebe auch wahrnimmt, besteht darin, sie auf seine Weise zum Ausdruck zu bringen, durch Handlungen, die von Ihrer Wertschätzung für es und Ihrer aufrichtigen Freude über sein Dasein zeugen.

Über Kindzentriertheit

Manche Eltern sorgen sich, sie seien „kindzentriert", wenn sie dem Kind ungeteilte Aufmerksamkeit schenkten, und sie glauben, dies könne die soziale Entwicklung des Kindes behindern. Diese Eltern wünschen sich, dass Ihr Kind sich als Teil einer Gemeinschaft und nicht als deren Zentrum erlebt. Oft sehen sie im Stamm oder in der Großfamilie ein Vorbild, das dem Kind das Gefühl gibt, Teil eines größeren sozialen Gefüges zu sein. Doch eine Idealisierung des Stamms verschließt uns nur die Augen für das, was für Kinder in unserer Zeit und Gesellschaft möglich ist.

Die Kernfamilie ist kein Stamm und bietet nicht die Erfahrung einer größeren Gemeinschaft; jedoch bietet sie das Gefühl, dazuzugehören. In einer Familie erwächst das Gefühl, dazuzugehören und ein aktives Familienmitglied zu sein, aus individuellen Beziehungen und aus der Fürsorge für jedes Familienmitglied als Individuum. Das Leben dreht sich nicht nur um ein Kind in der Familie, dennoch kann es persönliche Aufmerksamkeit bekommen. Dieses Kind ist nicht der Einzige, dem persönliche Aufmerksamkeit zuteil wird; es erlebt sich als Teil der Familie und lernt, für die Bedürfnisse anderer zu sorgen. Jedes Familienmitglied wird gleichermaßen geschätzt. Aufmerksamkeit zu schenken ist wie Nähren und Pflegen; es ist eine Antwort auf ein menschliches Bedürfnis. Das Kind erlebt seinen eigenen Wert dadurch, dass es unsere Zeit und Aufmerksamkeit wert ist. Außerdem erlebt es den Wert von sich selbst und anderen, indem es sieht, wie Sie für sich selbst und andere sorgen; wenn Sie wertvoll sind, ist es das auch.

Viele Eltern sehnen sich danach, ihrem Kind eine stammesähnliche Gemeinschaft zu bieten, weil ihnen die Vorstellung gefällt, dass ein Kind dort mit anderen Menschen und Kindern zu tun hat und dass sein Bedürfnis nach gemeinschaftlichen Aktivitäten und nach Gesellschaft dort völlig befriedigt wird. Wenn Sie ein Aufwachsen in einer solchen Umgebung schätzen, schaffen sie eine solche Umgebung für Ihre Familie, indem Sie sich einer Wohngemeinschaft oder einer anderen gemeinschaftlichen Lebensform anschließen oder selbst eine gründen. Doch denken Sie daran, dass Ihr Kind dennoch konzentrierte Aufmerksamkeit unter vier Augen von Ihnen benötigt – vielleicht etwas weniger, aber nicht immer.

In der Kernfamilie ist das Kind oft nur mit Mama oder Papa und vielleicht einem Geschwisterkind zusammen. Es gibt niemand anderen, mit dem es spielen oder zu dem es sich zugehörig fühlen könnte. Alleine zu spielen ist nicht die Lösung, auch wenn es in Ordnung ist, solange es dem Kind Freude macht. Wir brauchen uns nicht davor zu fürchten, die Art von Zusammengehörigkeit und von Aktivitäten zu bieten, die typisch für eine kleine, moderne Familie sind. Aufmerksamkeit unter vier Augen bedeutet liebevolles Eingehen auf ein Kind, das meistens nur Sie zum Spielen hat. Einem Kind konzentrierte Aufmerksamkeit zukommen zu lassen, braucht nicht im Widerspruch zum Gemeinschaftsgefühl zu stehen, solange ein Gleichgewicht herrscht und das Kind erlebt, wie für jedes Familienmitglied gesorgt wird.

Wir sollten die Gegenwart bereitwillig annehmen und die neuen Qualitäten entdecken, die sie bei Menschen zur Geltung bringen kann. Wenn wir das lieben, was ist, fügen sich alle anderen Werte wie von selbst ein, ganz gleich, wie die gesellschaftliche Struktur auch sein mag. Eine Kernfamilie, in der den Mitgliedern persönliche Aufmerksamkeit zuteil wird, bringt einen anderen Typ Mensch hervor als der Stamm; sie bietet andere Möglichkeiten und fördert andere Eigenschaften. Einem Kind ein Buch vorzulesen oder ihm bei seinem Streben zu folgen, macht kein selbstzentriertes Monster aus ihm; es fördert die Entwicklung einer individualisierten Denkart. Das Kind wächst als Teil unserer Gesellschaft auf, einer Gesellschaft, die Wert legt auf Individualität und den kreativen Beitrag jedes Einzelnen in der Gemeinschaft. Kein System ist besser oder schlechter; es sind einfach verschiedene Möglichkeiten, wie Menschen leben und sich an ihrem Dasein freuen können.

Die Angst davor, kindzentriert zu sein, ist ähnlich wie andere Ängste, man könne Kinder durch Liebe, Zärtlichkeit, Großzügigkeit und Freundlichkeit „verwöhnen". Sie brauchen sich nicht mit Ihrer Liebe zurückzuhalten, aus Angst, Ihr Kind zu verwöhnen. Wenn es mit Ihnen alleine ist und sein Bedürfnis nach Nähe zurückgewiesen wird, lernt ein Kind nur, wenig fürsorglich zu sein und sich wertlos zu fühlen.

Eine weitere Bedingung des Stammes, die viele Eltern nachahmen möchten, besteht darin, Kleinkinder bei Beschäftigungen Erwachsener dabei sein zu lassen, so dass sie allmählich etwas darüber lernen und daran teilnehmen können. Doch auch hier haben sich die Lebensumstände verändert: Den Aktivitäten, die ein Kind zu Hause beobachten kann und die oft von einem Elternteil an einem festen Ort (am Computer, Schreibtisch, Waschbecken usw.) ausgeübt werden, fehlt der Reiz und die Anregung, die das Kind braucht. Manche der grundlegenden Fertigkeiten, die es erlernen möchte, erfordern persönliche Interaktion, und andere sind nicht einmal im selben Bereich angesiedelt wie das, was es zu Hause beobachten kann.

In der Kernfamilie ist das Kind darauf ausgerichtet, die ungeteilte Aufmerksamkeit eines Elternteils zu brauchen, was weder gut noch schlecht ist; es ist einfach die aktuelle Wirklichkeit, in der es gedeihen und die es genießen kann. Unter derartigen Bedingungen haben Kinder das Potenzial, zu unabhängigen Denkern und Erneuerern wie Einstein, Edison und Mozart heranzuwachsen. Sie entwickeln sich zu mitfühlenden Erwachsenen, weil sie Rücksichtnahme, Großzügigkeit und Liebe erfahren, und sie werden zu kreativen Denkern, weil sie auf ihrem individuellen Weg unterstützt werden.

Ein Kind nimmt die Kultur, in die es hineingeboren wird, mit Begeisterung an. Die Natur hat Menschen sehr flexibel gemacht und ihnen die Fähigkeit mitgegeben, auf mehr als nur eine Weise gut aufzuwachsen. Um Liebe zum Leben und inneren Frieden weitergeben zu können, müssen wir das Leben so annehmen, wie es ist, statt es uns anders zu wünschen; wir sollten auf die Bedürfnisse des Kindes, wie sie in dieser Gesellschaft auftreten, eingehen, und uns über die Eigenschaften freuen, die sie zur Geltung bringt. Glück entsteht dann, wenn man sich für das entscheidet, was ist. Unsere Sorgen und Ängste werden gemildert, wenn wir das, was wir an unsere Kinder weitergeben, annehmen und genießen und unsere Liebe ungehindert fließen lassen.

Unterscheiden Ihrer Bedürfnisse von denen Ihres Kindes

Wenn Sie glauben, alles zu tun, um Ihrem Kind Liebe zu schenken, und Ihr Kind dennoch daran zu zweifeln scheint, dass Ihnen wirklich an ihm gelegen ist, überlegen Sie, ob es sein kann, dass Sie sein Leben lenken, ohne sich darüber bewusst zu sein. Wenn Sie das Leben Ihres Kindes oder einen Teil davon lenken, kommt sich das Kind vielleicht wie ein Instrument zur Erfüllung Ihrer Bedürfnisse vor. Oft verwechseln wir unsere eigenen Bedürfnisse mit Fürsorge für das Kind, und wir projizieren diese Bedürfnisse auf das Kind.

Oma Mary war für die Sommerferien zu Besuch da. Ihre beiden Enkel (acht und vier Jahre alt) verbrachten ihre Tage auf ganz unberechenbare Art und Weise und waren glücklich damit. Oma war beunruhigt. Sie schlug Möglichkeiten vor, den Tag für ihre Enkel zu organisieren. Sie sorgte sich, der Mangel an Struktur könne sie „demoralisieren". Sie sprach dauernd darüber und erklärte ihrem Sohn Jack, er müsse für mehr Struktur sorgen. Anfangs machte sich Jack nichts daraus, doch als seine Mutter das Thema nicht ruhen ließ, wurde ihm klar, dass er etwas tun musste. Er benutzte die S.A.L.V.E.*-Formel (wie in Kapitel Eins erläutert) und nahm sich eine Minute Zeit, um seine eigene Reaktion von dem möglichen Bedürfnis seiner Mutter zu trennen, indem er sich sein stummes Selbstgespräch (S) darüber bewusst machte.*

Die Gedanken in seinem Inneren waren: „Sie hat Unrecht. Ich habe Recht. Es geht den Kindern gut. Sie hält nicht viel von mir als Vater." Ihm wurde klar, dass sich diese Gedanken nicht beweisen ließen und weder für seine Mutter noch für ihn von Nutzen waren. Außerdem merkte er, wie wichtig es ihm selbst war, dass seine Mutter etwas von ihm als Vater hielt. Er lächelte in sich hinein und konnte dann seine Aufmerksamkeit (A) seiner Mutter zuwenden. Er dachte darüber nach, dass sie in ihrem eigenen Zuhause an einen geregelten Tagesablauf gewöhnt war, und er begriff, wie unstrukturierte Ferien für sie unangenehm und die selbstbestimmten Tage der Kinder für sie schwierig sein konnten.

Nachdem Jack den Worten seiner Mutter gelauscht (L) und Verständnis (V) und Wertschätzung für ihre Wahrnehmung bekundet hatte, überlegte er sich, wie er den Tagen mehr Struktur geben könnte, ohne die Kinder zu zwingen, irgendetwas zu tun, das sie nicht wollten. An den folgenden Tagen bot er seiner Mutter Gelegenheiten, ihren Tagesablauf etwas zu planen (E). Er fragte sie, ob sie beim Kochen helfen wolle, und schlug jeden Tag irgendeine Unternehmung oder Beschäftigung vor, die dem Tag eine angenehme und kalkulierbare Struktur verlieh. Nachdem die Oma ein paar derart strukturierte Tage erlebt hatte, sagte sie: „Siehst du, ich hatte Recht. In der letzten Woche hatten die Kinder einen geregelten Tagesablauf, und sie wirken jetzt viel glücklicher."

Wie Jacks Mutter sind wir alle bisweilen überzeugt zu wissen, was das Beste für das Kind sei, doch tatsächlich entspringt dies eher unseren eigenen Bedürfnissen. Unsere Emotionen und unser inneres Geschwätz haben eine große Macht und können uns blind für den Weg des Kindes machen; wenn wir seinem Leben unsere Sichtweise aufzwingen, wird das Kind an unserer Liebe zweifeln. Solche Situationen kann man leicht erkennen, etwa daran, dass man sich über sein eigenes Kind ärgert und den starken Willen verspürt, es dazu zu bewegen, was man selbst für richtig hält. Das Wort „sollte" ist meist Teil der Kritik: „Sie sollte ihr Zimmer aufräumen", „Er sollte seinen Teller leer essen", „Sie sollte andere nicht unterbrechen", „Er sollte sich die Haare schneiden lassen" usw. All diese Erwartungen entsprechen dem, was Sie sich in Ihrem „Film" über Ihr Kind von ihm wünschen. Es hat wenig damit zu tun, was das Beste für das Kind ist. Um etwas über Ihr Kind zu erfahren, hören Sie ihm zu.

Nehmen Sie sich Zeit, Ihre Gedanken in einem stummen Selbstgespräch zu erforschen (s von s.a.l.v.e.) und Ihr Bedürfnis von dem Ihres Kindes zu trennen. Sobald Sie sich darüber klar sind, wessen Bedürfnis Ihrem Wunsch zugrunde liegt, seien Sie diesbezüglich ehrlich. Sie können sagen: „Ich hätte gern, dass dein Zimmer ordentlich ist"; Sie können Ihr Kind um Hilfe dabei bitten, und wenn es sich wirklich frei in seiner Entscheidung fühlt, wird es wahrscheinlich Nein sagen, bis es irgendwann manchmal seine Hilfe anbieten wird. Wenn Ihr Kind entscheidet, Ihnen beim Erfüllen Ihres Bedürfnisses nicht zu helfen, können Sie das Zimmer alleine aufräumen, es unordentlich lassen oder eine Einigung finden, mit denen sowohl Sie als auch Ihr Kind wirklich zufrieden sind.

Sie können noch einen Schritt weiter gehen und prüfen, wie ehrlich Sie sich selbst gegenüber sind. In dem geschilderten Beispiel denken Sie vielleicht, dass Kinderzimmer ordentlich sein sollten, Sie sorgen sich, keine gute Mutter oder kein guter Vater zu sein, wenn im Zimmer Ihres Kindes Chaos herrscht, oder Sie stellen sich vor, bei anderen Leuten zu Hause sei es ordentlich. Wenn Sie diese Vorstellungen auf ihre Relevanz und ihren Wahrheitsgehalt hin überprüfen, können Sie vielleicht mit der Unordnung des Kindes Frieden schließen, oder Sie räumen um Ihrer selbst willen auf.

Ihr Kind wird sich Ihnen in Liebe verbunden fühlen, wenn Sie ihm gegenüber ehrlich sind, was Ihre Bedürfnisse angeht, und es vermeiden, Ihr Kind zu kontrollieren oder ihm beibringen zu wollen, wie es sein sollte. Respektieren Sie seine Entscheidungen, und teilen Sie Ihre eigenen offen mit. Ihr Kind zu lieben, bedeutet, sich darüber zu freuen, wie es ist, seine Art zu sein und seine Entscheidungen zu schätzen. Das heißt, es gibt keine Erwartungen, die der Freude am Kind im Wege stehen könnten. Oder wie Leo Buscalia es ausdrückt: „Die Liebe gibt nie eine Richtung vor, denn sie weiß: Einen Menschen von seinem Weg fort zu lenken, bedeutet, ihm unseren Weg aufzudrängen, der für ihn nie wirklich richtig sein wird. Er muss frei sein, seinen eigenen Weg zu gehen."[2]

Die Verwechslung unseres Bedürfnisses mit dem Weg eines Kindes kommt im Bereich der Bildung häufig vor. Wenn wir ein Kind bei seinem eigenen, selbstinitiierten Streben unterstützen möchten, haben wir das Gefühl, dass wir in seinen Erfolg investiert haben, und sind uns unklar darüber, was ein Akt der Liebe ist. „Lasse ich zu, dass mein Kind seine Mannschaft verlässt, oder bedeutet Liebe, es zu ermutigen, sein ursprüngliches Ziel weiterhin anzustreben?" Was wünscht sich ein Kind in solchen schweren Zeiten von seinen Eltern? Standardantworten gibt es für Eltern (und auch allgemein im Leben) nicht. Denn jedes Kind und jede Situation ist einzigartig.

Seien Sie beständig in Ihrer Liebe zu Ihrem Kind und fragen Sie sich stets: „Ist es sein Wunsch oder meiner?" Und wenn es Ihr Wunsch ist, prüfen Sie seine Gültigkeit im Licht der Realität. Wenn Ihr Kind beispielsweise die Wahrheit für sich behält und Sie sagen, es würde lügen, ist der Gedanke, der Ihrer Aussage zugrunde liegt: „Es sollte nicht lügen." Dieser Gedanke steht der Liebe zu Ihrem Kind im Wege. Wenn es lügt, dann sollte es lügen, und Sie können herausfinden, warum es Angst hat, Ihnen die Wahrheit zu sagen. Dann können Sie das Vertrauen zwischen Ihnen beiden wieder aufbauen, damit sich Ihr Kind sicher genug fühlen kann, um mit Ihnen zu sprechen, worum auch immer es gehen mag.

Wenn ein Kind ein Ziel hat und Ihre Unterstützung braucht, um Herausforderungen auf dem Weg zu meistern, bedeutet Ihre Liebe zu ihm, dass Sie sein Engagement stärken und nicht seine zeitweilige Angst oder Resignation. Ob dies der Fall ist, kann bisweilen schwierig zu entscheiden sein, denn jedes Kind ist ein sensibles Individuum, und jede Beziehung ist einzigartig. Doch wenn das Vertrauen zwischen Ihnen intakt ist, ist die Wahrscheinlichkeit groß, dass Sie die Dinge mit dem Kind klären und Ihre Wünsche von seinen authentischen Bedürfnissen unterscheiden können, indem Sie ihm zuhören und seine Ängste ernst nehmen. Wenn seine Gefühle ganz ausgedrückt worden sind und bei Ihnen Gehör gefunden haben, wird sich Ihr Kind wahrscheinlich klar darüber werden, was es wirklich will und wie es vorgehen soll. Hier sind einige Beispiele:

Der sechzehnjährige Jack, der zu Hause unterrichtet wurde, sagte seinen Eltern, er sei bereit, von zu Hause wegzugehen und neue Erfahrungen draußen in der Welt zu sammeln. Er sagte, er sei zu Hause nicht mehr glücklich. Nachdem sein Vater Kevin mit ihm genauer über seine Wünsche gesprochen hatte, machte Kevin sich daran, nach Möglichkeiten zu su-

chen. Er suchte im Internet und tätigte viele Anrufe, um einen sicheren und guten Weg für seinen Sohn zu finden. Er stieß auf eine Möglichkeit, durch Europa zu reisen und sich das für ein Studium anrechnen zu lassen, eine Studienbusfahrt für ein Semester, ein alternatives und wunderbares Internat und andere aufregende Möglichkeiten.

Kevin zeigte seinem Sohn das Material und sagte: „Schau dir doch diese Websites und Kataloge in Ruhe an und sag mir Bescheid, wenn du dir etwas überlegt hast oder wenn du Fragen hast. Natürlich können wir auch noch nach anderen Möglichkeiten suchen." Jack nahm den Informationsstapel, wirkte aber nicht begeistert. Er machte nichts damit.

Zwei Wochen vergingen. Jack wirkte glücklich und mit anderen Dingen beschäftigt.

„Hast du dir mal Gedanken über deine Pläne gemacht?", fragte sein Vater schließlich.

„Nein, nicht wirklich", antwortete er und schwieg einen Moment. „Ich möchte erst mal zu Hause bleiben. Mir gefällt mein Leben hier mit meinen Freunden."

Indem Jacks Vater auf das Bedürfnis, das sein Sohn geäußert hatte, einging, bekundete er sein Vertrauen und seine Unterstützung. Dies bot Jack ausreichend Freiheit und Klarheit, um sich entscheiden zu können. Ein solches Vertrauen und Eingehen auf Bedürfnisse gibt auch jüngeren Kindern Entscheidungsfreiheit.

Die vierjährige Iris spielte am Sandstrand. Plötzlich fing sie an, mit Sand zu werfen und zu weinen: „Ich wollte bei Oma bleiben." Die Oma wohnt in einem anderen Bundesstaat, und sie waren gerade von einem langen Besuch dort zurückgekommen. Gegen Ende des Aufenthalts bei der Oma hatte Iris Heimweh bekommen, und sie waren ihr zuliebe früher abgereist.

„Ich wollte bei Oma bleiben", weinte Iris.

„Okay", erwiderte ihre Mutter, „ich hab mein Handy dabei. Soll ich anrufen und Flugtickets buchen, damit wir gleich wieder hinfliegen

können?" Sie nahm ihr Handy und wartete auf Iris' Entscheidung. Iris
wirkte nachdenklich und schwieg einen langen Augenblick. Dann sagte
sie: „Nein. Ruf nicht an. Ich will hier bleiben." Sie setzte sich wieder in
den Sand und war bald in ihr Spiel vertieft.

Was wäre gewesen, wenn Iris ja gesagt hätte? Auch wenn dies nicht
sehr wahrscheinlich gewesen wäre, so hätte ihre Mutter in dem Fall
mit ihr über die Einzelheiten sprechen können, um zu klären, ob die
Reise wirklich möglich wäre. Das Spiel mit dem Handy hätte Iris'
Mutter nicht unbedingt spielen müssen; sie hätte auch einfach die
Empfindung ihrer Tochter spiegeln können: „Du willst also zurück
zur Oma." Doch jüngere Kinder reagieren oft gut, wenn man ihnen
Entscheidungsfreiheit gibt; die angebotene Möglichkeit, Flugtickets
zu kaufen, schuf für Iris sofort Klarheit.

Manchmal erfordert die Lage eine energischere Art von Unterstützung. Vielleicht wählt ein Kind aus freiem Willen ein Ziel, doch wenn
Hindernisse auftauchen oder es Angst bekommt, will es die Sache hin-
schmeißen. Sollten wir es in seiner Angst bestärken und sagen: „Klar, hör
einfach mit dem Tauchkurs auf", oder sollen wir es in seinem ursprünglichen Streben bestärken, und wenn ja, wie? In einer Beratungsstunde
erzählte mir eine Mutter, wie sie eine solche Situation erlebt hatte.

Brenda entschied sich, Ballettstunden zu nehmen, und fiel durch be-
sonders gute Leistungen auf. Nach ein paar Jahren war sie der Star der
Ballettschule. Doch als ihre Lehrerin vorschlug, sie sollte vortanzen, um
ins Jugendballettensemble aufgenommen zu werden, sagte Brenda, sie
wolle das nicht und finde die Vorstellung schrecklich. Sie sprach sogar
davon, ganz mit dem Tanzen aufzuhören. Sie übte immer weniger und
wirkte desinteressiert am Tanzen.
„Ich weiß nicht, ob Brenda jetzt Freiheit und Vertrauen braucht oder
ob sie bloß Angst zu versagen hat", sagte ihre Mutter Nancy. „Will sie
wirklich aufhören, oder zählt sie darauf, dass ich trotz ihrer Angst und
ihrer Selbstzweifel für sie an ihrer Vision festhalte?"

„Hast du sie nach ihren Gefühlen und Gedanken gefragt?", fragte ich.
„Ja. Sie gibt zu, dass sie Angst hat, aber sie sagt auch, ihr liege nichts
mehr am Tanzen und es wäre bestimmt schrecklich, in diesem Tanz-
ensemble zu sein."
„Hast du dein Vertrauen in ihre Entscheidung zum Ausdruck gebracht?
Und wenn ja, war sie damit zufrieden, nicht zum Vortanzen zu gehen
und mit dem Tanzen aufzuhören?", fragte ich.
„Ich habe ihr gesagt, dass es ihre Entscheidung ist. Sie ist darauf nicht
eingegangen und hat das Vortanzen nicht abgesagt. Sie ist so unklar.
Ich glaube wirklich, dass sie gerne in dem Ensemble tanzen möchte,
aber Angst hat."
Ich schlug Nancy vor, sich Brendas Gedanken und Gefühle anzuhören und
sie anzuerkennen, nicht als Wahrheit und Drama, sondern als Gedanken-
material. Dies könne ihr die Kraft geben zu erkennen, wer sie wirklich sei,
und dies von ihrer inneren Stimme zu unterscheiden. „Nur wenn Brenda es
schafft, trotz ihrer Angst zu handeln, wird sie wirklich Aufschluss über ihre
eigenen Wünsche bekommen", erklärte ich. „Wenn sie ihre Entscheidung
aus Angst trifft, ist es keine freie Entscheidung, sondern eine von der Angst
diktierte. Auf eine solche Entscheidung wird Bedauern oder sogar eine De-
pression folgen, wenn sie ihrem wirklichen Willen nicht entspricht."
„Und was ist, wenn es tatsächlich ihrem Wunsch entspricht, das Tanzen
sein zu lassen?", fragte Nancy.
„Wenn sie ihre Gefühle ganz zum Ausdruck gebracht hat, wird sie in
der Lage sein, ihre Entscheidung frei vom Diktat der Angst zu treffen.
Sie weiß, was sie will. Wenn sie tanzen will, wird sie sich trotz der Angst
dafür entscheiden; wenn nicht, wird sie aufhören und mit ihrer Ent-
scheidung zufrieden sein."
Nancy hörte sich Brendas Gefühle an. Sie bot keinen Rat an und unter-
nahm auch nichts; sie bot ihr nur ihre Wertschätzung und sagte ihr einmal,
ihrer Ansicht nach habe sie gute Chancen, in das Ensemble aufgenommen
zu werden. Sie versicherte Brenda auch, dass das Tanzen ihre Sache sei und
dass sie sie liebte, ganz gleich, wie sie sich entscheiden und wie das Vor-
tanzen laufen würde.

Brenda ging aus freien Stücken zum Vortanzen, sagte jedoch die ganze Zeit, sie wolle nicht hin, sie hasse es und hoffe, beim Vortanzen durchzufallen. Wenn Nancy aber sagte: „Willst du das Vortanzen also absagen?", zuckte Brenda nur mit den Schultern und unternahm nichts. Brenda wurde in das Tanzensemble aufgenommen und bekam eine mittlere Rolle in der ersten Produktion. Sie genoss es sehr und schwärmte dauernd von dieser tollen Erfahrung, gab sich aber gleichzeitig Mühe, auf ihre Eltern einen desinteressierten Eindruck zu machen.

Manchmal äußert ein Mensch, ganz gleich, welchen Alters, Desinteresse an dem, was er im Grunde will, oder er möchte sein Gesicht wahren, indem er sagt, es sei ihm egal, ob er bei etwas scheitert (im obigen Beispiel für den Fall, dass sie nicht in das Ballettensemble aufgenommen würde). Sie brauchen diesen Menschen nicht in seiner Angst zu bestärken, aber haben Sie offene Ohren dafür. Seinen Gefühlen und Zweifeln Gehör zu schenken, wird ihn darin bestärken, eins mit sich selbst zu bleiben und seine Entscheidung nicht aus Angst, sondern aus der eigenen Kraft und einer Vision für sich selbst heraus zu treffen.

Wenn ein Kind an Ihrer Liebe zweifelt

Die Gefühle von Kindern basieren meist darauf, wie sie behandelt werden, und ihr Blickwinkel ist selbstzentriert. Wenn Ihr Kind Sie bittet, sich mit ihm zu beschäftigen, und Sie erwidern: „Jetzt nicht, Schatz, ich hab zu tun", sollten Sie ihm daher ins Gesicht sehen, um sich zu vergewissern, dass Ihr Kind nicht traurig ist. Wenn Sie es fragen, ob es traurig ist, und es sagt: „Ist schon gut", achten Sie nicht nur auf seine Worte, sondern auch auf seinen Gesichtsausdruck. Zieht es die Mundwinkel herunter? Ist es still und ernst? Bemüht es sich, kühl zu wirken, oder bemerken Sie andere Zeichen von Schmerz oder von Angst davor, Ihre Anerkennung zu verlieren?

Wenn sich Ihr Kind Ihrer Liebe nicht sicher ist, lässt die kleinste Zurückweisung es in Verzweiflung sinken. Es denkt vielleicht: „Ich wusste
es, sie liebt mich nicht, ich bin wertlos." Wenn sich ein Kind dagegen
in Ihrer Liebe geborgen fühlt, kann es mit einer gelegentlichen Ver-
zögerung beim Eingehen auf seine Bedürfnisse umgehen (wenn es alt
genug ist), weil keine wiederholten Erfahrungen aus der Vergangenheit darin mitschwingen. Wenn wir das Kind allzu oft die Erfahrung
machen lassen, dass wir mit unserer Liebe nicht präsent sind, kann
das Kind diese emotionale Stabilität verlieren. Sobald sich Sätze wie
„Sie liebt mich nicht" oder „Ich bin nicht gut genug" im Gehirn des
Kindes festsetzen, neigt es dazu, alles, was Sie tun, auf eine Weise zu
erklären, die seine Sicht der Dinge beweist. Mit anderen Worten, es
erfindet eine Lebensgeschichte für sich, die auf Ihren Handlungen
und Worten beruht. Es ist seine Erfindung, aber Sie sind ein Schauspieler in seinem Drama.

Was im Inneren Ihres Kindes vorgeht, können Sie nicht steuern, doch
Sie können ein Bewusstsein für seinen Stil, „Geschichten zu erfinden",
entwickeln. Wenn Sie den Wunsch Ihres Kleinkindes nach Aufmerksamkeit abschlagen müssen, weil Sie gerade seine kleine Schwester stillen, sehen Sie in seinen Augen, was für Schlussfolgerungen es vielleicht
daraus zieht. Denkt es: „Sie liebt mich nicht" oder: „Ich bin nicht gut
genug"? Viele Erwachsene leben mit den Selbstzweifeln, die sich bei
ihnen in der Kindheit als Reaktion auf die nicht beabsichtigte Versa-
gung ihrer Bedürfnisse durch ihre Eltern geformt haben. Zwar lassen
sich viele dieser Lebenserfahrungen nicht vermeiden, und das ist auch
nicht nötig, doch wenn Sie sich darüber bewusst sind, was Ihr Kind
möglicherweise empfindet, können Sie Verständnis für sein Erleben
zum Ausdruck bringen und es ermutigen, seine Schlussfolgerung ab-
zuwandeln: Statt „Sie liebt mich nicht" kann es dann vielleicht etwas
anderes zu sich selbst sagen, etwa: „Ich kann es nicht leiden, warten
zu müssen, solange das Baby stillt. Aber ich weiß, dass Mama sehr
gerne mit mir spielt. Sobald das Baby schläft, beschäftigt sich Mama
mit mir, und darauf freue ich mich."

Ein Baby wird Sie wissen lassen, ob es Angst hat, wenn Sie es zum Schlafen in eine Wiege legen, weit weg vom beruhigenden Klang Ihres Atems und dem Gefühl, Sie zu berühren. Vielleicht fühlt es sich auch einsam und fürchtet sich, wenn es nicht so viel im Arm gehalten wird, wie es das braucht. Falls Angst oder alte kulturelle Vorgaben Sie daran hindern, Ihr Baby, so oft es will, in Ihren Armen und in Ihrem Bett zu halten, kann es sein, dass es an Ihrer Liebe und an seinem eigenen Wert zu zweifeln beginnt.

Ein Kleinkind fürchtet vielleicht, Sie hätten es nicht lieb, wenn Sie das Baby umarmen. Möglicherweise fühlt es sich jedes Mal zurückgewiesen, wenn Sie ihm sagen, es solle mit irgendetwas aufhören, wenn Sie telefonieren und Ihr Kind dabei ignorieren, wenn Sie Worte verwenden, die es bewerten, oder wenn Sie etwas von ihm erwarten, was es nicht ganz leisten kann.

Bei einem älteren Kind kann es sein, dass es an Ihrer Liebe zweifelt, wenn Ihre Erwartungen von ihm seinen eigenen nicht entsprechen, wenn Sie keine Zeit für es haben, wenn Sie ein jüngeres Geschwisterkind vor ihm in Schutz nehmen, wenn Sie es kritisieren und sogar wenn Sie es loben. Es klingt vielleicht seltsam, dass ein Kind, wenn es für eine Leistung gelobt wird, an der Liebe seiner Eltern zweifeln sollte, aber es denkt möglicherweise, Sie wären nicht so „liebevoll", wenn es Sie nicht irgendwie nach Ihren Vorstellungen beeindruckt und erfreut hätte.

Viele Male am Tag signalisieren wir Kindern: Du bist nicht so wichtig wie etwas anderes (ein Anruf, Besuch, das Abendessen usw.), du stehst in meiner Prioritätenliste weiter unten. Unsere Art, Liebe auszudrücken, reicht nicht immer aus, um die Kränkungen des Tages auszugleichen. Und von der Liebe in unserem Inneren weiß das Kind, das aufgrund solcher Erfahrungen zu einem anderen Schluss gekommen ist, vielleicht nichts.

Ein Kind kann nicht den Eindruck haben, geliebt zu werden, wenn es sich hilflos, eingeschüchtert oder unfähig fühlt, auszudrücken, wer es wirklich ist, und wenn es daran zweifelt, ob seine Eltern es wirklich anerkennen. Vielleicht verhält es sich so, wie wir es erwarten, weil es annimmt, Liebe würde bedeuten, uns zu gefallen und unseren Beifall zu bekommen. Doch ein Kind kann unsere Liebe nicht wahrnehmen, wenn es sich nicht sicher genug fühlt, um sich vollständig und authentisch auszudrücken. Das ist der Grund, weshalb Kontrolle (ob durch Lob und Belohnungen oder durch Drohungen und Strafen) und die daraus resultierende Angst dem Gefühl liebevoller Verbundenheit im Weg stehen.

Ein Kind, das an der Liebe seiner Eltern zweifelt, kann in Verzweiflung sinken, die sich in Form von Unsicherheit und Verhalten, das aus Stress resultiert, äußert. Diese Verhaltensweisen wiederum können bei den Eltern Ärger auslösen, der das Kind weiter kränkt. Jetzt hat es den Beweis, dass es nicht „gut" ist und dass seine Eltern es nicht lieben, was zu weiteren Symptomen der Verzweiflung führt.

Um nicht in diesen Teufelskreis hineinzugeraten, müssen wir den Blick über das Verhalten des Kindes hinaus auf den unausgedrückten Schmerz, der es ausgelöst hat, richten. Je destruktiver sein Verhalten ist, umso größer ist sein Bedürfnis nach Liebe und Bestätigung. Andere Manifestationen des Zweifelns an der elterlichen Liebe sind: Traurigkeit, Desinteresse daran, etwas zu tun, Sprach- oder Lernschwierigkeiten, Bettnässen, Tics, Schlafstörungen, Aggressivität, Essstörungen, allgemeine Anspannung und Reizbarkeit. Wenn sich ein Kind in der Liebe seiner Eltern vollkommen geborgen fühlt, braucht es sich nicht auf derlei Weise auszudrücken; es fühlt sich selbstsicher und verbringt seine Zeit damit, seinen Interessen nachzugehen.

Wie Sie Ihre Fähigkeit, bedingungslos zu lieben, zurückgewinnen können

Falls Sie Ihren Eltern gefallen und sie beeindrucken mussten, um sich deren Liebe zu verdienen, zögern Sie jetzt vielleicht, Ihre Liebe bedingungslos zu schenken. Wenn das Verhalten Ihres Kindes bei Ihnen Wut oder Frustration hervorruft, blockiert der Schmerz, den Sie in der Vergangenheit erlebt haben, vielleicht Ihre Fähigkeit, Liebe zu empfinden und das zugrunde liegende Bedürfnis Ihres Kindes zu erkennen. Es ist möglich, diesen Teufelskreis der Generationen zu durchbrechen und die Liebe fließen zu lassen. Wenn es Ihnen nicht gelingt, Ihre eigene emotionale Reaktion vom Bedürfnis Ihres Kindes zu trennen, kann es sein, dass Sie Ihre Liebe blockieren und auf Ihrem „Recht", mit Ihrem Kind zu schimpfen, es abzulehnen oder zu ignorieren, beharren. Anders ausgedrückt, mit dem Kind zu schimpfen und zu glauben, es sei die Ursache Ihres Ärgers, ist Ihr Verteidigungsmechanismus, der Ihnen hilft, Ihren eigenen Gefühlen aus dem Weg zu gehen. Ihr Inneres tritt dabei in Aktion; es lässt das Schauspiel aus Ihrer Vergangenheit ablaufen, während Sie auf gewisse Weise nicht bewusst handeln und die Sache nicht in der Hand haben.

Schreiben Sie die Gedanken auf, die Ihren Gefühlen und Absichten zugrunde liegen, und prüfen Sie sie, wie Sie es in Kapitel Eins gelernt haben. Es kann eine Hilfe auf dem Weg zur Selbsterkenntnis sein, wenn Sie sich darüber bewusst werden, dass die Verteidigungsmechanismen, die sich der Liebe in den Weg stellen, in der Angst wurzeln. Die folgenden sind einige der typischen Gedanken und Vorstellungen, die der Liebe im Weg stehen können, und es werden sinnvolle Wege aufgezeigt, wie man sie betrachten und sich aus ihrer Gewalt befreien kann.

Befreiung von der Angst, die Kontrolle zu verlieren

Viele Eltern äußern Angst davor, die Kontrolle zu verlieren, ausgenutzt zu werden oder Kinder großzuziehen, die kein Gefühl für Grenzen haben und keine Rücksicht auf andere nehmen. Unter dem Druck solcher Ängste setzen Eltern Liebe als Belohnung ein. Die Gefügigkeit des Kindes ist dann nur die Folge der Angst davor, keine Anerkennung zu bekommen. Auf diese Weise wird Angst von den Eltern zum Kind weitergegeben.

Sich von diesen elterlichen Ängsten frei zu machen, kann eine Entscheidung sein, die jahrelange bewusste Arbeit an sich selbst erfordert. Es fängt damit an, dass Sie erkennen, wovor Sie Angst haben, und diese Angst zulassen, damit Sie sich nicht vor ihr verstecken müssen, indem Sie andere kontrollieren oder das Bedürfnis Ihres Kindes unerfüllt lassen. Dann können Sie den Gedanken, der Ihrer Angst zugrunde liegt, mit „brutaler Ehrlichkeit" beleuchten. Wird Ihr Kind wirklich nie zu helfen lernen? Glauben Sie wirklich, dass es ewig Windeln tragen wird? Dass es nie Manieren lernen wird? Dass es nicht lesen lernen wird, wenn Sie es nicht jetzt dazu drängen? Wenn Sie einmal erkennen, dass Ihre Gedanken nicht der Wahrheit entsprechen, können Sie ohne sie handeln und auf das eingehen, was Ihr Kind momentan zum Ausdruck bringt.

Die Angst, ausgenutzt zu werden, ist unter Eltern weit verbreitet. Die folgende Episode ereignete sich im Rahmen eines Familienberatungsworkshops bei uns zu Hause.

Der dreijährige Pete saß neben seiner Mutter und aß Rührei. Nach ein paar Bissen hörte er auf und sagte: „Mama, füttere mich."

Sandy zögerte. Pete aß schon seit einer Weile selbstständig. Sie fühlte sich unbehaglich und sagte: „Du kannst selbst essen. Du bist doch schon drei."

„Aber Mama, ich will, dass du mich fütterst."

Sandy hielt ihm ihre Hand hin und sagte: „Hier, nimm meine Hand und lass dich von ihr füttern." Sie versuchte ihn dazu zu bewegen, bei ihrer Lösung mitzumachen, aber er weigerte sich.

Bei unserem Gespräch ein paar Stunden später gestand Sandy ihre Angst davor, von ihrem Sohn gelenkt und manipuliert zu werden.

„Wenn du dir keine Sorgen darüber machen würdest, hättest du dein Kind dann gefüttert?", fragte ich.

„Natürlich", antwortete sie gleich mit einem breiten Lächeln. „Es hätte mir Spaß gemacht, ihn zu füttern. Er hätte gekichert, und wir hätten uns glücklich angeschaut." Durch die Erkenntnis, dass ihr eigenes Denken

und nicht Pete die Ursache ihrer Angst war, gelang es Sandy, ihre Kraft zurückzugewinnen. Es lag in ihrer Hand, nicht in seiner.

An dem Abend bat Pete seine Mutter, ihm den Schlafanzug anzuziehen und ihn im Arm zu halten, bis er einschlief. Das tat sie auch. Als er einschlief, liefen ihr Tränen über die Wangen. Später legte sie ihn ins Bett und sagte: „Meistens dauert es sehr lange, bis er einschläft. Diesmal war es so anders, so friedlich und zärtlich."

Sandy erzählte, wie sie bisher oft gezögert hatte, auf Petes Bedürfnisse einzugehen. „Er ist so ein widerspenstiges Kind. Ich will nicht, dass er so unselbstständig bleibt oder sich daran gewöhnt, dass ich ihn die ganze Zeit bediene", erklärte sie

„Was meinst du mit ‚widerspenstig'", fragte ich.

„Er sträubt sich gegen...", setzte Sandy an, doch dann brach sie ab. „Oh, ich verstehe", fuhr sie fort. „Meinst du, ich bin diejenige, die widerspenstig ist?"

„Nun, wer ist es wohl?"

„Ich versage ihm seine Wünsche und nenne ihn widerspenstig." Sandy lachte, als ihr klar wurde, dass das, was sie in ihrem Kind sah, eine Lehre für sie selbst sein konnte. Sie wollte damit aufhören, ihrem Kind gegenüber widerspenstig zu sein.

Nach dem Gespräch mit mir nahm sich Sandy vor, auf Petes Bitten nach Fürsorge einzugehen und sich ihren ängstlichen inneren Monolog anzuhören, ohne ihn zu befolgen. Innerhalb von zwei Tagen berichtete sie, dass Pete ein rücksichtsvolles und fröhliches Kind „geworden" sei und dass sie es beide genössen, oft miteinander zu kuscheln. Sie sagte: „Weißt du, es ist merkwürdig: Ich hatte Bedenken, auf die Bitte meines Kindes nach meiner Liebe einzugehen, doch gleichzeitig habe ich oft Angst, eine Grenze zu ziehen und ihn daran zu hindern, Schaden anzurichten oder meine Sachen durcheinander zu bringen. Ich kann mich nicht durchsetzen, wenn er sich aggressiv verhält, und dann rege ich mich auf und werde böse auf ihn."

„Wovor hast du Angst?", fragte ich.

„Ich weiß nicht."

„Was kann passieren?"

„Dass er nicht auf mich hört und ich das Gefühl habe, verloren zu haben und hilflos zu sein."

„Glaubst du wirklich, dass er nicht auf dich hören wird?"

„Eigentlich nicht", sagte sie. „Ich glaube, ich habe Angst wegen mir selbst."

„Ja."

„Dass ich keine Liebe verdiene."

Sandy schwieg eine Weile und blickte aus dem Fenster. Tränen traten ihr in die Augen, und sie sagte: „Als Kind war ich überzeugt, meine Mutter würde mich nicht lieben, weil ich nicht gut genug sei. Ich hatte einfach das Gefühl, es nicht zu verdienen, dass man sich um mich kümmerte. Und jetzt habe ich Angst davor, meinem Kind Liebe zu geben, und ich traue mich auch nicht, für mich selbst um etwas zu bitten."

Wenn Sie merken, dass Sie Ihre Liebe zurückhalten oder sich nicht trauen, eine klare Führung zu bieten, können Sie sich fragen: „Wovor habe ich Angst? Was könnte passieren?" Schreiben Sie auf, was Ihnen Ihre innere Stimme sagt, und erforschen Sie die Gedanken, die Sie von Ihrem Kind trennen. Sehen Sie Ihre von Angst diktierten Gedanken im Licht der „Wahrheit". Wenn Sie das immer wieder tun, wird Ihr Inneres im Lauf der Zeit lernen, diese alten Reaktionen als Material zu sehen, das geprüft werden sollte, nicht als Richtlinien, nach denen Sie in der Gegenwart handeln müssten. Dann wird es Ihnen leicht fallen, sowohl Ihr Kind ganz zu lieben als auch sich selbst zu lieben und zu behaupten.

Wenn Sie aufgrund Ihrer Ängste Ihre Liebe zurückhalten, kann es sein, dass sich das Kind verletzt fühlt und aus Verzweiflung handelt. Sie denken dann vielleicht, sein Verhalten sei der Beweis dafür, dass Ihre Befürchtungen berechtigt waren und dass Sie ihm nicht noch mehr Liebe geben sollten. Wenn das geschieht, halten Sie inne und machen Sie sich bewusst, dass sein Verhalten nur beweist, dass es selbst auch Angst hat. Seine Angst davor, Ihre Anerkennung zu verlieren, führt beim Kind zu Aggression und verzweifelten Taten. Keine Anerkennung zu bekommen, ist im kindlichen Denken gleichbedeutend damit, unwürdig zu sein und nicht geliebt zu werden. Geborgenheit in der elterlichen Liebe dagegen ebnet uns den Weg, zu friedlichen und fürsorglichen Menschen zu werden. Wenn sie ohne Beschränkung geschenkt wird, sehen wir sie als selbstverständlich an und gedeihen. Durch die Erkenntnis, dass die Angst ein bloßer Gedanke und keine Realität ist, sind wir frei zu handeln, ohne uns von ihr lenken zu lassen. Das ermöglicht uns, Liebe aufzusaugen, wenn sie uns geschenkt wird, und sie mit derselben Leichtigkeit weiterzugeben.

Befreiung von der Angst, eine klare Orientierung zu bieten

Viele Eltern sind in der Lage, ihren Kindern bedingungslose Liebe zu schenken. Manche dieser Eltern haben nur dort, wo es um das Bieten einer klaren Orientierung geht, Angst. Kinder machen ganz natürlich die Erfahrung, geliebt zu werden, wenn sie sich auf eine klare elterliche Orientierung verlassen können.

Ya-Fei war außer sich vor Verzweiflung, als sie mich anrief. Sie sagte, sie könne ihren neunjährigen Sohn nicht zu seinen Terminen bringen, weil sich sein jüngerer Bruder, der sieben Jahre alt war, weigerte, das Haus zu verlassen oder sie gehen zu lassen und selbst zu Hause beim Vater zu bleiben.

„Sobald wir losgegangen sind, geht es ihm gut. Er ist dann sogar fröhlich. Aber ich schaffe es überhaupt nicht mehr. Ich kann nicht weg. Wenn ich es versuche, regt sich Leo so auf, dass er Sachen kaputtmacht, sich im Badezimmer einschließt und einen Wutanfall bekommt."

„Warum kannst du in Wahrheit nicht aus dem Haus gehen?", fragte ich.

„Ich kann gehen, aber ich habe Angst vor Leos Wutanfällen."

„Und glaubst du, er hat etwas davon, wenn er dich am Weggehen hindern kann?"

„Eigentlich nicht", antwortete Ya-Fei. „Ich weiß nicht, was er will."
„Was möchtest du, Ya-Fei?"
„Die Bedürfnisse der Kinder stehen im Widerspruch zueinander. Ich weiß nicht, was ich will."
„Ja", sagte ich, „und deshalb fühlt er sich durch dich verwirrt und strengt sich so an, um Klarheit in sein Leben zu bringen."
„Er spiegelt also nur meine Unfähigkeit, den Weg zu zeigen?"
„Ja."
Am Ende der Telefonberatung fühlte sich Ya-Fei erleichtert und innerlich klar.
„Und, wie ist es gelaufen?", fragte ich beim nächsten Beratungsgespräch.
„Ich hab Leo vorher gesagt, dass wir nicht viel weggehen würden, so dass er die meiste Zeit zu Hause bleiben könnte. Und ich hab ihm auch gesagt, dass wir, wenn sein Bruder irgendwohin muss, da auch hingehen und er mitgehen kann oder, wenn möglich, beim Papa oder beim Babysitter bleiben kann. Er ist einfach mitgekommen. Es gab überhaupt kein Problem. Ich konnte es kaum glauben. Er hat sogar von sich aus ein Spielzeug mitgenommen und ist noch vor mir zum Auto gegangen."

Wenn wir eine klare Orientierung bieten, auf die sich das Kind verlassen kann, stützt es sich gegen die Mauern, die wir bieten, und ist frei zu erkunden und zu wachsen. Es muss dann nicht darum kämpfen, zu wissen, was es zu erwarten hat.

Ein Kind kann auch mit unterschiedlichen Arten, aufzuwachsen, umgehen, wenn es die Kultur seiner Familie kennt, wenn die Liebe beständig ist, wenn es sich sicher genug fühlt, sich auszudrücken, und wenn es weiß, was es zu erwarten hat. Ja, innerhalb eines Rahmens von Liebe und Respekt sind Kinder trotz vieler unterschiedlicher kultureller und wirtschaftlicher Bedingungen erfolgreich zu glücklichen Erwachsenen herangewachsen.

Moses und Adam sind zwei junge Leute, die ich bei mir zu Gast haben durfte. Moses wohnte im Rahmen eines Schüleraustauschprogramms ein paar Tage bei uns, und Adam war ein reisender Homeschooler, der einen Sommer lang bei uns lebte. Beide hielten den Kontakt zu uns all die Jahre aufrecht.

Moses war fünfzehn, als er unser Gast war. Er wuchs in einer Familie der amerikanischen Ureinwohner in einem strengen Umfeld auf. Er war selbstsicher, verantwortungsbewusst, freundlich und ausdrucksvoll. Er strahlte innere Schönheit und emotionale Kraft aus. Er liebte die Familie, in der er aufwuchs, und er brachte uns die Lebensweise und die Traditionen seiner Kultur voller Leidenschaft näher. Er berichtete, wie er herausgefunden hatte, dass er anders als seine Mitschüler war; er akzeptierte diese Unterschiede zwischen seinen Klassenkameraden und sich selbst nicht nur, sondern war stolz darauf. Er schätzte das, was seine Eltern ihm gaben; die strengen Verhaltensregeln in seinem Zuhause wurden von beständiger Liebe gestützt und nicht willkürlich durchgesetzt. Adam dagegen kam aus einem Zuhause, das durch Freiheit und Gleichheit geprägt war. Seine Fähigkeit, eine Verbindung zu anderen aufzubauen und verletzlich zu sein, berührte mich zutiefst. Dank seines Sinnes für Humor löste sich jede Anspannung in Gelächter auf, ohne dass er sich je über jemanden lustig gemacht hätte. Wie Moses stellte auch Adam fest, dass er anders als seine Altersgenossen war. Dass er nicht unter dem Druck Gleichaltriger stand, war in seinen Augen seine Stärke. Er war stolz darauf, er selbst zu sein. „Es spielt keine Rolle, was andere von mir denken. Wichtig ist nur, dass ich im Frieden mit mir selbst bin", erklärte er.

Diese jungen Leute haben die Selbstsicherheit, die mit Klarheit einhergeht. Machen Sie den Rahmen des Zusammenlebens Ihrem Kind gegenüber klar, damit es nicht seine Energie darauf verschwenden muss, sich vor möglichen Folgen zu fürchten oder die Leitlinien herauszufinden; stattdessen wird es sein Leben genießen und den besten Nutzen daraus ziehen können. Die Angst, uns als Eltern zu behaupten, steht der Liebe im Wege.

Klarheit über die Art, wie eine Familie funktioniert, bedeutet: Ein Kind, das volle und gleiche Rechte besitzt und vielem vom dem, was die Kultur bietet, ausgesetzt ist, benötigt Orientierungshilfe zu Fragen seiner Sicherheit, darüber, wie es einen Rat von Ihnen bekommen kann, wie es die Freiheit anderer respektieren kann und worauf es sich verlassen kann, wenn es sich ratlos fühlt. Ein Kind dagegen, das mit individuellen Freiheiten, jedoch mit klaren Grenzen hinsichtlich des Erlebens dessen, was die Kultur bietet, oder der Lebensart der Familie aufwächst, braucht Orientierungshilfen zu den Entscheidungsprozessen in der Familie, dazu, wie seine soziale Welt funktioniert, wer wofür zuständig ist und wie es seinen Weg selbstständig gehen kann.

Wie auch immer Sie Ihre Familienkultur gestalten, seien Sie diesbezüglich offen und klar, dann wird Ihr Kind voller Selbstvertrauen danach streben, seinen Platz darin zu finden. Seien Sie auch offen, was Ihr Bemühen angeht, Ihre Verteidigungsmechanismen von Ihrer authentischen Fähigkeit, zu lieben, zu unterscheiden. Ein Kind hat viel Raum für Ihre Fehlbarkeit, solange Sie offen und ehrlich sind.

Befreiung von der Angst, nicht genug zu haben

Eine der größten Ängste, mit denen wir leben, ist die Angst, nicht genug Liebe oder andere Dinge und Umstände, die für Liebe stehen, zu haben. Das ist die Folge davon, dass wir als Kinder nur Stück für Stück Liebe bekommen haben, die außerdem an Bedingungen geknüpft war, und davon, dass die ganze Kultur von der Vorstellung durchdrungen ist, Güte solle nur unter bestimmten Bedingungen geschenkt werden. Ein Kind in dieser Gesellschaft erlebt wahrscheinlich oft den Austausch von Gütern und Diensten und nur selten das Schenken um des Schenkens willen. Das Ergebnis ist Anspannung in den Beziehungen zu anderen: „Wird sich meine Freundlichkeit auszahlen? Was springt für mich dabei heraus?" Doch Güte zahlt sich immer aus, weil das Geben selbst der Gewinn ist.

Falls Sie als Kind nicht genug Aufmerksamkeit, Zuwendung oder andere Formen von Liebe bekommen haben, haben Sie Liebe vielleicht als etwas erlebt, um das man kämpfen muss. Wenn Liebe für Sie an Bedingungen geknüpft war, haben Sie wahrscheinlich ständig nach Liebe gelechzt, als schnappten Sie nach Luft. Diese Erfahrung steht vielleicht Ihrer Fähigkeit im Wege, sich von Ihren Verteidigungsmechanismen und von Ihrer Angst, nicht zu bekommen, was Sie brauchen, zu befreien. Sie hemmt die Fähigkeit, anzunehmen und zu geben. Diese innere Stimme der Angst kann so laut sein, dass es Ihnen schwer fällt, im Augenblick mit Ihrem Kind präsent zu sein. Doch indem Sie sich ins Hier und Jetzt mit Ihrem Kind bringen, befreien Sie sich am besten von der Tyrannei jener alten Aufzeichnungen darüber, nicht genug zu haben. Hören Sie, was Ihre innere Stimme sagt, prüfen Sie dessen Gültigkeit und überlegen Sie, wie Sie ohne diese bestimmte Überzeugung sein würden. Dann denken Sie darüber nach, ob die Lehre, die Ihr Inneres für Ihr Kind vorschlägt, auf irgendeine Weise für Sie selbst von Nutzen sein könnte. Wenn Sie Klarheit gewonnen haben, verlagern Sie Ihre Aufmerksamkeit auf Ihr Kind (s und A von S.A.L.V.E.).

Man kann nicht näher an Gott oder an das, was wir nicht verstehen können, kommen als durch die Liebe. Die Schöpfung legt Ihnen die Verantwortung, einen Menschen zu hegen und zu pflegen, bis er erwachsen ist, in die Hände. Dies müssen Sie tun, ohne das Kind zu Ihrem Geschöpf zu machen, was nur den Zauber seines Wesens ersticken würde. Behandeln Sie Ihr Kind mit Ehrerbietung, dann brauchen Sie keine Elternratgeber.

Liebe fließt reichlich und unbeschränkt, solange wir ihr nicht im Wege stehen. Den Fluss der Liebe zu kontrollieren, ist, als machten wir das Tor zu und legten fest, wie viel der Nächste in der Schlange bekommen soll. Die Liebe fließen zu lassen, bedeutet, beide Enden offen zu halten. Wenn Ihre Bindung zu Ihrem Kind größer ist als Ihre persönlichen Ängste, werden Sie über Ihre Beschränkungen hinauswachsen, und Ihr Kind wird gedeihen.

Die Pflege der Selbstliebe (Die Angst, sich zu behaupten)

Damit die Liebe zu Ihrem Kind frei fließen kann, müssen Sie sich selbst lieben und schätzen. Indem Sie sich selbst lieben, machen Sie es anderen leicht, Sie zu lieben, was den Strom der Liebe zu Ihrem Kind weiter vergrößert. Geben kann nur gelingen, wenn jemand auch annimmt. Daher ist Annehmen ein Akt der Liebe.

Weil viele Eltern in ihrer Kindheit die Erfahrung gemacht haben, nicht genug zu haben und nur unter bestimmten Bedingungen geliebt zu werden, sind sie nicht in der Lage, die Tore der Liebe in beide Richtungen offen zu halten. Vielleicht haben sie selbst das Gefühl, zu wenig zu haben, und es fällt ihnen schwer, Liebe zu geben, oder sie weisen Liebe mehr oder weniger zurück, weil sie sich als unwürdig ansehen oder es ihnen unangenehm ist. Viele Erwachsene, die als Kinder keine bedingungslose Liebe bekommen haben, wenden viel Geld und Zeit dafür auf, irgendeinem Liebesersatz hinterherzurennen, sei es Essen, Besitz, Fernsehen, Ruhm oder andere Dinge zur Selbstbeschwichtigung. Wenn sie sich unsicher über ihren eigenen Wert fühlen, neigen Eltern dazu, unbestimmt zu sein und zu zögern, ihrem Kind klare Leitlinien zu geben.

Sie sind es Ihrem Kind schuldig, selbst heil zu werden und die Tür zur Vergangenheit zu schließen. Wenden Sie den in diesem Buch erläuterten Erforschungsprozess an, um sich selbst darüber klar zu werden, wie Ihr eigenes Inneres Sie betrügt, damit Sie wieder zu sich selbst finden können. Nutzen Sie Gesprächstherapien, Gruppenarbeit, umgestaltende Ereignisse, Bücher, Kunst oder eine andere Methode, die Ihnen zusagt, um Ihre Selbstachtung aufzubauen und Ihre Fähigkeit zu stärken, präsent zu sein und mit dem zu fließen, was vor Ihnen ist. (Siehe den Informationsteil am Ende des Buches für weitere Angaben über Selbsterkenntnisarbeit.) Das Wiedererwachen bedingungsloser Liebe wird Sie frei machen, Liebe zu geben, und darüber hinaus werden Sie sich durch das Geben gestärkt fühlen.

Eltern zu werden, erfordert einen Quantensprung von der Freude nur über die eigene Zufriedenheit hin zur Freude auch über die Zufriedenheit anderer. Auf diesem Weg lernt man, seinen Widerstand fallen zu lassen und das anzunehmen, was der Augenblick bietet. Je mehr Sie sich Ihres eigenen Werts sicher sind, umso weniger brauchen Sie den Blick auf sich zu richten und die Wünsche Ihres Kindes abzulehnen. Wenn Sie Ihren eigenen Wert nicht anzweifeln und nicht darum besorgt sind, Liebe zu gewinnen, können Sie frei sein, Ihr Kind zu lieben und das, was Sie zu seinem Leben beitragen, zu genießen. Und wenn Sie sich von dem Bedürfnis befreit haben, andere zu beeindrucken oder ihre Anerkennung zu suchen, ist gewährleistet, dass in schwierigen Momenten, etwa in der Öffentlichkeit oder bei der Oma, Ihre Liebe zu Ihrem Kind und nicht Ihr Bemühen, jemanden zu beeindrucken, Ihr Handeln bestimmt.

Zwar verlangt das Leben mit Kindern, dass wir reifen und unser Leben nicht nur unserem eigenen Vergnügen widmen, doch andererseits müssen wir auch auf unsere eigene Zufriedenheit achten. Wenn Sie die Entwicklung eines anderen Menschen auf dem Weg zur Erfüllung seiner Träume begleiten und unterstützen, bekommen Ihre eigenen Ambitionen auf direktem und indirektem Weg Nahrung; jedoch sind die Träume Ihres Kindes nicht die Ihren und auch nicht die Erfüllung Ihrer Pläne. Auf Ihrer gemeinsamen Reise mit Ihrem Kind wird Ihr eigenes Wachsen auf unvorhersehbare Weise, die Sie schließlich als Teil Ihres eigenen Weges ansehen werden, gefördert werden. Eine Mutter erzählte mir, wie sich ihre persönliche Karriere dank ihrer Rolle als Mutter entwickelte.

Dorothy, Mutter eines Babys und eines Kleinkinds, rief mich an, weil sie traurig war, dass ihre eigene Karriere dahinschwand, wie sie sagte. Sie hatte aufgehört, Geige zu spielen, zu tanzen und Theater zu spielen. Sie wollte die Bedürfnisse ihrer Kinder vollständig erfüllen, was Familienbett und Tandemstillen einschloss, und verzichtete auf Tagesstätten und Babysitter. Auch hatte sie vor, sie zu Hause zu unterrichten. Zu dem Zeitpunkt, als sie mich anrief, war es ihr möglich, einmal in der Woche zum Tanzunterricht zu gehen, aber mehr nicht.

Oft verstecken wir uns hinter alten Bedürfnissen, weil wir den Schritt in die Gegenwart nicht wagen. Ich ermutigte Dorothy, die Wahrheit darüber, was sie sich derzeit für sich selbst wünschte, herauszufinden.

„Ich will meine Kinder genießen", sagte sie, „aber ich vermisse auch die Art, wie ich früher war."

„Könntest du die Kinder besser genießen, wenn du die Art, wie du früher warst, nicht vermissen würdest?", fragte ich.

„Ja, das wäre eine große Erleichterung", erwiderte Dorothy prompt. „Der Gedanke, dass mir etwas entgeht, tut weh. Aber woher weiß ich, dass mir nichts entgeht?"

Ich schlug Dorothy vor, dem Fluss des Lebens zu folgen und ihre wirklichen Freuden in der Gegenwart herauszufinden, statt sich dauernd das zu wünschen, was sie früher hatte.

In der nächsten Woche berichtete Dorothy, dass sie oft sang, während sie mit dem Baby im Tragetuch Dinge erledigte.

Ein paar Jahre später nahm Dorothy Gesangsunterricht und sang in einem Chor. Sie sagte, sie habe noch nie so viel Freude an Musik gehabt. Dann begann sich ihr zweites Kind für Musicals zu interessieren, und Mutter und Tochter standen schließlich beide auf der Bühne, wo sie sangen, tanzten und Theater spielten.

Als ich ihre Leistung würdigte, bemerkte Dorothy: „Das Beste ist, dass ich auf eine Weise gereift bin, die nicht möglich gewesen wäre, wenn ich keine Kinder hätte. Ich genieße es nicht nur, auf der Bühne zu stehen, sondern ich habe jetzt auch die Fähigkeit, darauf zu vertrauen, wie sich das Leben entwickelt, und jeden Moment auszukosten; das bereichert meine Ehe und all meine Beziehungen und Erfahrungen."

Und noch eine ähnliche Geschichte:

Ein Vater, der seine bisherige Stelle aufgab, um sich um seinen Sohn zu kümmern, erzählte mir, wie er, als das Geld knapp wurde, beschloss, sein eigenes Unternehmen von zu Hause aus zu gründen, weil er weiterhin am Leben seines Sohnes teilnehmen wollte. Sein Softwareunternehmen lief sehr gut, als er zuletzt mit mir sprach, und er sagte, nicht nur sei seine Arbeit viel interessanter als das, was er früher gemacht habe, sondern sein Sohn sei im Alter von dreizehn Jahren bereits ein Experte im Programmieren.

Wenn wir wegen dem, was wir hinter uns lassen, traurig sind, liegt das nur daran, dass wir uns an die Vergangenheit klammern. Die Gegenwart ist stets von Wandel geprägt, was befriedigend ist, wenn man präsent ist und hier und jetzt an der Gegenwart teilnimmt. Es tauchen ständig neue Möglichkeiten auf, doch wenn Sie sich innerlich daran klammern, wie es früher war, werden Sie das, was Ihnen begegnet, wahrscheinlich weder wahrnehmen noch genießen. Lebendig zu sein heißt, auf das Unbekannte zuzugehen. Die Angst davor, die Vergangenheit loszulassen, hindert uns daran, unsere Kinder in der Gegenwart ganz zu genießen. Sobald man Kinder hat, wird das Leben nie wieder dasselbe sein; es wird anders sein, reicher, und es wird sich ständig wandeln. Wenn Sie diesem Fluss kreativ folgen und sich an der Veränderung freuen, werden Sie eins der größten Vergnügen erleben, die es für Menschen gibt.

Zwar sollten Sie sich auch um sich selbst kümmern, jedoch brauchen Sie sich dabei nicht ausschließlich auf sich zu konzentrieren. Wenigstens einige Ihrer Bedürfnisse lassen sich auch Seite an Seite mit Ihrem Kind erfüllen, wobei Sie den Blick auf Ihr Kind richten. Gleichzeitig steht Ihre Fähigkeit, Ihrem Kind mit Freude Liebe und Aufmerksamkeit zu schenken, in direktem Zusammenhang dazu, wie Sie für sich selbst sorgen. Sie tun es für sich, zu Ihrer eigenen Freude. Um Ihre Freude an der Elternrolle neu zu beleben, können Sie sich etwas Zeit für sich allein oder mit einem Freund oder einer Freundin nehmen; selbst zehn Minuten am Tag können Ihnen dabei helfen, sich an den ständigen Bedürfnissen Ihres Kindes zu freuen, statt sie ihm übel zu nehmen. Doch vor allem achten Sie darauf, was Sie zu sich selbst sagen, das die Ungeduld oder den Ärger hervorruft. Finden Sie heraus, welche Ihrer Gedanken Ihnen Schmerz bereiten und welche Ihre Fähigkeit, Ihr Kind zu lieben und mit ihm zu leben, stärken.

Zufriedenheit kann man dadurch erreichen, dass man präsent ist; wenn Sie Ihrem Kind ein Buch vorlesen, obwohl Sie sich eigentlich um den Garten kümmern wollen, nehmen Sie sich beiden einen Großteil der Freude. Es ist Ihr eigener Gedanke, der Sie von der Freude des Augenblicks entfernt. Nehmen Sie entweder Ihr Kind mit in den Garten, um sich zuerst darum zu kümmern, oder lesen Sie das Buch vor und heben sich den Gedanken an den Garten für später auf. Kosten Sie den Augenblick aus; lassen Sie sich ganz von der Liebe und Ehrfurcht, die Sie ihrem Kind gegenüber empfinden, durchdringen. Wenn Sie mit Ihren Gedanken im Garten sind, verpassen Sie den Augenblick.

Eltern erzählen mir oft, wie es ihnen an einem Tag schwer fällt, sich um ihr Kind zu kümmern, während ihnen dasselbe am nächsten Tag ungeheuren Spaß macht. Der Unterschied liegt darin, sich dafür zu entscheiden, wo man gerade ist. Mit anderen Worten, Sie können bei Ihrem Kind sein und dabei unglücklich sein (weil Sie lieber woanders wären), oder Sie können bei Ihrem Kind und dabei glücklich sein. Es wird Ihnen leichter fallen, präsent zu bleiben, wenn Sie die Gedanken herausfinden, die Sie vom Augenblick entfernen, sie aufschreiben und überlegen, welche Wirkung sie auf Sie haben.

Natürlich verfügen die meisten Eltern anfangs nicht über alle Fähigkeiten, die man braucht. Wir entwickeln uns offenbar „bei der Arbeit", und diese Tatsache ist ein weiterer Aspekt, den wir schätzen lernen. Lassen Sie sich nicht den „Spaß" entgehen, indem Sie versuchen, Ihr Kind Ihren Beschränkungen gemäß zu formen; vielmehr gibt Ihnen das Leben mit Kindern Gelegenheit, diese Beschränkungen immer wieder zu überwinden, so dass Sie noch liebevoller werden können.

Im Rahmen einer Telefonberatung traf Robin eine solche Entscheidung für sich:

Die achtjährige Ayla hatte die Angewohnheit, dauernd Wörter und Sätze zu wiederholen und dabei herum zu hüpfen und ununterbrochen zu reden. Robin, ihre Mutter, konnte das nicht ausstehen und forderte ihre Tochter oft auf, mit ihrem fröhlichen Geplapper aufzuhören.

Ich fragte Robin, was sie empfand, wenn der Drang, das sich ständig wiederholende Geplapper ihrer Tochter zu beenden, sie überkam.

„Ich fühle mich gereizt und ungeduldig. Ich will Ruhe. Ich will in Frieden gelassen werden."

Robin war überzeugt, ihr Bedürfnis sei richtig und entspreche der Wahrheit und ihr Kind solle lernen, sich seiner Mutter zuliebe zu beherrschen. Sie wollte, dass ich ihr bessere Methoden aufzeigte, ihre Tochter zu kontrollieren.

„Aylas Verhalten löst bei dir Unbehagen aus. Bist du sicher, dass du sie einschränken willst?", fragte ich. „Oder würdest du dich gern von diesem Gefühl der Verärgerung befreien und die Freiheit haben, deiner Tochter zuzuhören und sich an ihr zu freuen?", fragte ich.

„Natürlich hätte ich gern diese Freiheit. Im Moment habe ich keine Kontrolle über meinen Drang, sie zu bremsen. Ich hab keine Wahl. Meine innere Stimme zwingt mich, sie zu bremsen. Es klappt nicht. Sie nimmt es mir übel, und ich fühle mich schuldig und nicht mit ihr verbunden", sagte Robin.

„Wenn du deiner inneren Stimme nachgibst und dein Kind zum Schweigen bringst, was vermeidest du dadurch?", fragte ich. „Wenn sie weiterreden würde, wie würdest du dich dann fühlen?"

Robins Stimme bebte. „Ich weiß nicht, was es ist. Ich weiß nur, dass ich weine."

„Ja", sagte ich, „ich verstehe. Lass die Traurigkeit zu."

„Meine Mutter wollte immer, dass ich von ihr wegblieb. Sie wollte mich loswerden", erinnerte sich Robin. „Es kam mir vor, als wäre ich ihr lästig. Und jetzt bin ich genauso wie sie. Ich empfinde dasselbe Ayla gegenüber. Ich will keine Mutter sein. Aber ich will es doch. Ich liebe sie."

„Du willst, dass du eine Mutter sein willst?"

„Ja, genau. Aber wenn ich es bin, will ich weglaufen."

„Hast du Angst, wieder die Einsamkeit deiner Kindheit zu spüren?"
Robin antwortete: „Ja, den Schmerz, von meiner Mutter abgelehnt zu
werden. Ich hab nie darüber nachgedacht, dass ich mein Kind zum
Schweigen bringe, um meinem alten Schmerz aus dem Weg zu gehen.
Nun muss ich wählen, ob ich erwachsen werden oder mein Kind ein-
schränken will." Sie lachte. „Im Prinzip zwinge ich sie, auf meine Be-
dürfnisse einzugehen und sich nach meinen Beschränkungen zu richten.
Ja, ich wäre gerne glücklich mit Aylas Geplapper und könnte diesen alten
Schmerz hinter mir lassen."

„Später kannst du dem Gedanken, der dir Schmerz bereitet – dass deine
Mutter dich abgelehnt hätte –, auf den Grund gehen", schlug ich vor.
„Du lehnst deine Tochter nicht wirklich ab, und wahrscheinlich war
deine Mutter in einer ähnlichen Lage. Jetzt befassen wir uns aber erst
einmal mit deinen schmerzlichen Gedanken über Ayla. Wenn die Stimme in deinem Inneren sagt: ‚Ich kann es nicht ausstehen, sie muss aufhören', nimm dir eine Minute Zeit, um diese Stimme wahrzunehmen;
schreib den Gedanken auf und betrachte ihn. Willst du wirklich, dass
dein Kind aufhört, zu plappern und über zu sprudeln?"

„Nein. Ich will, dass sie frei ist."

„Kannst du dir vorstellen, was du empfinden würdest, wenn sie so überspru-
delt und dir nicht der Gedanke käme, dass du dich darüber ärgerst?"

„Ich weiß nicht. Ich hab noch nie erlebt, dass sie so war, ohne dass ich
diesen Gedanken gehabt hätte."

„Stell dir vor, du warst erfolgreich. Deine Tochter hat sich deinen Wünschen angepasst und mit ihrem ständigen Geplapper aufgehört. Wie
würdest du dich fühlen?"

„O je, schrecklich! Oh, ich verstehe... ohne den Gedanken, dass es är-
gerlich ist, will ich, dass sie weiterhin sie selbst ist, frei, lebendig, glücklich, ausdrucksvoll."

„Wenn du von deinen Gedanken frei bist, ist sie auch frei."

„Ja. Das ist es. Ohne diese Gedanken liebe ich sie einfach."

„Kannst du also deine Erwartung, sie solle nicht ständig so viel plappern,
als eine Lehre für dich selbst sehen?"

„O ja. Ich kann glücklicher sein, wenn ich mit dem ständigen Geplapper in meinem eigenen Inneren aufhöre. Toll! Ja! Sie ist einfach sie selbst, und ich kann sie lieben. "

Wann immer Ihre Beschränkungen der Liebe und Großzügigkeit im Wege stehen, haben Sie die Möglichkeit, sich davon zu befreien. Können Sie sich selbst genug lieben, um aus Ihrem eigenen emotionalen Gefängnis auszubrechen? Ebenso, wie Sie Ihr Kind darin unterstützen, trotz seiner Ängste zu handeln, können Sie auch sich selbst darin unterstützen. Wenn Sie Liebe statt Ihrer eigenen, schmerzlichen Geschichte wählen, wird Ihr Kind lernen, selbst genauso zu handeln.

Ihre eigene Toleranz zu steigern, bedeutet nicht, dass Sie sich für Ihr Kind opfern und stets mit Ihren Bedürfnissen zurückstecken müssen. Es bedeutet, unterscheiden zu lernen zwischen Ihren Bedürfnissen und Ihrem Einschränken Ihres Kindes aufgrund alten Geschwätzes in Ihrem Inneren. Wenn Sie feststellen, dass Sie das Bedürfnis haben, zu kontrollieren oder zu flüchten, nehmen Sie diese Gedanken liebevoll zur Kenntnis, aber lassen Sie ihn nicht Ihr Handeln diktieren. Ziehen Sie einen Therapeuten oder Freund zu Hilfe, um die Gültigkeit Ihrer Gedanken für Ihr Kind und sich selbst zu prüfen. Wenn ein Kind erlebt, wie Sie sich Ihren emotionalen Beschränkungen fügen, lernt es nicht etwas über Selbstliebe, sondern über Schwäche und Angst. Wenn es sich nach Ihren emotionalen Beschränkungen richtet, lernt es, Gefühle bei sich selbst und anderen zu fürchten. Ein Kind kann Rücksicht auf Ihre Bedürfnisse nehmen und Ihnen gegenüber liebevoll und großzügig sein, wenn es selbst liebevoll behandelt wird und erlebt, wie Sie aktiv für sich selbst sorgen.

Sich in Liebe verbunden zu fühlen, hängt auch nicht davon ab, dass jemand anders einem Liebe „gibt". Die Existenz einer liebevollen Beziehung zu einem Erwachsenen in Ihrem Leben ist ein Segen, aber keine Bedingung. Denn es kommt vor allem auf Ihre Beziehung zu sich selbst an. Sich emotional befriedigt zu fühlen, hängt davon ab, dass Sie im Jetzt leben und sich selbst schätzen, was Sie dann in die

Lage versetzt, Ihr Kind so zu lieben, wie es ist, und die größte Freude daraus schöpfen, sein Wachsen zu beobachten.

Sich selbst zu lieben, wird Ihnen auch dabei helfen, Ihr Kind nicht damit zu belasten, dass es Ihnen Liebe geben sollte. Ihr Kind ist nicht hier, um Ihnen Liebe und Dankbarkeit entgegenzubringen oder um Ihre Träume und Ambitionen zu erfüllen. Sein Dasein wird Ihr Leben bereichern und ihm mehr Bedeutung, Liebe und eine Richtung geben – doch Sie können Ihre Art, mit Ihrem Kind umzugehen, nicht auf solchen Erwartungen aufbauen. Sobald Sie merken, dass Sie einen Plan haben, von dem Sie sich wünschen, dass Ihr Kind ihn erfüllt, ist es Ihr eigenes Bedürfnis, das Sie befriedigen, nicht das Ihres Kindes.

Manche Eltern verwechseln Aufmerksamkeit für das Kind damit, das Leben des Kindes zur Erfüllung ihrer eigenen Träume zu verwenden. Ihren Blick auf die Bedürfnisse eines anderen zu richten, heißt, für ihn zu sorgen, damit er seinen eigenen Weg gehen kann; es heißt nicht, seinen Weg für Ihre Ambitionen zu missbrauchen. Wenn Sie für Ihr Kind sorgen, richten Sie Ihren Blick auf es und nicht auf sich selbst; wenn Sie sich um sich selbst kümmern, sollte dies unabhängig von Ihrer Fürsorge für das Kind geschehen.

Ihr Kind auf seinem Weg zu begleiten, kann eine unglaublich große Freude sein, eben weil es nicht um Sie geht. Wenn Sie sich dieser Freude hingeben, können Sie den Augenblick genießen, frei von dem Gerede in Ihrem Inneren. Die Freiheit von Ihren persönlichen Plänen ermöglicht diese erstaunliche Reise – eine Reise an einen Ort, an dem Sie noch nie gewesen sind. Ja, das Begleiten Ihres Kindes auf seinem Weg ist wirklich eine Reise in ein neues Land. Auf diese Weise bringt die Natur Sie zurück in den Augenblick.

Unseren Eltern gefallen

Falls Sie, wie die meisten Menschen, darauf konditioniert worden sind, sich die Anerkennung anderer zu verdienen, werden Sie vielleicht feststellen, dass einiges am Umgang mit Ihren Kind in dem Bedürfnis begründet ist, die Erwartungen Ihrer Eltern oder anderer Menschen zu erfüllen. Auch hier kann das Aufbauen Ihres eigenen Selbstwertgefühls (sei es allein oder mit professioneller Unterstützung) Ihnen helfen, sich um Ihr Kind zu kümmern, statt um Ihr Image oder um Ihre Eltern. Ihr Kind zu lieben, bedeutet, seine Bedürfnisse nicht für den Eindruck, den Sie als Eltern machen, zu opfern. Bei einem meiner Workshops erzählte eine Mutter von einer Erfahrung, die sie in diesem Punkt gemacht hatte:

Im Alter von vier Jahren trug Nathan noch Windeln. Seine Eltern vertrauten ihm und wollten die Sache nicht dramatisieren.

Als Tante Lily zu Besuch kam, äußerte sie ihre Bestürzung und fing an, mit Nathan darüber zu reden, ob er nicht zur Toilette gehen wolle. Eines Morgens sagte sie zu ihm: „Ich gehe mit dir im Park spazieren, wenn du zur Toilette gehst und danach keine Windel mehr anziehst." Nathan wich zurück und weigerte sich, mit seiner Tante zu gehen.

„Komm schon, du schaffst das. Wir haben bestimmt Spaß, und ich kaufe dir auf dem Weg Süßigkeiten", sagte Tante Lily, während sie auf ihn zuging.

Obwohl Martha, Nathans Mutter, nicht mit Lilys Manipulation einverstanden war, beteiligte sie sich am Gespräch und sagte: „Es ist in Ordnung, Nathan, du kannst es versuchen. Vielleicht ist es ein guter Zeitpunkt für dich, keine Windeln mehr zu tragen, und du hast Spaß dabei." Nathan stand wie erstarrt da. Da seine eigene Mutter nicht auf seiner Seite war, fühlte er sich verwirrt und hilflos.

„Also?", sagte Tante Lily.

Nathan blickte noch einmal zu seiner Mutter hinüber (auf Unterstützung hoffend). Dann lief er weinend in sein Zimmer.

Weil Martha unsicher war, sagte sie etwas, was dem Bedürfnis ihres Kindes widersprach. Selbst die Sichersten unter uns tappen in die Falle, unseren Verwandten und sogar Fremden gefallen zu wollen. Wir

sollten uns deswegen nicht schuldig fühlen; wir sollten es aber wahrnehmen, damit wir dafür sorgen können, dass unsere Prioritäten nicht
mehr so oft geopfert werden. Martha besann sich rechtzeitig und änderte ihren Kurs.

*Nathan kam aus seinem Zimmer gerannt und fing an, auf seine Mut-
ter einzuschlagen.*
*„Oh, wir schlagen doch nicht", sagte Tante Lily, doch Martha machte
ihr ein Zeichen, sie solle still sein, und fragte Nathan: „Bist du sauer,
weil du über Sachen, die dich betreffen, selbst entscheiden willst?"*
*„Ja, ja", antwortete er. Er hörte auf zu hauen und warf sich auf den
Boden.*
*„Hättest du gern selbst entschieden?", fragte Martha und berührte ihn
sanft.*
*Nathan hörte auf zu treten und sagte: „Ja. Du liebst mich nicht. Ich
hasse dich, Mama!"*
*„Als dir Tante Lily vorgeschlagen hat, mit ihr spazieren zu gehen, wenn
du keine Windel anhättest, hast du dir gewünscht, ich würde ihr sagen,
sie solle dich in Ruhe lassen, stimmt's?"*
„Ja. Du bist MEINE Mutter, nicht ihre", schluchzte Nathan.
*„Du hast Recht. Und du kannst Windeln tragen, solange du willst.
Ich werde Tante Lily sagen, dass du über deinen Körper selbst entschei-
dest."*
*Sie wandte sich an Lily. „Nathan muss seine eigenen Entscheidungen
treffen."*
*„In Ordnung", sagte Lily, „gehen wir trotzdem spazieren und kaufen
Süßigkeiten."*
„Ich will nicht gehen", erklärte Nathan.
Alle drei schmiedeten neue Pläne für den Nachmittag.

Ein Kind zu lieben, heißt, unabhängig davon, welchen Eindruck wir
auf andere machen, auf seiner Seite zu sein. Als Eltern sind Sie da,
um für die Würde und das Wohlergehen Ihres Kindes einzustehen.

Durch die Achtung, die Sie Ihrem Kind entgegenbringen, zeigen Sie den Menschen eine neue Möglichkeit auf, die sie vielleicht inspirieren wird.

Über Konsequenz

Eltern glauben oft, sie müssten in ihren Reaktionen auf ihre Kinder konsequent sein und festen Prinzipien folgen. Bei dem Versuch, konsequent zu sein, tun sie manchmal Dinge, die ein Kind verletzen oder Wut und Enttäuschung hervorrufen, weil sie befürchten, Inkonsequenz könnte es verwirren. Doch das einzige feste Prinzip, auf das es ankommt, ist Liebe. Wenn Ihr Handeln nicht mit dem Prinzip der Liebe übereinstimmt, ist das Kind nicht nur verwirrt, sondern auch verletzt und irregeleitet. In dem Augenblick handeln Sie nicht im Einklang mit Ihrem eigenen liebenden Ich.

Ändern Sie die Regeln, nicht die Liebe; es genügt, wenn Liebe die einzige konsequente Leitlinie unseres Handelns ist. Fragen Sie sich selbst: „Erlebt mein Kind mich als liebevoll? Ist meine Liebe zu spüren, wenn ich mit ihm schimpfe, wenn ich darauf bestehe, dass es sein Zimmer aufräumt, seine Hausaufgaben fertig macht, sein Essen aufisst?" Wenn Ihr Kind Ihnen gehorcht und sein Zimmer aufräumt, sich dabei jedoch wütend und wertlos fühlt, ist das aufgeräumte Zimmer das wert? Wenn es seine Hausaufgaben macht oder im Rahmen von Homeschooling lernt, gute Noten bekommt, aber sich nicht in Ihrer Liebe geborgen fühlt, haben seine schulischen Erfolge dann einen Wert? Ist irgendetwas wichtiger, als einen anderen Menschen so zu lieben, dass er sich dessen ganz sicher ist?

Das Fenster
Von Bruce Linton

Ich wollte gerade zur Arbeit fahren,
um eine Vorlesung zu halten.
Ich steckte gerade meine Notizen in die Aktentasche,
als der Ball
durch das Fenster kam
und das Glas herumflog
Millionen winziger Messer
überall im Wohnzimmer.
In dem Moment
spürte ich, wie Wut in mir aufstieg,
mein Frust darüber,
dass es im Haus nie ordentlich ist,
wie teuer es sein würde,
das Fenster reparieren zu lassen,
der Gedanke daran,
eine Zeit lang mit Pappe oder Sperrholz
anstelle der Glasscheibe
leben zu müssen,
wie werden wir je all die Scherben
wegräumen können?
Ich wurde noch wütender,
denn ich wusste jetzt,
dass ich zu spät
zu meiner Vorlesung
kommen würde.

Ich hörte, wie deine kleinen, vierjährigen
Füße die Treppe hinauf rannten.
Ich sah, wie dein winziger Arm
die Tür aufdrückte,

wie deine Augen in meine hinaufblickten,
feucht, suchend.
In dem Moment änderte sich alles.
Ich nahm dich in meine Arme:
„Hast du dir wehgetan?
Es ist nur ein Fenster,
das kann man ersetzen.
Dass du dir nicht wehgetan hast,
ist das, worauf es mir ankommt.
Es ist nur eine Glasscheibe,
du bist mein Sohn.
Ich liebe dich.
Gehen wir den Besen holen. "[3]

Oft werde ich gefragt: Sind Kinder so empfindlich, dass wir sie wie rohe Eier behandeln müssen, um ihr emotionales Wohlergehen nicht zu gefährden? Meine Antwort lautet: Nein, wir brauchen sie nur mit Liebe zu behandeln. Kinder sind in der Lage, harte Zeiten und gewaltige Herausforderungen zu bewältigen, wenn sie unsere Liebe als selbstverständlich erleben und sich ganz ausdrücken können. Wenn sie auf dem Teppich der Liebe gehen, den Sie unter ihren Füßen ausbreiten, werden sie seelisch stabil sein und sich zu helfen wissen.

Kapitel Drei

Selbstausdruck

Gefühlsausbrüche Ihres Kindes

Nur der Mensch besitzt die Fähigkeit, Tränen zu vergießen, zu lachen und Gefühle und Gedanken durch Worte auszudrücken. Indem wir das, was in uns vorgeht, zum Ausdruck bringen, erhalten wir unser emotionales Gleichgewicht aufrecht und erlangen die Freiheit, nach vorne zu blicken. Zwar gelingt es manchen Menschen, ihr Inneres zu beruhigen und den Blick nach vorne zu richten; die meisten von uns leben jedoch so, als ob wir identisch mit unserem Inneren wären, und brauchen daher Hilfsmittel, um mit dessen Beschränkungen und Verletzungen umgehen zu können. Dadurch, dass wir uns ausdrücken, schaffen wir auch eine Verbindung zu den Menschen, die wir lieben. Kinder drücken sich nicht nur aus, um ihr emotionales Gleichgewicht aufrechtzuerhalten, sondern auch, weil sie es für ihre geistige und soziale Entwicklung brauchen.

Wenn man ein Kind daran hindert, seine Gefühle ganz auszudrücken, verschwinden dadurch nicht die Gefühle, sondern nur ihr Ausdruck. Die Gefühle eines Kindes, das sich nicht in der Lage fühlt oder sich nicht traut, sich ganz auszudrücken, stauen sich an und lassen es in eine Notlage geraten. Dies führt unweigerlich zu Manifestationen auf körperlicher, Verhaltens- und Entwicklungsebene wie Aggression, Depression, Tics, Zwangsstörungen, Lernschwierigkeiten, Schlafstörungen usw.

Die meisten von uns genießen und fördern es, wenn unsere Kinder lachen, kreativ sind und sich auf andere angenehme Weise ausdrücken. Doch wenn ein Kind Gefühle des Schmerzes, der Wut, Eifersucht, Einsamkeit, Enttäuschung oder Trauer herauslässt, neigen wir dazu, den gesunden Fluss der Gefühle aufzuhalten, wodurch wir seine Entwicklung hemmen und sein emotionales Gleichgewicht behindern. Die Tendenz, nach Möglichkeiten zu suchen, die Situation in Ordnung zu bringen, kann uns den Blick für das Bedürfnis des Kindes, seinen Gefühlen freien Lauf zu lassen, verstellen. Viele kleine Geschehnisse, wie ein aufgeschlagenes Knie, ein Besuch, der abgesagt wird, eine Beleidigung oder eine Enttäuschung, erfordern keine Lösungen, selbst wenn das Kind mit Tränen oder Wut darauf reagiert. Wir sollten es zwar vermeiden, zu dramatisieren und der Reaktion des Kindes noch etwas hinzuzufügen, aber wir können ihm ruhig zuhören, unsere Wertschätzung zum Ausdruck bringen und die Gefühle des Kindes so stehen lassen. Dann kann es die Erfahrung machen, dass es mit seinen Gefühlen selbst zurechtkommen kann.

Wenn einem Kind vollkommen zugehört worden ist, verfügt es über eine erstaunlich rasche Fähigkeit, sich von gewöhnlichen emotionalen Verletzungen wieder zu erholen. Vielleicht braucht es nur sehr wenig auszudrücken, vielleicht hat es aber auch einen ausgewachsenen Wutanfall. Wie auch immer, wenn es die Freiheit hat, seine Gefühle aufmerksamen und liebenden Eltern oder anderen Erwachsenen mitzuteilen, kann es aus seiner Wut und seinen Tränen heraus- und ins nächste Spiel hineinspringen, als ob nichts geschehen wäre. Das Innere hat noch nicht so viel Gewalt über das Kind, wie es bei den meisten Erwachsenen der Fall ist; es wendet den Blick mühelos nach vorn, solange wir seine Gefühle nicht verankern, indem wir ihren Ausdruck unterdrücken oder unsere Reaktionen hinzufügen.

In dem seltenen Fall, dass ein Kind trotz Ihres wertschätzenden Zuhörens seine Fassung nicht wiederfindet und weiterhin seinen Kummer herauslässt, können Sie davon ausgehen, dass das aktuelle Geschehnis andere alte, schmerzliche Erinnerungen an Ereignisse wachgerufen hat, die nicht ganz verarbeitet wurden, als sie geschahen. Ihr Kind fühlt sich in Ihrer Gegenwart sicher und nutzt Ihre Aufmerksamkeit, um alten Schmerz loszuwerden. Es weint oder tobt dann länger, und Ihr aufmerksames Zuhören ermöglicht einen Heilungsprozess. Weiter hinten in diesem Kapitel finden Sie Beispiele, wie ein Kind ein Ereignis in der Gegenwart dazu nutzen kann, Verletzungen aus der Vergangenheit herauszulassen.

Vermeiden Sie es, Ihrem Kind Gefühle einzureden. Warten Sie seine Reaktion auf das Geschehene ab. Aussagen wie „Oh, das tut weh", bevor das Kind selbst etwas dazu gesagt hat, oder „Du bist bestimmt traurig", bevor es seine Gefühle zu der Situation geäußert hat, helfen ihm nicht. Vielleicht macht es sich das, was Sie ihm anbieten, zu Eigen, und bisweilen bildet sich dadurch eine Haltung aus, die sein ganzes Leben lang bestehen bleibt. Vertrauen Sie Ihrem Kind. Wenn es das Bedürfnis hat, seine Gefühle auszudrücken, wird es das tun; wenn nicht, wird es das nicht tun. Es ist nicht Ihre Aufgabe, das zu entscheiden oder den Ausdruck seiner Gefühle herbeizuführen. Was auch immer Ihr Kind tun wird, es wird authentisch von ihm selbst kommen. Bringen Sie ihm nicht bei, sich aufzuregen, wenn es in der Lage ist, die Dinge hinter sich zu lassen und nach vorne zu blicken, und wenn es sich Ihnen mitteilt oder weint, bekunden Sie Wertschätzung für seine Gefühle, ohne zu dramatisieren. Meistens drücken sich Kinder rasch aus und sind dann damit fertig; nur unser Versuch, den Ausdruck ihrer Gefühle entweder zu unterbinden oder ihre Geschichte zu dramatisieren, zieht den Prozess in die Länge.

Als Beraterin höre ich oft Geschichten darüber, wie schnell Kinder sich erholen können. In einem Beispiel, das ich in Kapitel Eins erzählt habe, ging es darum, wie rasch sich Orna von ihrem Kummer darüber, das Schwimmbad verlassen zu müssen, erholte. Sie fühlte sich bereit, die Gegenwart anzunehmen, nachdem ihre Mutter ihr zugehört und ihre Wertschätzung zum Ausdruck gebracht hatte. Wenn Eltern dagegen ihre eigenen Sorgen projizieren, spiegelt das Kind diese Gefühle wider, indem es an dem Drama festhält. Sobald Eltern lernen, den Wutanfall oder die Traurigkeit frei fließen zu lassen, beobachten sie voller Staunen, wie das Kind den Blick nach vorne wendet.

Tamara rief mich an, um zu fragen, wie sie auf die ständigen Wutanfälle ihrer Tochter reagieren solle. „Der Turm fällt um, sie schreit, die Banane bricht durch, sie kreischt. Alles bringt sie so leicht aus der Fassung."
Ich fragte Tamara, wie sie bei solchen Geschehnissen reagiere.
„Ich versuche, alles schnell in Ordnung zu bringen. Ich hole eine neue Banane, baue den Turm neu oder mache den Schaden auf andere Weise wieder gut", sagte sie.
„Ist deine Tochter wirklich so leicht aus der Fassung zu bringen?", fragte ich.
„Es scheint so", sagte Tamara.
„Ja. In deinen Augen ist sie nicht in der Lage, solche Situationen zu bewältigen, weil du die Vorstellung hast, sie könnte damit nicht umgehen. Aber kannst du sicher sein, dass sie damit nicht umgehen kann und will, dass du alles für sie in Ordnung bringst?"
„Nein."
„Wenn du ihr zu Hilfe eilst, weil du glaubst, dass sie damit nicht umgehen kann, was fühlst du dann?"
„Oh, ich verstehe", sagte sie und lachte laut los. „Ich fühle mich nicht in der Lage, mit ihrer Frustration umzugehen. Ich bin diejenige, die sich von allem so leicht aus der Fassung bringen lässt. Alles, was ihr passiert, regt mich zu sehr auf. Ich bekomme die Panik. Ich bringe mir selbst zuliebe alles in Ordnung."
Nachdem Tamara erkannt hatte, dass es bei ihrer Reaktion um sie selbst und nicht um ihr Kind ging, begriff sie, dass ihre Tochter gar

nicht diejenige war, die Hilfe brauchte. Sie verstand: Sarah muss die Erfahrung machen, dass ein Turm umfallen kann, um ihre eigene Kraft in einer solchen Situation zu entdecken; sie darf wegen eines abgesagten Besuchs oder einer durchgebrochenen Banane weinen, und wenn ihre Mutter nicht suggeriert, es sei zu viel für sie, wird sie gestärkt aus dieser Situation hervorgehen, wissen, dass sie in der Lage ist, zu fühlen und sich auszudrücken, und den Blick nach vorne richten.

Das Beenden ihrer Aufregung ist der eigentliche Grund, weshalb sich Sarah hilflos fühlt und bei jedem kleinen Missgeschick explodiert; sie wird jeden noch so geringen Anlass nutzen, um ihre eigenen Gefühle ganz zu erleben. Wenn sie gerettet wird, fühlt sie sich hilflos; ihre Pläne sind vereitelt worden. Die Erfahrung, dass sie Herausforderungen bewältigen kann, wird sie dagegen stärken.

In der folgenden Woche erlebte Tamara einen Durchbruch. Sie erzählte mir, Sarah sei gerade dabei gewesen, ein Bild zu malen, als das Wasserglas umfiel und das Bild verunstaltete. Sarah schrie, und Tamara hob das Wasserglas auf und wollte ihrer Tochter eine Entschädigung anbieten, um ihre Aufregung zu beenden. Doch dann erinnerte sie sich daran, ihre Aufmerksamkeit auf Sarah zu richten, und statt sie aus ihrer (völlig ungefährlichen) misslichen Lage zu „befreien", hörte Tamara ihr zu und brachte ihre Wertschätzung zum Ausdruck.

„Das war das beste Bild, was ich je gemalt habe", brüllte Sarah, warf sich auf das Sofa, trat um sich und kreischte.

„Du wolltest, dass das Bild trocken bleibt", sagte Tamara und setzte sich neben Sarah.

„Ja, ich wollte es so haben, wie es war. Ich war fast fertig damit."

„Hast du Angst, du könntest nicht noch mal so ein schönes Bild malen?", fragte Tamara.

„Ich kann nicht noch mal so ein Bild malen." Sarahs Schreien ging in Schluchzen über, und Tamara bot an, sie in den Arm zu nehmen. Sarah lehnte ab, schluchzte jedoch weiter und rutschte allmählich näher zu ihrer Mutter herüber.

Sie weinte ein paar Minuten und beruhigte sich dann. Tamara sagte nichts, blieb aber weiterhin aufmerksam.

„Ich sah, dass Sarah nachdachte, und sie wirkte ruhig", erzählte mir Tamara. Nachdem sie eine Minute lang nachgesonnen hatte, stand Sarah auf und ging mit ihrer Puppe spielen. Ein paar Stunden später malte sie sogar wieder und freute sich über ihr Werk.

Tamara änderte ihren Kurs gewaltig – während sie bisher versucht hatte, die Wirklichkeit für Sarah zu verändern, stärkte sie jetzt Sarahs Fähigkeit, die Wirklichkeit zu bewältigen. Sie nahm an Sarahs Erfahrung teil und bekundete ihre Wertschätzung, statt sie zu „retten"; und statt die Gefühle ihrer Tochter durch eine Aussage wie „Ach, macht nichts, du kannst ja ein neues Bild malen" zu negieren, hörte sie zu und brachte ihre Wertschätzung für Sarahs Sorge zum Ausdruck. Gefühle können unabhängig von Tatsachen Gültigkeit haben. Sarah gewinnt die Kraft, neue Bilder zu malen, nicht indem sie dem Gefühl aus dem Weg geht, sondern indem sie mit ihrem Verlust Frieden schließt. Wenn man ihr die Freiheit gibt, ihre Gefühle auszudrücken, gelingt es ihr mühelos, den Blick nach vorne zu richten. Glück ist das, was wir erleben, wenn wir die Wirklichkeit schätzen, nicht, wenn wir uns gegen sie wehren oder gerettet zu werden erwarten. Ein Kind lernt, zufrieden zu sein, indem es erfährt, welche Kraft man dadurch gewinnt, sich für das zu entscheiden, was ist.

Das Kind, das unsere friedliche Gegenwart erlebt, wird schlussfolgern, dass das Durchleben heftiger Gefühle zum Menschsein dazugehört. Es wird seine eigenen Emotionen annehmen können und ein Gefühl inneren Friedens entwickeln, weil es weiß, dass es keine Angst vor Herausforderungen und den damit vielleicht verbundenen Gefühlen zu haben braucht. Es lernt, diese Gefühle ganz zuzulassen und Situationen aktiv und verantwortlich zu lösen. Wenn der Sturm vorübergezogen ist, kann es klar und effektiv handeln.

Im Rückblick kann es einem Kind sogar gelingen zu erkennen, dass sein eigenes Ich viel stärker ist als die negativen Geschichten, die seine innere Stimme ihm zuflüstert.

*Der zwölfjährige Luke war im Rahmen eines Familienworkshops bei
uns. Am Abend des vergangenen Tages hatten er und ich über das Innere
gesprochen und darüber, wie Gedanken dort hereinkommen und wie wir
ihnen gehorchen und Dinge tun, die wir gar nicht tun wollen.*

*Luke und sein jüngerer Bruder Timmy saßen am Küchentisch. Auf ein-
mal rannten sie beide zum Klavier und fingen an, sich gegenseitig an-
zuschreien und von der Klavierbank herunter zu schubsen.*

*„Ich hab gesagt, ich will jetzt spielen; als ich das gesagt habe, bist du
zum Klavier gerannt und als Erster angekommen. Ich bin jetzt dran“,
sagte Timmy.*

„Ich wollte schon spielen, bevor du es gesagt hast“, erwiderte Luke.

*„Nein, du bist genau dann losgerannt, als ich es gesagt hab. Du warst
gerade am Essen.“*

*„Ich hatte zuerst die Idee, deshalb bin ich auch als Erster am Klavier
angekommen, als du noch am Reden warst.“*

*Plötzlich stand Luke auf und ging vom Klavier weg. Auf dem Weg in
ein anderes Zimmer sah er mich. Er lächelte und sagte: „Ich hab mich
ertappt. Das war die dumme Geschichte in meinem Inneren, dass ich
Timmy ärgern wollte. Eigentlich wollte ich gar nicht Klavier spielen.“*

Es kommt selten vor, dass es einem so jungen Menschen gelingt, seine
rechthaberischen Gedanken von seinem authentischen Ich zu trennen.
Ein solches Bewusstsein des eigenen Ich können Sie stärken, indem
Sie es vorleben und indem Sie den von Ihrem Kind gewählten Ausdruck annehmen, statt sich dagegen zu wehren.

Der Mut zu Gefühlen

Wenn Sie einem schluchzenden oder vor Wut tobenden Kind Ihre
Aufmerksamkeit widmen, kann es sein, dass Sie Unbehagen oder
sogar Panik empfinden. Vielleicht haben Sie den Eindruck, dass das
Kind mehr leidet, als es bewältigen kann. Doch dieser Eindruck geht

in Wirklichkeit von Ihrem eigenen Unbehagen aus. Daher ist die Eile, ein Kind von einem Schmerz oder einer Frustration abzulenken, es für eine Enttäuschung zu entschädigen oder die Bedeutung seines Kummers herunterzuspielen, eine Reaktion auf Ihre eigene Angst, nicht auf die des Kindes. Sie wird dem Kind nicht helfen, emotionale Stabilität und die Fähigkeit zu gewinnen, Schwierigkeiten zu begegnen und zu bewältigen. Ihr Kind muss die Erfahrung machen, mit emotionalen Stürmen zu leben, um diese meistern zu können.

Wenn Sie den Impuls spüren, den Ausdruck unangenehmer Gefühle bei Ihrem Kind zu beenden, fragen Sie sich, was Sie damit bezwecken. Vielleicht wollen Sie, dass Ihr Kind immer glücklich ist, weil sein Schmerz Ihnen und, wie Sie annehmen, auch ihm allzu großes Unbehagen bereitet. Wenn es in der Öffentlichkeit zu einer „Szene" kommt, machen Sie sich vielleicht auch Sorgen um Ihren „guten Eindruck" als Mutter oder Vater. Möglicherweise haben Sie auch das Bedürfnis, Ihr Kind zu bremsen, weil Sie in Eile sind, Klarheit brauchen oder weil Sie seinen Gefühlsausbruch nicht begreifen können. Doch wenn Sie Ihr Kind daran hindern, seinen Schmerz auszudrücken, schluckt es seinen Schmerz herunter und fühlt sich verwirrt und einsam. Ihnen entgeht dadurch die Gelegenheit, eine tiefe Verbindung zu Ihrem Kind zu schaffen und die Ursachen seines Leids zu erfahren. Ihr Kind lernt, vor Gefühlen davonzulaufen und sie vor anderen zu verbergen; es verinnerlicht das Gefühl, dass es zu schwach sei, um irgendein Unbehagen auszuhalten. Im Wesentlichen vermitteln so viele von uns mit den besten Absichten unseren Kindern, schmerzliche Gefühle seien etwas, wovor man Angst haben müsse und das man vermeiden sollte.

Manche Männer sagen mir, sie hätten kein Problem mit Gefühlsausbrüchen und könnten ihr Kind wüten lassen, solange es wollte. Doch das ist nicht das, was ich hier vorschlage. Gleichgültig zu sein und die Signale des Kindes zu ignorieren, ist nicht dasselbe, wie liebevolle Aufmerksamkeit zu schenken. Wenn Sie angesichts der leidenschaftlichen Gefühlsäußerungen Ihres Kindes „cool" bleiben können, unterdrücken Sie wahrscheinlich Ihre Gefühle, statt bei Ihrem Kind präsent zu sein.

Das Ergebnis ist für das Kind das gleiche, als wenn sie seinen Gefühlsausbruch beenden würden, denn Ihre Gleichgültigkeit lässt darauf schließen, dass die Gefühle des Kindes nicht ausgedrückt werden sollten.

Um besser zu verstehen, wie nutzlos es ist, Kinder vom Aufruhr ihrer
Gefühle abzulenken, stellen Sie sich vor, Sie hätten gerade erfahren,
dass Ihre Mutter im Sterben liegt oder dass Ihr Partner die Scheidung
eingereicht hat. Voller Verzweiflung besuchen Sie eine Freundin, weil
Sie das Bedürfnis haben, sich bei einem Menschen, der Sie unterstützt, auszusprechen, zu weinen oder vor Wut zu toben. Kaum haben
Sie damit angefangen, Ihre Gefühle herauszulassen, als Ihre Freundin
schon einen Rat anbietet oder eine Ablenkung vorschlägt: „Komm,
wir gehen ins Kino, das bringt dich auf andere Gedanken." Wahrscheinlich wünschen Sie sich eher, Ihre Freundin würde Ihnen aufmerksam zuhören, Anrufe und andere Störungen ignorieren und sich
ganz auf Sie konzentrieren.

Ein Kind ist ein Mensch mit denselben Bedürfnissen. Wenn Sie als
Kind durch Entschädigungen und Ablenkungen aus emotionalem
Aufruhr „gerettet" wurden oder wenn es für Sie nicht sicher war, sich
auszudrücken, finden Sie es vielleicht beunruhigend, bei Ihrem Kind
zu sein, wenn es aus der Fassung gerät. Doch dadurch, dass Sie Ihrem
traurigen oder wütenden Kind zuhören und sich dabei Ihrer Gedanken und Gefühle bewusst werden, können Sie Ihre eigene Fähigkeit
zurückgewinnen, die ganze Bandbreite der Gefühle zu erleben, statt
davor wegzulaufen. Dann werden Sie in der Lage sein, die Gedanken,
die den jeweiligen Gefühlen Nahrung geben, zu erforschen und allmählich zu begreifen, wie Ihr Inneres funktioniert. Durch das Verstehen von Ursache (Gedanken) und Wirkung (Gefühle und Reaktionen) werden Sie Einsicht in sich selbst und mehr Klarheit gewinnen.
Sie werden Ihre Fähigkeit, angstfrei zu fühlen, wiedererlangen, weil
Sie wissen, dass Ihre Sorgen Material für den Prozess Ihrer eigenen
Selbsterkenntnis sind.

Menschen haben Angst vor schmerzlichen Gefühlen, weil ihnen deren
Ausdruck verwehrt wurde. Das Negieren dieser Gefühle ließ sie noch

erschreckender und mächtiger erscheinen, und infolgedessen nehmen die meisten Erwachsenen Gefühle zu ernst. Kinder dagegen, die sich gefahrlos ausdrücken können, sind in der Lage, Gefühle als Teil des Menschseins zu akzeptieren. Solange wir ihnen nicht beibringen, ein schmerzliches Gefühl sei ein Problem, gehen sie richtigerweise davon aus, dass derartige Erfahrungen zum Leben dazugehören, dass Gefühle nichts sind, wovor man Angst oder Panik haben müsste, was man vermeiden oder worum man viel Aufhebens machen müsste. Gefühle, die ausgedrückt werden, kommen und gehen. Dann kann man klare Entscheidungen treffen, die nicht auf Angst und Vermeiden von Schmerz beruhen.

Im Folgenden werden einige Strategien geschildert, die Eltern benutzen, um den Selbstausdruck ihres Kindes zu unterbinden; und es werden Möglichkeiten aufgezeigt, solche Strategien zu vermeiden:

Negieren

Negieren ist die Hauptmethode, den Selbstausdruck eines Kindes (oder auch den eigenen) zu unterbinden – eine Methode, welche die meisten von uns aus Gewohnheit benutzen, einfach weil sie bei uns auch angewandt wurde. Negieren geschieht manchmal durch Schweigen und Vermeiden, manchmal durch Worte und Ablenkungen. Ein Beispiel: Als Lena drei Jahre alt war, hatte sie Angst vor langhaarigen und bärtigen Männern, ein Gefühl, über das ihre Mutter anfangs hinwegging.

Eines Tages, als Lena auf dem Rücksitz des Autos saß, hielt ihr Vater an, um sich mit einem Bekannten zu unterhalten, der lange, dunkle Haare und einen großen Schnurrbart hatte und dessen Gesicht den Rahmen des Autofensters ausfüllte. Lena war eine Weile still, dann fragte sie ängstlich: „Können wir jetzt weiterfahren?" Ohne nachzudenken, sagte ihre Mutter, der langhaarige Mann sei „ein netter Kerl".

„Nein, das ist er nicht!", erwiderte Lena selbstsicher. Sie hatte ganz offensichtlich das Bedürfnis, ihr Unbehagen auszudrücken, und wollte nicht, dass ihre Mutter es negierte.

„Oh, ich verstehe", sagte ihre Mutter, als sie ihren Fehler erkannte. „Du magst ihn nicht."

„Nein", sagte Lena, „ich will weiterfahren."

Nachdem sie von dem Mann weggefahren waren, sagte Lena: „Er ist nicht wirklich unheimlich. Ich mag ihn einfach nicht."

Lena war in der Lage, ihre eigenen Gefühle zu erforschen, weil sie nicht negiert oder ihr weggenommen wurden. Ihre Selbsterkenntnis half ihr wahrscheinlich dabei, ihre Angst vor bärtigen Männern zu bewältigen.

Sich mit Ihren eigenen gewohnheitsmäßigen Phrasen, die die Gefühle des Kindes negieren, vertraut zu machen, wird Ihnen helfen, sich zu bremsen, bevor Sie sie aussprechen. Hier sind ein paar Beispiele für Formulierungen, die auf ein Negieren der Gefühle und des Ausdrucks des Kindes hindeuten:

- „So schlimm war es doch nicht."
- „Wieso regst du dich denn darüber so auf?"
- „Ich weiß nicht, was daran schlimm sein sollte."
- „Davon geht die Welt nicht unter."
- „Ach, das ist doch nichts. Alles ist gut."
- „Nichts ist passiert."
- „Alles in Ordnung. Du brauchst nicht traurig zu sein."

Solche Bemerkungen verwirren Kinder oft oder kränken sie sogar, weil die Worte im Widerspruch zu ihrem inneren Erleben stehen. Für ein Kind, das Angst hat oder Schmerz empfindet, ist etwas passiert, es ist nicht alles in Ordnung, und es hat etwas erlebt, was es aus der Fassung gebracht hat. Statt zu negieren, können Sie Ihre Wertschätzung bekunden und die Erfahrung des Kindes bestätigen oder je nach Situation nützliche Information bieten. Wenn ein Kind nach einem Sturz weint, können wir es in den Arm nehmen und fragen: „Tut das aufgeschlagene Knie weh?" oder „Hast du Angst, dass es so bleibt?" Wenn es unter Tränen nickt, können wir es beruhigen, indem wir sagen: „Ich weiß, wie weh es jetzt tut; aber bald tut es dir nicht mehr weh." Sich um das aufgeschlagene Knie zu kümmern ist nötig, die Tränen oder das Schreien zu beenden jedoch nicht. Unsere Aufgabe ist es, dem Kind nützliche Informationen zu geben und dem Ausdruck seiner Gefühle zuzuhören, ihm zu lauschen (L von S.A.L.V.E.). Wir können ihm zu verstehen geben, dass es so lange weinen darf, wie es das Bedürfnis dazu hat, und dass sein Gefühl etwas gilt. Die Ermutigung (E von S.A.L.V.E.) ergibt sich aus unserer wohlwollenden Haltung – daraus, dass wir ihm zuhören, ohne uns an seinem Drama zu beteiligen. Das Drama ist die Geschichte, die ein Kind selbst erzählen kann, etwa: „Ich werde nie wieder gehen können." Der Geschichte, die das Innere sich ausdenkt, wollen wir keine Macht verleihen. Wenn wir zuhören, mit ruhigem Tonfall die Angst zur Kenntnis nehmen und nützliche Informationen bieten, erlebt das Kind unser Vertrauen in seine Fähigkeit, diese Erfahrung zu bewältigen.

Negierende Aussagen verstecken sich manchmal in leicht dahingeworfenen Bemerkungen, die dem Kind sein autonomes Recht, zu fühlen und seiner inneren Stimme zu vertrauen, absprechen. Wenn ein Kind sagt: „Bäh, das will ich nicht", und wir antworten: „Oh, das ist aber lecker", erklären wir dadurch die Entscheidung, die es getroffen hat, für falsch. Wenn eine Sechsjährige einen Blick auf das Abendessen wirft und daraufhin den Wunsch äußert, es nicht zu essen, oder stattdessen um eine Banane bittet, hat sie eine Entscheidung getroffen, die wir respektieren sollten. Wenn ein Teenager sagt, der Mantel, den Sie für ihn gekauft haben, sei nicht „cool", kann seine Realität nicht durch Ihre Überzeugung in Abrede gestellt werden. Wenn Ihre kleine Tochter auf dem Spielplatz ist und starr vor Schreck oben auf der Rutsche hängt, würden Ihre Worte: „Hab keine Angst. Du kannst es schaffen" im Widerspruch zu ihrem emotionalen Erleben stehen, während sie über den langen Weg nach unten nachdenkt. Ja, ihr Selbstvertrauen entwickelt sich gerade in dem Moment oben auf der Rutsche, während sie die Situation einschätzt und selbstständig zu einer Entscheidung findet. Um sie zu ermutigen und zu bestärken, sehen Sie einfach zu und seien Sie entspannt und zuversichtlich. Wenn Sie mit Ihnen spricht, zeigen Sie ihr, dass Sie wissen, wie sie sich fühlt: „Ich weiß, du hast Angst und bist dir nicht sicher, ob du rutschen willst oder nicht. Wir sind nicht in Eile. Lass dir Zeit. Es ist deine Entscheidung." Dann lassen Sie sich einfach von ihr leiten, ob Sie ihr eine Hand geben, wegsehen oder sie heruntertragen sollen.

Im Folgenden finden Sie ein paar typische Sätze, welche die Entscheidung des Kindes negieren. Auch hier besteht der erste Schritt auf dem Weg dazu, sie hinter sich zu lassen, darin, sich der eigenen Phrasen bewusst zu werden.

- „Versuch es doch wenigstens."
- „Warum machst du es nicht wenigstens dieses eine Mal?"
- „Probier das hier – das ist besser."
- „Diesen Müll willst du doch wohl nicht, oder?"
- „Du hast genug Zeit zum Spielen gehabt." (Wenn Ihr Kind noch weiterspielen will.)
- „Du bist müde." (Wenn es weiterrennen will.)
- „Du musst doch Hunger haben." (Wenn es sich zu essen weigert.)
- „Aber du spielst doch so gerne mit Susan." (Wenn es seine Freundin wegschubst.)
- „Du schaffst das." (Wenn es an sich zweifelt.)
- „Hab keine Angst./Sei nicht so schüchtern./Reg dich nicht auf."
- „Du brauchst nicht zu weinen."
- „Aber dann wird dir kalt." (Wenn es seinen Mantel auszieht.)

Selbst wenn ein Kind eine potenziell gefährliche Entscheidung getroffen hat, ist es wichtig, die zugrunde liegenden Emotionen anzuerkennen. Wenn Ihr Kind beispielsweise hinter der Katze her auf die vielbefahrene

Straße läuft und Sie es mit einem Schrei packen, können Sie fragen: „Hast du dir Sorgen gemacht, weil Jumbo weggelaufen ist?" Ebenso wichtig ist es, die Gefühle zur Kenntnis zu nehmen, die durch Ihr rasches Eingreifen ausgelöst wurden: „Hast du dich erschreckt, als ich geschrien und dich so schnell gepackt habe?" Und nach seiner Antwort können Sie es in den Arm nehmen und erzählen, wie Sie selbst die Situation erlebt haben: „Ich hatte Angst, als ich gesehen hab, wie du auf die Straße gerannt bist. Ich bin erleichtert, dass ich dich jetzt sicher im Arm halten kann."

Eltern neigen dazu, mit einem Kind, das etwas Gefährliches getan hat, zu schimpfen. Indem sie ihren Ärger zum Ausdruck bringen, hoffen sie, dafür zu sorgen, dass das Kind die gefährliche Handlung nicht noch einmal tun wird. Doch Angst vor dem Ärger der Eltern ist der falsche Grund, um Gefahren zu vermeiden, und gefährlicherweise ist es ein Grund, der nicht von Dauer sein wird. Sie wollen doch, dass Ihr Kind für seine eigene Sicherheit sorgt und dass sein Verhalten auf Einsicht und auf seinem Wunsch nach Sicherheit beruht. Ihre Gefühle werden es bewegen, und Ihr Vertrauen in es wird es inspirieren. Bei einer Familienberatung hörte ich, wie Connie auf die riskante Handlung ihrer Tochter reagierte und eine Verbindung zu ihr hergestellt hatte, indem sie ihre eigene Verletzlichkeit zum Ausdruck brachte.

Die zweijährige Jill fand es aufregend, sich das Kaminfeuer im Haus ihres Onkels anzusehen. Sie hatte noch nie einen offenen Kamin gesehen, und ihr Vater erklärte, warum sie Abstand davon halten müsse. Aus sicherer Entfernung sah sie zu, wie ihr Onkel Holz auf Papier schichtete und das Feuer anzündete. Als er fertig war, setzten sich alle zum Essen.
Niemand achtete darauf, als Jill von ihrem Stuhl aufstand und mit einem Blatt Zeitungspapier in den Händen auf das Feuer zuging. Auf einmal schrie ihre Mutter Connie: „Jill! Nein!" und schnappte eilig das Kind, gerade als es sich bücken wollte, um das Papier ins Feuer zu werfen.
Jill fing zu weinen an. Connie wollte mit Jill schimpfen, weil sie sich nicht nach den Hinweisen ihres Vaters gerichtet hatte, doch Jills lautes

Weinen gab ihr Zeit, über ihre Reaktion nachzudenken. Statt ihren Är-
ger über das Kind zum Ausdruck zu bringen, sagte sie: „Ich hab mich so
erschreckt, als ich dich mit einem Blatt Papier in der Hand am Feuer
gesehen habe. Ich hatte Angst, du würdest dich verbrennen."
„Papier in Feuer", protestierte Jill. Sie wirkte nicht erschrocken über das
abrupte Eingreifen ihrer Mutter, sondern enttäuscht, weil ihr Versuch
verhindert worden war.
Connie bekundete ihre Wertschätzung: „Ich weiß. Gerade als du das Pa-
pier ins Feuer werfen wolltest, hab ich dich gestört. Wolltest du sehen,
wie das Feuer größer wird?"
Connie hielt Jill vor dem Feuer sicher im Arm, und Jill sagte: „Mama,
du Papier reinwerfen."
Connie knüllte das Papier zusammen und legte es vorsichtig ins Feuer.
Sie sagte Jill, sie solle Abstand vom Feuer halten und Mama oder Papa
um Hilfe bitten, wenn sie es größer machen wollte.

Geben Sie Ihrem Kind so oft wie möglich die Freiheit, seine eigenen
Entscheidungen zu treffen. Wenn Sie seine Freiheit einschränken
müssen, tun Sie dies respektvoll und freundlich und erklären Sie,
warum Sie es tun. Selbst wenn Sie etwas gegen die Entscheidung
oder Bitte Ihres Kindes haben, halten Sie sich, falls sie harmlos ist,
mit Ihrem Impuls zurück, über Ihr Kind zu bestimmen. Benutzen
Sie die s.a.l.v.e.-Formel: Trennen Sie Ihre persönliche Reaktion in
einem stummen Selbstgespräch von der Situation, wie sie sich für
Ihr Kind darstellt, und erforschen Sie Ihre Gedanken, um zu prüfen, ob sie überhaupt relevant sind; schenken Sie Aufmerksamkeit,
lauschen Sie, äußern Sie Verständnis und Wertschätzung, ermutigen und bestärken sie und geben Sie nützliche Informationen. Ihr
Kind hat das Recht, seine eigenen Schwierigkeiten und Irrtümer zu
erleben und Gefühle dazu zu haben. Vielleicht muss Ihr Dreijähri-
ger selbst herausfinden, dass er Ihren Koffer nicht tragen kann, und
vielleicht muss Ihre Elfjährige selbst die Erfahrung machen, dass sie
keinen Job im Supermarkt bekommen kann, oder sie will wenigs-

tens Ihre Vermutung überprüfen. Wenn sie enttäuscht ist, nachdem sie das herausgefunden hat, hören Sie Ihr zu und bekunden Sie Ihre Wertschätzung.

Wenn ein Kind selbst zu Antworten gelangt, lernt es, mit Enttäuschungen, deren Opfer es nicht ist, sondern die es selbst herbeigeführt hat, umzugehen. Es gibt niemanden, dem es die Schuld geben oder dem es böse sein könnte. Das Kind ist für das, was ihm geschieht, verantwortlich, und es lernt aus erster Hand, was funktioniert und was nicht. Wenn es die Gefühle, die dabei entstehen, mit Ihrer liebevollen Aufmerksamkeit ausdrücken kann, werden diese Erfahrungen wertvolle Trittsteine auf dem Weg zu Selbstvertrauen und Einfallsreichtum sein.

Ablenkung

Ablenkung ist eine weitere Strategie zur Vermeidung oder Verleugnung von Gefühlen. Indem man einem wütenden oder traurigen Kind eine Süßigkeit anbietet oder eine lustige Beschäftigung vorschlägt, fordert man es auf, von seinen Gefühlen davonzulaufen. Ein aufgeschlagenes Knie oder ein verlorenes Spielzeug kann Schmerz und Traurigkeit auslösen. Doch der Schmerz verschwindet nicht dadurch, dass man Süßigkeiten isst oder etwas Reizvolles sieht. Die Botschaft, die das Kind verinnerlicht, wenn es auf diese Weise abgelenkt wird, ist, dass etwas schlecht daran sein muss, Gefühle zu haben. „Mama will nicht, dass ich meinen Schmerz herauslasse. Ich sollte keinen Schmerz empfinden oder ausdrücken. Ich soll mich schnell mit etwas anderem beschäftigen. Ich sollte allem emotionalen Unbehagen aus dem Weg gehen und keine Risiken eingehen, weil es verkehrt ist hinzufallen." Das führt nicht zu einem glücklichen, sondern zu einem schwachen Kind, das sich wenig traut. Durch unsere Ablenkung vermitteln wir dem Kind die Vorstellung, die Wirklichkeit sei schlecht und sollte überwunden werden; die zugrunde liegende Botschaft ist: „Etwas ist verkehrt.“ Doch glücklich wird man nur dadurch, dass man lernt, mit der Wirklichkeit zu leben, und dass man Probleme nicht aus Angst vor den möglichen Folgen löst, sondern in Freiheit, um das Leben noch lohnender zu machen.

Ein Kind von seinen Gefühlen abzulenken, kann auch eine der Ursachen für späteren Drogen- oder Medikamentenmissbrauch oder für die Tendenz sein, immer nach einfachen Antworten zu suchen. Kinder können so zu Erwachsenen werden, die sich leicht übermannt fühlen, weil ihre Toleranz gegenüber Schwierigkeiten gering ist. Ihr Bemühen, jedes Unbehagen zu vermeiden, schränkt ihre Freiheit ein, ein erfülltes und kraftvolles Leben zu führen.

Ein Kind kann emotionale Stabilität angesichts von Kränkungen, Schmerz und Schwierigkeiten entwickeln, wenn es diese Dinge als Teil des Lebens ansieht. Wenn wir also bei uns selbst das Bedürfnis bemerken, zu unterbrechen, etwas in Ordnung zu bringen, abzulenken oder einen Rat zu geben, können wir uns bremsen und den Drang in unserem Inneren erforschen. Zwar mag es erscheinen, als sei unser Antrieb nur der Wunsch, das Beste für das Kind zu tun, doch meistens stellen wir fest, dass das Kind ohne unser Eingreifen besser dran ist.

Vermeiden

Vermeiden heißt so zu tun, als bemerkte man den unerwünschten Gefühlsausdruck eines Kindes nicht, in der Hoffnung, dass er dann aufhört. Eltern hoffen, dass der Gefühlsausdruck nicht „verstärkt“ wird, wenn sie ihm keine Aufmerksamkeit schenken, und dass er daher im Lauf der Zeit nachlassen wird. Es läuft stets auf folgende Frage hinaus: Warum wollen wir, dass Gefühle und ihr Ausdruck aufhören? Schließlich wünschen wir uns doch sehr, das Leben emotional zu erfahren; die Menschheit wendet viel Zeit und Mittel dafür auf, starke Gefühle hervorzurufen, ohne die wir uns lustlos und gelangweilt fühlen. Außerdem bringen die Gefühle Ihres Kindes Ihre eigenen zutage und bieten

Ihnen die Möglichkeit, mit Ihrem Kind zu wachsen; Sie lernen etwas über sich selbst (s von s.a.l.v.e.), und die Klarheit, die Sie gewinnen, hilft Ihnen, etwas über Ihr Kind zu lernen.

Wenn Sie sich dabei ertappen, dass Sie die Methode des Vermeidens anwenden, seien Sie geduldig und großzügig zu sich selbst, hören Sie jedoch auf, in diese alten Fußstapfen anderer Menschen zu treten. Traurigerweise wird sich ein Kind, dessen schmerzlichen Gefühlen mit Vermeidung begegnet wird, wirklich weniger oder gar nicht mehr ausdrücken und vielleicht sogar aufhören, seine Gefühle überhaupt zu spüren, wird emotional wie betäubt sein und es wird schwierig sein, eine Verbindung zu ihm herzustellen. Ein Kind, das emotional gesünder ist, wird vielleicht seinen Appell verstärken, indem es provokante Verhaltensweisen wählt, mit denen es unsere Aufmerksamkeit eher auf sich ziehen kann. Außerdem werden die Bedürfnisse des Kindes nicht erfüllt, wenn die Mutter oder der Vater die Strategie des Vermeidens benutzt, was zu noch mehr Stress mit seinen vielen schwierigen Verhaltenssymptomen führt. Ein Gefühlsausbruch eines Kindes erfordert unser liebevolles Eingehen auf seine Bedürfnisse (die nicht unbedingt mit dem identisch sind, was es sich im Moment wünscht, wie wir später sehen werden).

Erzeugen von Angst

Das **Erzeugen von Angst** ist eine weitere verbreitete Strategie, um ein Kind daran zu hindern, seine Gefühle auszudrücken. Negieren, Vermeiden und Ablenken genügen, um den Selbstausdruck eines Kindes zu hemmen, weil ihm vermittelt wird, dass jede Anerkennung aufhört, wenn es emotional wird. Wenn seine Wut, Frustration oder Tränen Schimpfen, abfällige Bemerkungen oder Bestrafung zur Folge haben, wird sich die Angst des Kindes wahrscheinlich zu Unsicherheit und Unterwürfigkeit steigern oder in aktive Wut und Aggression umschlagen.

Einem Kind emotionale Freiheit zuzugestehen, bedeutet, es zu lieben, wenn es über den Verlust seiner Katze trauert, wegen eines kaputten Spielzeugs tobt oder einen Wutanfall bekommt, weil es sich nicht entscheiden kann, was es anziehen soll. Wenn wir seine Fähigkeit, zu fühlen und loszulassen, schätzen, wird es diese Dinge als etwas Natürliches akzeptieren. Erforschen und heilen Sie Ihre eigene Angst vor Gefühlen, so dass Ihr Kind alles angstfrei herauslassen kann, wenn es in Ihrer Nähe ist. Dann wird es den Mut, zu fühlen, und die Fähigkeit, nach vorne zu blicken, entwickeln.

Manche Menschen können schmerzliche Emotionen durch sich hindurchziehen lassen und froh nach vorne blicken, ohne sie zum Ausdruck gebracht zu haben. Das ist etwas ganz anderes, als Gefühle zu unterdrücken. Unterdrücken bedeutet, dass der Schmerz vergraben wird; Emotionen durch sich hindurchziehen zu lassen heißt dagegen, dass derjenige nicht sehr an den Gedanken und den damit verbundenen Gefühlen hängt. Falls Sie jemand sind, der seine Gefühle mühelos hinter sich lassen kann, ohne sie zum Ausdruck gebracht zu haben, sollten Sie sich bewusst machen, dass die meisten Menschen, vor allem Kinder, den Blick nicht nach vorne richten können, wenn sie nicht zuerst ihre Gefühle im Beisein von wertschätzenden und aufmerksamen Menschen ausgedrückt haben. Ihre Leichtigkeit im Umgang mit Gefühlen wird Ihrem Kind jedoch dabei helfen, seine eigenen Emotionen als etwas Vorübergehendes zu erleben und dann nach vorne zu blicken.

Gefühle zu achten bedeutet nicht, sich darin zu ergehen; im Gegenteil, wenn wir unsere Emotionen loslassen können, ziehen sie vorüber und lassen uns die Freiheit, effektiv zu handeln. Das Leben ganz in der Gegenwart zu erleben, löst Schmerz auf und ermöglicht uns, klar und bewusst den Schritt in den nächsten Augenblick der Gegenwart zu tun.

Weinen

Menschen besitzen ein großes emotionales Vermögen; um mit intensiven Gefühlen umgehen zu können, wurde uns die Fähigkeit zu weinen geschenkt. Kinder weinen ganz natürlich, und wir müssen lernen, ihre Botschaft zu verstehen und auch ihren Gebrauch von Tränen zur Heilung zu unterstützen. Dadurch, dass wir auf das Weinen des Babys eingehen, lernt es, dass es Macht über sein eigenes Leben hat, dass es uns vertrauen kann und dass es wichtig ist. Wenn das Baby zum Kleinkind und zum Kind heranwächst, benutzt es außer Tränen auch Worte und Gesten.

Vielen Eltern fällt es schwer zu erkennen, wann ein Baby das Bedürfnis hat, seine Emotionen zum Ausdruck zu bringen. Meistens ist das Weinen eines Babys ja ein Appell, ein Bedürfnis von ihm zu erfüllen. Doch auch bei Babys gibt es Zeiten, wo das Weinen selbst das Bedürfnis ist.

In einem meiner Elternkurse kam das Problem weinender Babys zur Sprache. Teresa war ganz frustriert und verzweifelt über das untröstliche Weinen ihres Babys.

„Ich tue alles, um ihn zu beruhigen: Ich stille ihn, ich wiege ihn hin und her, ich spiele mit ihm und mache Geräusche, ich lasse Wasser laufen und bade ihn... Aber wenn es Abend wird, weint und schreit er ganz verzweifelt und lässt sich durch nichts trösten."

Nach dem Gespräch über dieses Thema beschloss Teresa zu versuchen, den Gefühlen ihres Babys mit Wertschätzung zu begegnen.

„Erst hab ich versucht, ihn zu beruhigen, von der Brust bis hin zum Schaukeln. Dann hab ich mich mit ihm in meinen Armen hingesetzt und mit allen Versuchen aufgehört, sein Weinen zu beenden.

Ich habe meine Gedanken erforscht, um herauszufinden, warum ich ihn unbedingt beruhigen wollte, und mir wurde bewusst, dass ich diejenige war, die beruhigt werden musste, weil ich mir einredete, das Weinen meines Babys bedeutete, dass ich eine schlechte Mutter sei und dass irgendetwas nicht stimmte.

Wenn er eine kurze Pause macht, hoffe ich gewöhnlich, dass er fertig ist mit Weinen. Doch dann fängt er wieder zu schreien an. Diesmal sagte ich zu ihm, als er seine erste Pause machte: ,Ja, ich weiß, ich weiß.' Ich hab ihn nicht hin und her gewiegt. Ich hab ihm nicht zu verstehen ge-

geben, dass ich von ihm erwartete, mit dem Schreien aufzuhören, und er schrie weiter. Jedes Mal, wenn er ruhig war, sagte ich etwas, was meine Wertschätzung ausdrückte."

„Hat er dann kürzer geschrieen?", fragte eine andere Mutter. (Diese Mutter suchte noch nach Wegen, damit das Schreien ihres Babys aufhörte.) „Nein", antwortete sie. „Im Gegenteil, sobald ich mich von dem Bedürfnis freigemacht hatte, dass er unbedingt glücklich sein sollte, schrie er mehr als sonst und nutzte meine Anerkennung ganz aus. Doch als er damit fertig war, schlief er nicht wie gewöhnlich erschöpft ein, sondern war wach, aufmerksam und fröhlich. Später, als er einschlief, weinte er nicht und wachte in der Nacht nur einmal auf und nicht wie üblich fünf- bis siebenmal."

Nate behielt sein abendliches Schreien in den liebevollen Armen seiner Mutter für ein paar Wochen bei. Die abendlichen Schreiphasen wurden allmählich kürzer und hörten dann ganz auf.

Es ist unbedingt erforderlich, auf die Signale eines Babys einzugehen. Schreien ist seine Art, zu kommunizieren. Wenn alle seine Bedürfnisse befriedigt sind, wenn kein körperliches Unbehagen und keine Krankheit vorliegt und das Baby offensichtlich nichts benötigt, müssen wir auf sein Bedürfnis zu weinen eingehen. Vielleicht weint es, weil wir nicht verstehen, was es eigentlich will; doch wenn wir keine Ahnung haben, bleibt ihm die Frustration, aufgrund der es weinen muss. Wir können zu erraten versuchen, was es empfindet, solange uns klar ist, dass es stets ein Raten ist, das auf einer Projektion unserer eigenen Wahrnehmung beruht. Weint es wegen des hilflosen Gefühls, ein Baby zu sein? Vermisst es das Wohlgefühl des Mutterleibs? Wünscht es sich, mit uns zu sprechen, doch seine Zunge gehorcht ihm nicht? Vielleicht erinnert es sich an das große Gesicht, das vor einiger Zeit über ihm geschwebt und es erschreckt hat... und so weiter.

Wenn wir nicht wissen, welches Bedürfnis das Baby ausdrücken will, müssen wir seiner Entscheidung, so zu empfinden, wie es das tut, mit Wertschätzung begegnen, ihm zu verstehen geben, dass seine Entscheidung, zu schreien, richtig ist und dass wir bei seinem Schreien auf seiner Seite sind, ihm in Liebe, Zuneigung und Verständnis verbunden. Halten Sie Ihr weinendes Baby immer im Arm. Ihre Unfähigkeit, zu erkennen, warum es weint, ändert nichts an seinem Bedürfnis, immer gehalten zu werden, vor allem wenn es ihm nicht gut geht. Es muss Erfolg darin erleben, Kontakt zu Ihnen aufzunehmen und Sie dazu zu bringen, in seinem Auftrag zu handeln oder ihm Ihre ganze Aufmerksamkeit zu schenken. Je erfolgreicher ein Kind dabei ist, Ihre Fürsorge herbeizuführen, umso mehr wird es ruhige Arten der Kommunikation finden. Warum sollte es einen Anfall bekommen, wenn ein kleines Signal oder ein Wort ausreicht, um ihm die benötigte Aufmerksamkeit zu verschaffen?

Wenn Sie Ihr Baby ständig an Ihrem Körper tragen, wird es wahrscheinlich nicht wegen grundlegender körperlicher Bedürfnisse schreien. Stattdessen gibt es Ihnen zarte Signale, auf die Sie rasch eingehen, so dass das Baby es nicht nötig hat, Schreien als Kommunikationsmittel einzusetzen. Babys, die auf dem Arm getragen werden und im Familienbett schlafen, schreien selten, um Sie auf ein einfaches Bedürfnis aufmerksam zu machen. Wenn ein Baby, das auf diese Weise versorgt wird, weint, obwohl es weder krank ist noch sich wehgetan hat, hat es wahrscheinlich das Bedürfnis zu weinen.

Wenn sie älter werden, benutzen Kinder allmählich mehr Worte anstelle von Signalen oder Weinen. Doch sie benutzen weiterhin für den Rest ihres Lebens Tränen, um körperlichen und seelischen Schmerz auszudrücken. Während Erwachsene Schmerz, der nicht sehr ernst ist, mit Worten allein ausdrücken können, verwenden Kinder Tränen auf mühelose und effektive Weise.

Wenn das Kind älter wird, werden Sie genau erfahren können, was seinen Schmerz ausgelöst hat, und dadurch werden Sie seinen Gefühlen gezielter Wertschätzung entgegenbringen können. Beispielsweise können Sie zu einem Kind, dessen Pläne durchkreuzt wurden, sagen: „Du hast so lange darauf gewartet, in den Park zu gehen, und dann hat es zu regnen angefangen." Halten Sie es im Arm, solange es weint, bis es fertig ist und Ihnen signalisiert, dass es bereit ist, wieder nach vorne zu blicken. Wenn es Sie weg schubst, bleiben Sie aufmerksam und in seiner Nähe und halten Sie sich zu seiner Verfügung. Manchmal sagen mir Eltern, sie wollten, dass ihr Kind so glücklich wäre, dass es nie das Bedürfnis hätte zu weinen. Doch in unserem Bemühen, Kinder großzuziehen, die nicht weinen, versagen wir ihnen vielleicht ein Bedürfnis, das so grundlegend ist wie das nach Liebe, Nahrung oder Luft. Wie bei einem Fluss, der gestaut wird, werden diese Tränen andere Ventile finden, etwa in Form von Aggression, Tics, Schlaf- oder Essstörungen und anderen Schwierigkeiten. Tränen werden uns immer begleiten, daher tun wir gut daran, sie anzunehmen, statt sie zu unterdrücken. Starke Menschen sind nicht diejenigen, deren Leben ohne Schmerz dahinfließt, sondern die, denen es gelingt, durch den Schmerz hindurch zu gehen und kraftvoller auf der anderen Seite herauszukommen.

Das folgende Beispiel aus meiner Beratungstätigkeit demonstriert die heilende Kraft von Tränen selbst bei ernsten Symptomen.

Der siebenjährige Tony fing an, seine ältere Schwester fast jeden Tag zu schlagen. Seine Eltern berichteten, dass neben dieser Aggression auch Ungeduld und Reizbarkeit an die Stelle seines sonst so fröhlichen Wesens getreten seien. Die Eltern versuchten, Tonys Bedürfnis nach Aufmerksamkeit zu befriedigen und seine Aggression durch Einschränkungen und Tadeln zu zügeln. Dies hatte zur Folge, dass Tony zwar weniger schlug, jedoch anfing, an seinem Hemd herumzukauen und unkontrolliert mit den Augen zu blinzeln.

Als ich Tonys Eltern fragte, ob er manchmal Gefühle der Traurigkeit oder Angst zeigte oder weinte, wurde ihnen bewusst, dass er schon lange keine Tränen mehr vergossen hatte. Bei der nächsten Beratungsstunde erzählte Tonys Schwester Becky: „Tonys bester Freund hat sich über ihn lustig gemacht, als er geweint hat."

„Was tut er, wenn er traurig ist?", fragte ich sie.

Becky dachte einen Moment nach und sagte dann: „Oh, dann blinzelt er die Tränen weg."

Daraufhin spielte ich mit Tony das Spiel „Wahrheit oder Pflicht". Als er sich für „Wahrheit" entschieden hatte, fragte ich ihn: „Bist du manchmal traurig, wenn du nicht bekommst, was du willst?"
Den Regeln des Spieles entsprechend antwortete er mit Ja.
„Und versuchst du, deine Tränen zurückzuhalten, damit es niemand merkt?", fügte ich hinzu.
„Ja", antwortete er und nickte.
„Ich verstehe", sagte ich. „Wusstest du, dass seine Tränen zurückzuhalten so ähnlich ist, als ginge man nicht zur Toilette, wenn man mal muss?" Tony dachte über diese verblüffende Aussage nach. „Wirklich?", fragte er und sah mich mit seinen riesigen braunen Augen an. „Was passiert, wenn man nicht zur Toilette geht?", fragte er, dann beeilte er sich, seine eigene Frage zu beantworten. „Na, man kann es nicht."
„Ja", sagte ich. „Man kann es nicht, damit der Körper gesund bleibt."
„Machen meine Tränen mich krank, wenn ich sie zurückhalte?"
„Nein", sagte ich (obwohl es sein könnte). „Man kann die Tränen auch nicht zurückhalten. Die Gefühle suchen sich dann einen anderen Weg nach draußen."
„Wie?"
„Welchen Weg nach draußen suchen sich deine Tränen? Was tust du, was du nicht kontrollieren kannst?"
„Oh, du meinst, dass ich wütend werde und blinzele?"
„Ja, unter anderem."
„Mann, dann werd ich von jetzt an weinen. Das ist besser. Ich hasse es, ständig zu blinzeln."
Tonys Eltern erzählten, dass Tony am nächsten Tag über ein Geschenk, das er bekommen hatte, enttäuscht war, woraufhin seine Mutter ihm Verständnis und Wertschätzung entgegenbrachte und er etwa eine Viertelstunde in ihren Armen schluchzte. Das Blinzeln verschwand. Tonys Eltern fanden Wege, auf sein Bedürfnis nach körperlichen Ausdrucksformen einzugehen, indem sie ihn bei einem Karatekurs anmeldeten, der ihm großen Spaß machte. Das Kauen an seinem Hemd hielt noch eine Weile länger an und verschwand dann auch. Zwar hatte Tony noch

immer eine gewisse Tendenz, Ärger körperlich auszudrücken, aber es
wurde mit der Zeit selten. Die Wertschätzung und das Vertrauen sei-
ner Eltern gaben ihm die Sicherheit, Gefühle äußern und verletzlich
sein zu können. Es war jetzt leichter, Nähe zu ihm herzustellen, und
er konnte seine Gefühle ausdrücken und weinen, wenn er das Bedürf-
nis dazu hatte.

Die Symptome, die ein Kind zeigt, oder neue Varianten alter Symptome können jederzeit wieder auftreten, wenn es seine Tränen oder
Gefühle zurückhält. Wenn wir ein Kind gut kennen, können wir seine
persönlichen Signale erkennen und ihm ermöglichen, die angestauten
Sorgen ohne Angst herauszulassen.

Wir bemühen uns zu vermeiden, dass sich unterdrückte Emotionen
anstauen; doch oft sehen wir etwas erst dann klar, nachdem es außer
Kontrolle geraten ist. Das ist Teil unseres Menschseins, mit dem das
Kind leben muss. Wenn Sie also merken, dass Sie ein Bedürfnis Ihres
Kindes eine Zeit lang völlig übersehen haben, machen Sie sich bewusst,
dass dies oft der natürliche Lauf der Dinge ist, und gehen Sie friedlich
den nächsten Schritt, das Bedürfnis zu befriedigen und sowohl Ihre
Traurigkeit als auch die Ihres Kinder herauszulassen.

Trennungsangst und das Bedürfnis zu weinen

Bisweilen kommt es vor, dass das Konzept, Schmerz durch Tränen herauszulassen, zu sehr beansprucht wird. Als mich eine Freundin einmal
fragte, warum ich meinen kleinen Sohn zu einer Vortragsreise mit-
nähme, antwortete ich, dass er, wenn ich ihn zu Hause ließe, ängstlich
und traurig sein würde (davon abgesehen, dass ihm das Stillen fehlen
würde). Meine Freundin wandte ein, ich sollte dennoch ohne ihn fahren, denn sein Vater wäre ja da, um seinen Gefühlen Verständnis und
Wertschätzung entgegenzubringen, und es wäre gut für ihn, zu weinen
und dadurch frühere Trennungsschmerzen herauszulassen.

Mein Kind hatte in der Vergangenheit keine Trennung erlebt, über die es nun weinen müsste, und ich wollte es nicht zu einer solchen Erfahrung zwingen. Also nahm ich meinen Sohn zu der Vortragsreise und bei zukünftigen Reisen mit, solange er das brauchte. Als er bereit war loszulassen, flossen keine Tränen; er initiierte die Trennung und war zufrieden darüber. Weil ich darauf vertraue, dass der emotionale Ausdruck meines Kindes aus einem echten und dringenden Bedürfnis nach Nähe und Sicherheit entspringt, erfülle ich es einfach. Selbst wenn wir von einem Schmerz in der Vergangenheit wissen, der Heilung brauchen könnte, wie meine Freundin vorschlug, hat es keinen Zweck, für das Kind absichtlich Gelegenheiten zum Weinen zu inszenieren. Wenn Ihr Kind sich sicher genug fühlt, um sich auszudrücken, wird es selbst Umstände schaffen, um alten Schmerzen Luft zu machen. Weiter hinten in diesem Kapitel finden Sie ein Beispiel, wie ein Kind alte Schmerzen verarbeitet.

Wenn die Umstände eine Trennung unvermeidlich machen (Krankenhausaufenthalt oder andere Notlagen) – und *nur* dann, weil wir die Trennung nicht verhindern können –, schenken wir den Ängsten und Tränen des Kindes unsere liebevolle Aufmerksamkeit; wir begegnen ihnen mit Verständnis und Wertschätzung und ermutigen das Kind im Angesicht der unvermeidlichen Notwendigkeiten des Lebens, aber wir führen derartige Ereignisse nicht absichtlich herbei. Mit anderen Worten, bieten Sie dem weinenden Kind Ihre Wertschätzung, aber verursachen Sie nicht seine Tränen.

Wenn eine Trennung unumgänglich ist, ist es unsere Aufgabe, das Kind nicht von seinen Gefühlen abzulenken, sondern Verständnis und Wertschätzung für seine Erfahrung zu bekunden, so dass es weinen kann, solange es das braucht. Und wenn Sie bei Ihrer Rückkehr ein wütendes Kind vorfinden, müssen Sie nicht versuchen, seinen Gefühlsausbruch zu beenden oder ihm ein Geschenk anzubieten, um es zu beschwichtigen; Sie brauchen nur Verständnis und Wertschätzung zu äußern und ihm zu zeigen, dass Ihnen seine Gefühle wichtig sind, und Ihre eigene Sehnsucht und Liebe auszudrücken, indem Sie

es einfach im Arm halten und ihm zuhören. Mit ihrer wertschätzenden Aufmerksamkeit und Liebe wird Ihr Kind dadurch, dass es weint
und/oder seine Ängste und Frustrationen ausdrückt, über den Tren-
nungsschmerz hinwegkommen. Ihre unbeirrbare Unterstützung wird
ihm vermitteln, dass es durchaus in der Lage ist, diese Erfahrung zu
bewältigen.

Wutanfälle: Schreien wegen eines Bedürfnisses oder das Bedürfnis zu schreien?

Ein Kind, das einen Wutanfall bekommt, fühlt sich hilflos und braucht
Autonomie und ein Gefühl der Würde. Es muss in der Lage sein, sein
Leben selbst nach seinen eigenen Vorstellungen zu gestalten. Manchmal ruft uns ein Wutanfall dazu auf, unsere Aufmerksamkeit einem
bestimmten Problem zuzuwenden; manchmal muss das Kind einfach heftige Gefühle herauslassen, die etwas betreffen, was wir nicht
ändern können, und es braucht unsere liebevolle Aufmerksamkeit.
Wenn der Wutanfall Teil des Heilungsprozesses ist und wir das Kind
beschwichtigen, ihm seine Wut auszureden versuchen, durchkreuzen
wir die Heilung; wenn wir über das Kind bestimmen, lösen wir dadurch den Wutanfall aus.

Wenn Sie über Ihr Kind bestimmen und dadurch Wut bei ihm hervorrufen, führen Sie ein stummes Selbstgespräch und ergründen Sie in
Ihrem Herzen, wer Sie für Ihr Kind sein wollen. Die liebevolle Mutter oder der liebevolle Vater, die oder der Sie sind, will Ihr Kind nicht
kontrollieren und verärgern. Eine Stimme in Ihrem Inneren flüstert
Ihnen unproduktive Worte oder Handlungen ins Ohr. Was sind Ihre
Gedanken? „Sie sollte vom Spielplatz weggehen, wenn ich ihr das
sage..." Wirklich? Würden Sie auf irgendwen anders als auf Ihr Herz
hören, wenn Sie sich bestens amüsieren? Verlassen Sie sofort die Party,
wenn Ihr Kind sich langweilt oder Ihr Partner Sie darum bittet? Sind
diese Gedanken liebevoll und ehrlich? Im Grunde ist es Ihr eigener

innerer Wutanfall, der durch Ihr Kind ausgedrückt wird. Ihr Bedürfnis nach Kontrolle ist außer Kontrolle geraten, und vielleicht sind Sie
hin- und hergerissen dazwischen, jemanden zu beeindrucken und auf
Ihr Kind einzugehen. Fragen Sie sich: Wie würden Sie in denselben
Situationen mit Ihrem Kind sein, wenn Sie diese Gedanken gar nicht
hätten? Stellen Sie sich einfach vor, Sie wären frei von dem Geschwätz
in Ihrem Inneren, und sehen Sie im Geiste vor sich, wie Sie Ihr Kind
behandeln würden.

Wutanfälle müssen nicht zwangsläufig auftreten, und wenn Sie Ihr
Baby liebevoll behandeln und eine bejahende Haltung zu ihm und
später zu dem Weg, den das Kind geht, entwickeln, sind sie nicht unumgänglich. Halten Sie Ihr Baby ständig im Arm, so eignet es sich
sanfte Kommunikationsfähigkeiten an. Tragetuch und Familienbett
ermöglichen dem Baby oder Kleinkind, Signale zu senden, ohne zu
weinen und ohne sich frustriert zu fühlen. Es wird dann dazwischen
unterscheiden, friedlich um etwas zu bitten und zu weinen, um Gefühle auszudrücken. Später, wenn es sprechen lernt, wird es wahrscheinlich damit fortfahren und Worte und nicht Wutanfälle benutzen, um
seine Bedürfnisse mitzuteilen. Wenn ein Kind weiß, dass seine Eltern
auf seine Worte reagieren, wie sie in seiner Babyzeit auf seine sanften
Signale reagiert haben, hat es keinen Grund zu schreien, um auf sich
aufmerksam zu machen; wenn ein solches Kind einen Wutanfall bekommt, hat es wahrscheinlich eher das Bedürfnis, dass Sie ihm einfach
zuhören oder sich um etwas kümmern, was schief gelaufen ist.
Verwirrend kann es werden, wenn das Kind einen Wutanfall bekommt,
weil seine sanfteren Kommunikationsversuche nicht den nötigen Kontakt zu Ihnen herbeigeführt haben. Deswegen brauchen Sie sich nicht
schuldig oder als unzulängliche Eltern zu fühlen. Das passiert bei fast
allen Kindern, trotz der besten Absichten ihrer Eltern, aufmerksam
und liebevoll zu sein.

Falls Sie nervös werden, weil Ihr Kind wütend über etwas ist, was sich
nicht ändern lässt, wollen Sie dem schreienden Kind vielleicht schnell
irgendetwas geben, die Realität ändern, es irgendwie entschädigen oder

sogar wider alle Logik handeln, nur damit der Wutanfall aufhört. Doch auf diese Weise hören Sie seine Botschaft nicht und durchkreuzen seinen Heilungsprozess. Durch eine solche Reaktion lernt das Kind mit der Zeit, Wutanfälle und Tränen nicht zur Selbstheilung einzusetzen, sondern um etwas zu bekommen. Doch man sollte niemandem die Schuld an diesem Missverständnis geben. Es ist Teil des Menschseins; Eltern und Kind sind beide in den Strategien ihres Inneren gefangen und tun ihr Bestes. Vielleicht haben die Eltern den Eindruck, ihr Kind würde sie „manipulieren". Aber es reagiert lediglich auf die Signale, die ihm mit den besten Absichten gegeben wurden.

Um Panik zu vermeiden, wenn Ihr Kind einen Wutanfall wegen einer Situation bekommt, die sich nicht ändern lässt, führen Sie ein stummes Selbstgespräch (s von S.A.L.V.E.); erforschen Sie Ihre Gedanken, statt Ihr Handeln davon diktieren zu lassen. Ihre Gedanken sind wahrscheinlich: „Ich muss ihn glücklich machen", „Was ist mit ihm los?", „Ich bin eine so schlechte Mutter/ein so schlechter Vater", „Was mache ich nur falsch?", „O nein, das arme Kind, das ist ja furchtbar", „Wenn andere Leute ihn sehen, denken sie bestimmt, ich hätte keine Ahnung, wie man sich als Eltern verhalten sollte" und so weiter. Schreiben Sie die Gedanken auf und sehen Sie sie auf dem Papier an.

Wenn Sie diese Gedanken für wahr halten, hat das zur Folge, dass Sie einen Kreuzzug gegen die Realität des Wutanfalls Ihres Kindes führen. Dabei ist im Grunde jede Verbindung zu Ihrem Kind und zu sich selbst unterbrochen. Wenn Sie diese Gedanken prüfen, stellen Sie fest, dass sie nichts mit der Wahrheit, der Realität oder mit Ihrem Kind zu tun haben. Es sind einfach Ängste, die Sie als Mensch geerbt haben. Ohne sie würde es Ihnen leicht fallen, Ihr Kind bedingungslos zu lieben und ihm Ihre ganze Aufmerksamkeit zu schenken.

Wenn Sie Ihre Gedanken erforschen, machen Sie sich bewusst, dass sich Ihre Gedanken natürlicherweise um Sie selbst drehen, eben weil es *Ihre* Gedanken sind. Sie sind es, der denkt, etwas sei verkehrt oder furchtbar oder Ihr Image in den Augen anderer könne Schaden nehmen. Sie sind es, der den Wunsch hat, den Wutanfall um Ihrer selbst willen zu beenden, weil Sie diese Gedanken haben. Wenn Sie tief in sich hineinschauen, wissen Sie nicht einmal, ob diese Gedanken für Sie wirklich wahr sind. Sie stellen sich automatisch ein. Wenn Sie irgendwie herausfinden könnten, wie Sie reagieren würden, wenn Ihnen diese Gedanken nicht in den Sinn kämen, könnte es sein, dass der Wutanfall Ihres Kindes vollkommen harmlos aussähe und Sie mit viel mehr Liebe reagieren würden und Ihrem Kind enger verbunden wären.

Ein Wutanfall ist eine wirksame Methode, um angestaute heftige Gefühle auszudrücken, und ist insofern ein Heilungsprozess. Dass Schreien oder Wüten dazu eingesetzt wird, um etwas Unerreichbares zu bekommen, lässt sich leicht vermeiden, indem wir unsere Reaktionen auf die friedlichen Signale des Kindes einstellen und Zwang vermeiden. Wenn heilende Wutanfälle auftreten, jedoch durch Entschädigungen gestoppt werden, bleibt das Problem ungelöst, weil auf das wirkliche Bedürfnis nicht eingegangen wurde.

Der Preis der Kontrolle

Wenn dem Kind Einschränkungen aufgezwungen werden, neigt es dazu, sich dagegen zu wehren und Groll zu empfinden, was Wutanfälle oder Aggression zur Folge hat. Es kann auch zu Gefügigkeit führen, was Eltern oft irrtümlich als „Bravheit" interpretieren. Bei einem gefügigen Kind ist es wahrscheinlich, dass sich sein angestauter Kummer in Form von emotionalen Störungen oder später als Teenager oder Erwachsener in Form von Drogenmissbrauch, Aggression, Essstörungen, Depression und anderen Problemen äußert.

Hilflosigkeit ist das zentrale Gefühl, das der Wut zugrunde liegt. Die Hilflosigkeit eines Kindes können wir vermeiden, indem wir ihm seine Macht nicht nehmen und indem wir seine Entscheidungsfreiheit und Selbstbestimmung achten. Gleichzeitig sollten wir es jedoch vermeiden, ihm Macht aufzuladen, mit der es nicht umgehen kann, was meist bei Macht über andere der Fall ist. Die Kombination von Hilflosigkeit auf der einen Seite und übermäßiger Macht auf der anderen überwältigt ein Kind.

Es gibt Situationen, in denen unsere Erfahrung von Nutzen für die Sicherheit und das Wohlergehen des Kindes sind. Zwar kommt es in seltenen Fällen vor, dass wir schnell handeln müssen und erst danach eine Erklärung liefern können, doch meistens ist das nicht nötig. Wenn ein Kind vorhat, etwas Riskantes oder Unüberlegtes zu tun, können Sie ihm stattdessen Informationen geben, die es dazu nutzen kann, sichere und wohlüberlegte Entscheidungen zu treffen. Auf diese Weise vermeiden Sie Eingriffe, Einschränkungen und Kontrollmechanismen, die Ihr Kind kränken und Sie über es stellen.

Ein Kind fühlt sich stark, wenn es autonome Entscheidungen treffen und dazu stehen kann. Doch Autonomie ist etwas völlig anderes als Kontrolle über andere Menschen, was für ein Kind unheimlich ist. Wenn Sie angesichts der Gefühle Ihres Kindes Panik bekommen, wird es seine Macht über Sie benutzen, doch die Tatsache, dass es über eine solche Macht verfügt, überwältigt es und führt zu noch mehr Wutanfällen.

Wenn man einem Kind meistens Informationen gibt, damit es autonome Entscheidungen treffen kann, ist es auch in der Lage, Situationen zu akzeptieren, in denen es nicht alles tun kann, was es will: Es kann nicht mitten auf der Straße Dreirad fahren, Geschirr zerschlagen, mit Feuer spielen, anderen wehtun, Gegenstände durchs Haus werfen oder Auto fahren, ohne angeschnallt zu sein. Wenn diese Erkenntnisse auf konstruktiver Kommunikation statt auf Kontrolle beruhen, wird das natürliche Bestreben des Kindes, die richtigen Entscheidungen zu treffen, es wahrscheinlich dazu bewegen, zu tun, was besonnen und sicher ist, weil es sich das selbst wünscht.

Kinder haben von Natur aus das Bestreben, das Richtige zu tun, dazuzugehören, sicher zu handeln und uns zu gefallen. Wenn sich Ihr Kind gegen Sie wehrt, ist dies ein Zeichen dafür, dass Sie ihm gegenüber Kontrolle ausgeübt haben; Sie haben sich gegen Ihr Kind gewehrt.

Was Sie bei Ihrem Kind kritisieren, ist wahrscheinlich ein wertvoller Hinweis für Sie selbst; nutzen Sie es also für Ihr eigenes Wachstum, dann wird sich Ihr Kind positiv verändern, weil Sie es selbst auch tun; denn Ihr Kind spiegelt nur Ihre Haltungen. Wenn Sie den Eindruck haben, Ihr Kind sei widerspenstig, sind Sie selbst widerspenstig. Wenn Ihr Kind unkooperativ ist, fragen Sie sich, wie kooperativ Sie ihm gegenüber sind. Schreiben Sie die Gedanken, die Ihrem Bedürfnis nach Kontrolle zugrunde liegen, auf und prüfen Sie sie; wenn Sie diese automatischen Antworten bei Licht betrachten, werden Sie es mit der Zeit schaffen, die Mutter oder der Vater zu sein, die oder der Sie so gerne wären.

Es folgen nun zwei Beispiele aus von mir geleiteten Workshops, die veranschaulichen, wie man mit einem Sicherheitsproblem auf zwei verschiedene Arten umgehen kann, einmal durch Ausüben von Kontrolle und einmal durch Vertrauen und menschliche Verbundenheit:

Ambers Vater sagte seiner Tochter, sie solle nie am Bach, der durch ihren Garten floss, spielen, wenn ihre Eltern nicht dabei seien. Zwei Wochen später überlegte sich Amber, die dreieinhalb war, sie könnte ja mal nur ein kleines Stückchen näher ans Wasser rangehen und einen Stein hineinwerfen. Als sie das tat, wurde sie vom Brüllen ihrer Mutter aufgeschreckt: „Nein, Amber! Geh sofort da weg!"
Eingeschüchtert und beschämt wich Amber zurück. Ihre Mutter schimpfte weiter mit ihr und drohte damit, sie beim nächsten Mal zu bestrafen.

Möglicherweise wird Amber nicht mehr alleine zum Bach gehen, jedoch nicht, weil sie versteht, warum sie das nicht soll, nicht, weil sie ihren Eltern vertraut, und auch nicht, weil sie Vertrauen in sich selbst hat und in Sicherheit bleiben will. Wenn sie sich von dem Bach fernhält, tut sie das aus Angst vor der Missbilligung und Strafe ihrer Eltern. Sollte sie eines Tages wütend sein und auf Rache sinnen, könnte es sein, dass sie ein Risiko eingeht und ihre Eltern „bestraft", indem sie in den Bach geht oder sonst etwas „Verbotenes" tut. Oder wenn ihr momentan nicht an der Anerkennung ihrer Eltern gelegen ist, sie vielmehr ihre eigene Autonomie erfahren will, befriedigt sie vielleicht diesen Wunsch dadurch, dass sie etwas „Verbotenes" tut. So oder so ist es wahrscheinlich, dass sie noch viele bedrückende Erfahrungen mit ihren Eltern macht und viel Ärger erlebt, der sich in Wutanfällen, Aggression oder selbstzerstörerischem Verhalten äußert.

Ein Kind wird auf sich Acht geben, wenn man ihm Informationen gibt und wenn es sich bei seinen Eltern sicher fühlt. Es fühlt sich sicher, wenn seine Eltern nicht mit Druck Regeln durchsetzen, sondern seine liebenden Verbündeten sind:

Julian wurde von seinem Vater gefragt, ob er gern am Bach spielen wollte, der an ihrem neuen Haus vorbei floss, und er sagte ja. Sie gingen zusammen zum Bach, und der Vater erläuterte dem dreijährigen Julian die Gefahren von Wasser. Zur Veranschaulichung warf er Blätter und Steine in den Bach und erklärte, dass Menschen nicht atmen können, wenn sie ins Wasser fallen. Dann hielten sie ihre Füße hinein und spürten die Geschwindigkeit der Strömung. Nachdem sie gespielt und viel Spaß gehabt hatten, bat er Julian, stets ihn oder seine Mutter zu fragen, ob sie mitgehen könnten, wenn er am Bach spielen wollte.
Am nächsten Tag bat Julian seine Mutter, mit ihm zum Bach zu gehen. „Im Augenblick kann ich gerade nicht", sagte sie. „Aber sobald ich mit diesem Telefongespräch fertig bin, geh ich mit." Zwanzig Minuten später gingen Mutter und Sohn zum Bach. Nach einer Phase von fast täglichen Abenteuern am Bach verlor Julian das Interesse daran, und er wollte nur noch ab und zu mit Mama oder Papa dort spielen. Er ging nie alleine dorthin, weil er seinen Eltern und seinem eigenen Gefühl, das er in ihrer Gegenwart entwickelt hatte, vertraute.

Bei einer Beziehung, die sich auf Vertrauen gründet, wie wir es im zweiten Beispiel gesehen haben, hat Julian keinen Grund, sich hilflos zu fühlen, da keine Kontrolle über ihn ausgeübt wird. Auch entsteht bei ihm nicht der Wunsch, sich seinen Eltern zu widersetzen. Im Lauf der Jahre wird er die Informationen seiner Eltern weiterhin in allen Bereichen des Lebens nutzen und kaum bestrebt sein, Vereinbarungen zu brechen oder irgendetwas Gefährliches oder Unüberlegtes zu tun.

Wann immer möglich, sollten Sie Ihrem Kind Informationen geben und vermeiden, es Situationen auszusetzen, bei denen es für das Kind noch zu schwer ist, sie zu begreifen und eine sichere Wahl zu treffen.

Wenn ein Kind einen Wutanfall benutzt, um zu bekommen, was es will

Ein Kind, das einen Gefühlsausbruch benutzt, um etwas zu bekommen, geht von zwei Annahmen aus, die auf seiner Erfahrung beruhen: Es kann es auf keine andere Weise bekommen und, wenn es laut genug und lange genug schreit, wird es das, was es will, oder zumindest irgendeinen Ersatz bekommen. Die Folge sind zwei beunruhigende Seelenzustände: Das Kind fühlt sich einerseits hilflos wegen der elterlichen Kontrolle und andererseits überwältigt angesichts seiner enormen Macht, wenn seine Tränen bei seinen Eltern Panik auslösen.

Gefühle sind zwar stets ernst zu nehmen, jedoch sind sie nicht unbedingt ein Grund zum Handeln. Ein Kind, das sich aufregt, weil es gebeten wurde, ein anderes Kind nicht weiter mit Sand zu bewerfen, und ein Kind, das enttäuscht ist, weil es nicht als Erstes an der Reihe war, haben beide echte Gefühle, die sie ausdrücken müssen, die man anhören und denen man mit Verständnis begegnen sollte. Es bedeutet jedoch nicht, dass wir ein Kind ermutigen sollten, Leute mit Sand zu bewerfen, oder dass wir sein Recht verteidigen sollten, Erster zu sein. (Allerdings sollten wir uns bemühen herauszufinden, ob es irgendein unerfülltes Bedürfnis gibt, das hinter den Absichten des Kindes steht.)

Vielleicht ist Ihr Sohn wütend, weil Sie das andere Kind nicht weggeschubst haben, damit er der Erste sein konnte, oder weil er ein kleineres Kind im Park nicht weiter mit Sand bewerfen konnte. Wenn er viel Hilflosigkeit erlebt hat und kaum Freiheit hatte, sein Leben selbst zu bestimmen, kann dieser Ärger zu einem Wutanfall führen. Auch wenn er sich oft von seiner Macht über Sie oder von dem Freibrief, zu tun, was er will, überwältigt fühlt, kann es gut sein, dass er einen Wutanfall bekommt, um Sie dazu zu bewegen, ihm eine klare Orientierung zu bieten.

So sehr wir auch wünschen, das Ausüben von Kontrolle zu vermeiden, es gibt Situationen, wo wir eingreifen müssen und keine Zeit für ein Gespräch da ist. Wahrscheinlich fühlt sich das Kind dann verletzt, erschrocken oder wütend. Das folgende Beispiel zeigt, wie ein Kind Freiheit gewinnen kann, wenn sein Schreien nicht zur Änderung der Realität führt, jedoch auf offene Ohren und Wertschätzung stößt:

Der fünfjährige Dave bat darum, bei seiner neunjährigen Schwester Lila in ihrem Zimmer sein zu dürfen. Lila wollte alleine sein. Dave bettelte, und Lila willigte ein, unter der Bedingung, dass Dave sie nicht schubsen würde, wie er es vorher getan hatte. Dave versprach es.

Nach kurzer Zeit kam Dave weinend heraus: „Lila hat gesagt, ich müsste rausgehen, weil ich sie geschubst habe."

Wie sich herausstellte, hatte Lila ihrem Bruder mehrere Chancen gegeben, mit dem Schubsen aufzuhören, bis sie schließlich sagte, er solle hinausgehen.

Dave warf sich neben seiner Mutter auf den Boden und schrie, er würde seine Schwester nicht mehr schubsen und wolle wieder zurückgehen.

Seine Mutter bekundete Verständnis und Wertschätzung für seine Gefühle: „Du wolltest mit deiner Schwester spielen. Du konntest es nicht lassen und hast sie geschubst. Wolltest du, dass sie mit dir kämpft?"

„Ich will wieder reingehen", schrie Dave und trat um sich.

Seine Mutter sagte: „Ich verstehe. Ich werde hier bei dir sein, damit du so viel schreien kannst, wie du es brauchst."

Dave hörte sofort mit dem Wutanfall auf und ging Dreirad fahren.

Dave hatte gar nicht das Bedürfnis zu schreien, sondern hoffte darauf, die Realität ändern zu können. Als er erfuhr, dass dies nicht geschehen würde, wandte er sich einer anderen Beschäftigung zu. Wenn ein Kind das Ziel hat, durch einen Wutanfall etwas zu bekommen, führt die Information, man werde seinem Schreien Aufmerksamkeit schenken, dazu, dass der Wutanfall aufhört, weil er als Instrument nutzlos ist.

Ein Kind, das einen Wutanfall bekommt, um etwas Unmögliches zu bekommen, kann dennoch das Bedürfnis haben, seine Gefühle auszudrücken. In solchen Situationen besteht unsere Aufgabe darin, zuzuhören und die Gefühle anzuerkennen, bis der Wutanfall zu einem natürlichen Ende kommt. Meistens ist das Kind danach zufrieden und braucht nichts; aber falls doch noch ein Bedürfnis besteht, kann die Diskussion anfangen, nachdem sich der Sturm gelegt hat.

Was das Kind in dem Moment will, ist nicht dasselbe wie das tatsächliche Bedürfnis; als Eltern müssen wir nach dem Motiv hinter dem Wutanfall suchen, das meist etwas Größeres ist als eine Süßigkeit oder der Wunsch, Erster zu sein. Beispielsweise kann ein Wutanfall wegen des Wunsches, Erster zu sein, das Bedürfnis signalisieren, sich sicher zu fühlen und sich als wichtig und von anderen geschätzt zu erleben. Wenn Sie seine Freunde nötigen, ihn vorzulassen, lösen Sie damit nicht das zugrunde liegende Problem, sondern geben ihm vielmehr neue Nahrung. Man muss sich mit dem tieferen Bedürfnis auseinander setzen, sonst werden weitere Wutanfälle, die aus Unsicherheit entspringen, folgen. Falls das Kind lediglich das Bedürfnis hat, Wut auszudrücken, wird es nichts weiter brauchen, wenn es damit fertig ist. Falls es jedoch Liebe, Aufmerksamkeit oder Autonomie braucht, werden Sie und Ihr Kind, wenn es seine Wut ganz ausgedrückt hat, Klarheit gewinnen und praktische Lösungen finden, wie die folgende Geschichte zeigt:

Die vierjährige Sheila fuhr mit ihren Eltern von zu Hause los, um ihren Onkel John im Krankenhaus zu besuchen. Die Fahrt dauerte ein paar Stunden, und als sie am Krankenhaus ankamen, schlief Sheila tief und fest. Weil sie wussten, wie müde Sheila war, weckten ihre Eltern sie nicht. Ihr Vater blieb mit ihr im Auto, während ihre Mutter ihren Bruder besuchen ging. Als der kurze Besuch vorüber war, schlief Sheila immer noch.

Als Sheila aufwachte, war es dunkel, und sie waren schon fast wieder zu Hause. Sheila sah sich um:

„Wie lange dauert es noch, bis wir bei Onkel John sind?", fragte sie.

Ihre Eltern teilten ihr mit, dass sie schon fast wieder zu Hause waren, und Sheila bekam einen Wutanfall. Ihre Eltern schlugen vor, am folgenden Wochenende noch einmal hinzufahren, aber Lösungen waren nicht das, was Sheila im Moment brauchte. „Nein, ich wollte ihn jetzt sehen!", schrie Sheila und trat wild um sich. Begleitet von der vollen Aufmerksamkeit und Fürsorge ihrer Mutter dauerte der Wutanfall die ganze restliche Autofahrt an. Die Mutter schilderte die Tatsachen und spiegelte Sheilas Gefühle. „Du hast dich darauf gefreut, Onkel John zu sehen, und dann hast du es verpasst. Du wolltest selbst entscheiden, ob du weiterschlafen oder geweckt werden wolltest."

Nachdem sie mit ihrem Wutanfall fertig war, wirkte Sheila ruhig. Sie kamen nach Hause und sprachen über Möglichkeiten, sie in Zukunft bei Entscheidungen mit einzubeziehen und ihr Bedürfnis nach Selbstbestimmung zu respektieren. Die Familie plante einen weiteren Besuch bei Onkel John für das folgende Wochenende, auf den sich Sheila jetzt, wo sie ruhig war, freute. Sie einigten sich alle darauf, dass Sheila vor jeder Fahrt mitteilen würde, ob sie geweckt werden wollte oder nicht, für den Fall, dass sie irgendwo ankamen, während sie schlief. Falls sie vergessen sollte, das mitzuteilen, würde sie sicherheitshalber geweckt werden.

Solche Situationen sind für Eltern oft verwirrend, und viele hätten sich wahrscheinlich kreative Möglichkeiten einfallen lassen, den Wutanfall zu beenden: Hätten sie noch in derselben Nacht zurückfahren, in einem Motel übernachten und den Onkel am nächsten

Tag besuchen können? Hätten sie ihr vorschlagen können, auf dem Heimweg etwas Leckeres essen zu gehen? Ein neues Spielzeug zu kaufen?

Das Motiv hinter solchen Lösungen besteht darin, den Wutanfall des Kindes zu beenden, damit wir uns die unangenehme Geschichte ersparen können. Wir sagen uns, das Kind habe einen seelischen Schaden erlitten, wir seien Schuld daran und das Kind sei nicht in der Lage, mit der Enttäuschung fertig zu werden. Doch was passiert ist, lässt sich nicht ungeschehen machen. Die Eltern sind nicht schuldig, sondern haben unschuldig in bester Absicht gehandelt, und das Kind hat keinen seelischen Schaden erlitten, solange wir ihm das nicht einreden. Solche Lösungen hätten auch nicht Sheilas Bedürfnissen und Gefühlen entsprochen. Der schmerzlichste Teil ihrer Wut ist nicht auf den verpassten Besuch zurückzuführen, sondern auf die Missachtung ihres autonomen Rechts, selbst über sich zu entscheiden. Kein Besuch, kein Eis, kein Spielplatz kann ihr ihre Würde zurückgeben. Doch dadurch, dass ihr zugehört wurde, dass die Realität anerkannt und der Wut, der sie freien Lauf ließ, mit Verständnis und Wertschätzung begegnet wurde, konnte Sheila ihre heftigen Gefühle erleben und dann nach vorne blicken und Lösungen für die Zukunft entwickeln. Weil sie ja erst vier Jahre alt ist, brauchte sie nicht einmal ihre Gedanken zu erforschen, um zu erkennen, dass der Ursprung ihrer Wut der Wunsch nach dem Unmöglichen war. Das Drama verschwand einfach dadurch, dass sie es durch sich hindurchziehen ließ. Ohne ihr inneres Drama darüber, was ihr entgangen sein mag, kann sie sich auf den nächsten Besuch freuen.

Hören Sie zu, wenn Ihr Kind einen Wutanfall hat, und nehmen Sie zur Kenntnis, was geschehen ist, aber retten Sie es nicht und lenken Sie es nicht von seinen Gefühlen ab. Es soll wissen, dass keine Notwendigkeit besteht, Panik zu bekommen oder eine schnelle Entschädigung zu finden, damit der Schmerz aufhört, wenn etwas schief geht. Es soll erleben, dass es emotional in der Lage ist, starke Gefühle auszuhalten und mit Enttäuschungen, Stürzen oder anderen Verletzungen umzugehen.

Elterliche Führung

Es kann vorkommen, dass manche Eltern, ähnlich wie beim Thema Weinen, es mit der Vorstellung übertreiben, dass ein Wutanfall der Selbstheilung dient, und aus diesem Motiv heraus einem Kind seine Bedürfnisse und seine Autonomie versagen. Statt seine Entscheidungen zu respektieren, sagen sie vielleicht: „Lassen wir es ruhig wüten, das tut ihm gut." Achten Sie das Bedürfnis des Kindes, einen Wutanfall aus-zuleben, aber führen Sie keinen absichtlich herbei. Es ist in Ordnung, eine durchgebrochene Banane zu ersetzen, wenn eine andere da ist, oder eine gesunde Süßigkeit ohne Machtkampf anzubieten. Erlauben Sie sich selbst, freundlich, großzügig und respektvoll zu sein.

Ein Vater sagte einmal zu mir: „Aber wenn ich nachgebe, wird sie keinen Respekt vor mir haben." Freundlich zu sein, hat nichts mit „nachgeben" zu tun. Das Bedürfnis von Eltern nach „Respekt" ist ein weiterer Gedanke, dem man auf den Grund gehen sollte. Wenn wir selbst innerlich wachsen, werden wir frei davon, irgendetwas zu brauchen, was uns ein anderer geben sollte. Indem Sie sich selbst und andere respektieren, lehren Sie Respekt.

Das authentische Respektgefühl eines Kindes entwickelt sich da-durch, dass es Liebe und Freundlichkeit erlebt, nicht Kontrolle. Oft verwechseln wir Unterwürfigkeit mit Respekt. Doch Gehorsam ist nicht Respekt, sondern eine weitere Manifestation von Angst, vermischt mit Groll, und führt daher zu derselben Blockade des Selbstausdrucks. Die elterliche Angst, von ihren Kindern ausgenutzt zu werden, ist meist die Folge persönlichen Schmerzes in der Vergangenheit. Sie hat nichts mit dem Kind zu tun und steht der Liebe und dem Vertrauen zu ihm im Weg. Ein Kind, dem Gehör geschenkt wird und dessen Leben un-gehindert von der Kontrolle eines Erwachsenen fließen kann, hat es nicht nötig, seine Eltern auszunutzen. Es empfindet Liebe und Bewun-derung für sie und vertraut darauf, dass sie auf seiner Seite sind.

Wenn Kinder sich hilflos fühlen und Wutanfälle als Instrument be-nutzen, um etwas zu bekommen, verlangen sie nach Ihrer Führung.

Zwar brauchen sie Freiheit und Autonomie, aber sie wollen nicht glauben, dass sie ihren Eltern mit ihren Gefühlsausbrüchen Angst einjagen können. Mit dieser Art von Macht können sie nicht umgehen, und wenn ein Kind merkt, dass seine Mutter oder sein Vater Angst vor seinem Weinen oder Schreien hat, fühlt es sich verwirrt und braucht Orientierung. Ein Kind braucht Eltern, die ihm den Weg zeigen und Halt geben, und Zuhörer, in deren Ohren es sein Herz ausschütten kann. Mit anderen Worten, Ihr Kind vertraut darauf, dass Sie stark genug sind, seine Gefühle aufzunehmen, ohne davon überwältigt zu werden.

Um zu vermeiden, dass Wutanfälle als Instrument eingesetzt werden, um etwas zu bekommen, *müssen Sie zwei Bedingungen ändern, aus denen Wut bei einem Kind entspringt:*

1. Hören Sie auf, Kontrolle auszuüben; ermöglichen Sie Ihrem Kind, sein Leben friedlich und autonom zu gestalten.
2. Wenn sich Ihr Kind über etwas aufregt, was sich nicht ändern lässt, bekunden Sie Wertschätzung für seine Gefühle, ohne dem Gefühlsausbruch die Macht zu geben, die Realität zu ändern.

Im Umgang mit Enttäuschungen und Frustration verlassen sich Kinder auf die elterliche Führung. Ihre unausgesprochene Frage lautet oft in etwa so: „Liebt mein Papa mich genug, um sich meine Wut anzuhören, oder wird er angesichts meiner heftigen Gefühle aufgeben und versuchen, mich zum Aufhören zu bringen?" Ihre Kinder sollten sich sicher genug fühlen, um „durchdrehen" zu können und zu wissen, dass Sie die Kraft haben, einen liebenden Platz für sie bereitzuhalten.

Wenn Sie auf einen kindlichen Wutanfall mit Panik reagieren, lernt das Kind nicht nur, diesen als Werkzeug einzusetzen, sondern auch, Gefühle zu fürchten und zu ernst zu nehmen. Vielleicht bekommt es Angst davor, seine eigenen Gefühle wahrzunehmen, weil es sieht, dass auch Sie nicht mit Gefühlen umgehen können: „Gefühle müssen etwas Schreckliches sein; ich muss sie vermeiden." Diese dramatische Reaktion auf Gefühle verleiht ihnen auch eine übertriebene Bedeutung, und sie werden unheimlich und übermächtig. Wenn wir Gefühlen dagegen mit ruhiger Wertschätzung begegnen, ohne Dramatik hinzuzufügen, können sie selbstbewusst erlebt werden. Gefühle kommen und gehen, also können wir frei von ihrer Gewalt nach vorne blicken. Sich gegen Gefühle zu wehren und sie zu negieren, ist das, was das wirkliche Leid hervorruft.

Entschädigung und Ablenkung helfen einem Kind nicht, seine Gefühle durch sich hindurchziehen zu lassen. Wenn es einen heilenden Wutanfall erleben will, wird es nicht damit zufrieden sein, das zu bekommen, wonach es verlangt hatte; es wird sich andere Gründe, wütend zu sein, einfallen lassen, oder es wird nach etwas Unmöglichem verlangen. Selbst wenn ein Wutausbruch erfolgreich beendet wird, wird das Kind seinen Anfall auf seine eigene, kreative Weise wieder aufnehmen, meist noch am selben Tag. Wenn wir sagen: „Egal, was ich ihr gebe, immer regt sie sich über irgendetwas auf", beschreiben wir wahrscheinlich ein Kind, das das Bedürfnis hat, heftige Gefühle zum Ausdruck zu bringen. Sich ein Bein auszureißen, um ihm alles zu geben, wonach es schreit, läuft seiner wirklichen Absicht zuwider und verhindert, dass Sie die tiefer liegende Ursache seiner Unzufriedenheit erfahren.

Wenn Sie die s.a.l.v.e.-Formel benutzen, werden die unerfüllten Bedürfnisse klar zutage treten:

S – Sondern Sie sich durch ein stummes Selbstgespräch ab und nehmen Sie Ihre eigene innere Stimme wahr, die Sie auffordert, den Wutanfall des Kindes zu beenden. Wenn Sie das hinter sich lassen können, wenden Sie den Blick nach vorne. Falls Sie es nicht können, prüfen Sie Ihre Gedanken daraufhin, ob sie überhaupt von Belang sind. Wenn Sie den Gedanken haben: „Mein Kind sollte mit seinem Wutanfall aufhören" oder „Mit dieser Enttäuschung kann es nicht umgehen", fragen Sie sich, ob Sie das wirklich wissen können. Dann stellen Sie sich vor, Sie wären bei Ihrem wütenden Kind, ohne diesen Gedanken zu haben. Vielleicht sind Sie überrascht, welche friedliche

Klarheit Sie dann entdecken. Werden Sie sich bewusst, dass Ihre negativen Gedanken über Ihr Kind ebenso oder noch mehr für Sie selbst gelten; Sie erleben einen inneren Wutanfall über den Wutanfall Ihres Kindes. Währenddessen braucht Ihr Kind Ihr offenes Ohr und Ihre ruhige Führung.

A – Sobald Sie etwas Klarheit in Ihrem Inneren gewonnen haben, wenden Sie Ihre Aufmerksamkeit Ihrem Kind zu.

L – Lauschen Sie seiner Wut.

V – Äußern Sie Verständnis und Wertschätzung für seine Gefühle.

E – Ermutigen Sie es, seine Emotionen herauszulassen und sein Problem zu lösen.

Wenn Sie Ihrem Kind mit offenen Ohren zuhören, werden Sie in Verbindung zu ihm bleiben, entspannt und in der Lage sein, sein wahres Bedürfnis zu erkennen, wie es Sheilas Eltern in dem Beispiel auf Seite 148 gelang. Wenn Sheilas Mutter ihrer Tochter nicht zugehört hätte, wäre sie in ihrer eigenen Reue gefangen gewesen und wäre vielleicht zum Krankenhaus zurückgefahren oder hätte Sheila auf irgendeine andere Weise entschädigt. Doch sie hörte Sheila zu und erkannte, dass ihr Bedürfnis darin bestand, ihre Entscheidungen selbst zu treffen und einbezogen zu werden.

Um das Kind wahrzunehmen, ohne dass unser inneres Drama uns den Blick trübt, müssen wir lernen, mit einer Aufmerksamkeit zuzuhören, die weiter geht als die reine Wortebene. „Ich wollte meinen Onkel besuchen", erscheint vielleicht als das wichtigste Bedürfnis, doch die tiefere Kränkung rührt daher, kein Mitspracherecht zu haben und nicht einbezogen zu werden. Wut spiegelt meistens das Bedürfnis nach Freiheit zur Selbstbestimmung wider. Sheila kann den verpassten Besuch akzeptieren, wenn ihr Bedürfnis, autonom zu entscheiden und einbezogen zu werden, wahrgenommen wird. Vertrauen Sie Ihrem Kind und respektieren Sie sein Bedürfnis zu weinen, ohne es mit dem Schrei nach einem anderen Bedürfnis zu verwechseln.

Die „Opferpsychologie" vermeiden

Kinder, die immer wieder entschädigt werden, wenn sie weinen und unglücklich wirken, lernen noch eine andere Lektion: „Wenn ich genug leide, kann ich bekommen, was ich will" oder „Wenn ich unglücklich bin, werden die Leute auf mich aufmerksam." Viele von uns, die in der Kindheit diese Strategie gelernt haben, führen sie in Beziehungen zwischen Erwachsenen fort, etwa so: „Wenn ich beweise, wie schlecht es mir geht, wird er/sie mich gut behandeln und tun, was ich will."

Kinder und Erwachsene, die sich selbst als Opfer betrachten, neigen dazu, in eine schlechte Lage zu geraten, in dem unbewussten Glauben, dadurch würden sie das bekommen, was sie wollten. Das Bemühen, Mitleid auszulösen, wurzelt in der persönlichen Vergangenheit und darin, dass man die Macht an Instanzen außerhalb von sich selbst abgeben will; es hindert uns daran, präsent und stark zu sein. Ihr Kind lernt von Ihnen, entweder ein Opfer zu sein oder im Hier und Jetzt zu leben und in der Lage zu sein, sich kraftvoll für seine eigenen Belange einzusetzen. Wenn es lernt, dass sein Glück von anderen oder von den Umständen abhängt, ist es hilflos, denn es kann nichts daran ändern. Opfer stürzen immer tiefer, weil ihr Inneres Recht haben will, was ihre Opfergeschichte angeht.

Wenn Sie merken, dass Sie in Ihrem eigenen Unbehagen über Ihr wütendes Kind, das sich selbst zum Opfer macht, gefangen sind, rufen Sie sich ins Gedächtnis, dass es sich auf Ihre Führung verlässt. Es will nicht, dass Sie in seinem Drama gefangen sind; das wäre, als würden Sie zu einem Ertrinkenden ins Wasser springen und mit ihm hinuntersinken, statt ihn aus dem Wasser zu ziehen. Ihr Kind zählt darauf, dass Sie seinem starken Selbst (das sich nicht als Opfer sieht) zum Durchbruch verhelfen. Das folgende Beispiel aus einem Workshop illustriert die Gefahr, die elterliche Führung zu verlieren, wenn ein Kind aus der Fassung gerät.

Wenige Tage vor ihrem sechsten Geburtstag fand Nina heraus, dass ihr elfjähriger Bruder Ron ein Geschenk für sie hatte. Ron hatte vor, sie bei ihrer Geburtstagsparty mit dem Geschenk zu überraschen, aber Nina wollte nicht so lange warten. Sie fing an zu schreien und zu weinen, dass sie das Geschenk jetzt haben wollte. Als Ninas Schreien das Haus erfüllte, wurde ihr Vater Jack gereizt. Er lief in Rons Zimmer und sagte ihm, er solle seiner Schwester sofort ihr Geburtstagsgeschenk geben.

Ron holte das Geschenk und warf es in einem Anfall von Wut seiner Schwester entgegen. Nina hörte auf zu weinen, und Ron ging zurück in sein Zimmer und knallte die Tür zu.

Ninas Gefühlsausbruch brachte Jack dazu, die Selbstkontrolle zu verlieren. In seiner Eile, das Geschrei zu beenden, versäumte er es, die Führung und emotionale Unterstützung zu bieten, die seine Kinder beide brauchten. Er missachtete die Entscheidung seines Sohnes, Nina ihr Geschenk bei der Party zu geben, und nahm ihm dadurch das Vergnügen, das Geschenk zu überreichen, wann er es wollte. Außerdem ließ Jack seine Tochter mit einer Macht, mit der sie nicht umgehen konnte, allein, und niemand fing sie bei ihrem emotionalen Sturz auf. Was Nina stattdessen brauchte, war das Verständnis ihres Vaters für ihre Ungeduld, damit sie den Augenblick so annehmen konnte, wie er war. Schließlich lernten beide Kinder, dass Unglücklichsein und Schreien Mittel sind, um seinen Willen zu bekommen.

Obwohl Jack unschuldig und in bester Absicht handelte, ging es bei seinem Eingreifen nur um sein eigenes Bedürfnis, und es hatte seinen Preis. Er wollte Ruhe, und er war genauso ungeduldig wie seine Tochter. Auch er wollte das „Geschenk" sofort haben; das „Geschenk", das er wollte, war, dass das Geschrei aufhören sollte. Er sah sich als Opfer des Geschreis, und sein Frieden hing davon ab, dass sich sein Sohn bereit erklärte, selbst zum Opfer zu werden. Auf unschuldige Weise wurden alle Beteiligten an der Szene zu Opfern, und niemand erreichte wirklichen Frieden.

Wie hätte ein besseres elterliches Eingehen auf die Situation aussehen können? Erstens hätte sich Jack aus dem Streit seiner Kinder heraushalten können; er hätte das Selbstgespräch in seinem Inneren wahrnehmen und erkennen können, dass es dabei um seine eigenen Sorgen und seine Verwirrung ging. Ron hätte Nina ihr Geschenk nicht vor ihrer Geburtstagsparty gegeben, und das Geschrei hätte allmählich nachgelassen und dann aufgehört, oder Nina wäre mit ihrer Geschichte zu ihm gekommen. Zweitens hätte Jack anbieten können, Ninas Wut und Aufregung Gehör zu schenken, und er hätte Wertschätzung für ihre Gefühle bekunden können, indem er gesagt hätte: „Ich verstehe. Du kannst es einfach nicht erwarten, das Geschenk von deinem Bruder zu sehen. Zwei Tage erscheinen einem so lang, wenn man aufgeregt wegen irgendetwas ist." Neben seiner Wertschätzung für Ninas Ungeduld, das Geschenk aufzumachen, hätte er auch zeigen können, dass er Rons missliche Lage wahrnahm, indem er Wertschätzung für seine Gefühle und seine Entscheidung äußerte. Dann hätte sich Nina verstanden und ermutigt gefühlt, mit ihren eigenen, heftigen Gefühlen fertig zu werden, und Ron hätte das Vertrauen und die Anerkennung seines Vaters gespürt. Nina hätte sogar die Ursache ihrer Wut ergründen können, nämlich ihren Gedanken, dass sie das Geschenk sofort bekommen sollte. Ohne diesen Gedanken hätte sie sich auf die Überraschung, die auf sie wartete, gefreut.

Was wäre gewesen, wenn Nina stundenlang geschrieen hätte? Der Zen-Buddhismus hat eine hilfreiche Antwort darauf: Sie hätte also eine lange, lange Zeit mit der liebevollen Aufmerksamkeit ihres Vaters geweint und geschrieen. Manchmal klammern sich Kinder an ihrem Unglück fest, weil sie das Bedürfnis haben zu weinen; oder sie drängen ihre Eltern unbewusst dazu, Partei zu ergreifen oder eine starke Führungsposition zu übernehmen. Es gibt auch Situationen, in denen das Kind einfach der Spiegel eines Elternteils oder der Beziehung zwischen den Eltern ist. Unabhängig davon, welche unbewusste Ursache hinter dem Wutanfall steht, bringt das Bekunden von Verständnis und Wertschätzung für die Gefühle des Kindes Erleichterung und Klarheit.

Eine sinnvolle Richtschnur besteht darin, den Lauf der Dinge nicht zu ändern, es sei denn, es handelt sich um etwas potenziell Gefährliches oder wenn eine liebevolle Regelung geboten ist. Die Wirklichkeit in Jacks Familie war, dass Ron Nina ihr Geschenk bei der Party geben wollte. Ein Kind darin zu bestärken, mit der Realität fertig zu werden, ist ein viel größeres Geschenk, als ihm beizubringen, dass sich die Realität nach seinen Wünschen gestalten wird, wenn es nur unglücklich und laut genug ist. Das Leben passt die Wirklichkeit nicht an die Wünsche der Menschen an, und indem wir unerwünschte Umstände allmächtig ändern, räumen wir einem Kind Herausforderungen und Enttäuschungen, die es eigentlich stärken könnten, aus dem Weg. Mit anderen Worten, wenn wir die Realität für ein Kind ändern, lautet die Lektion, die wir ihm vermitteln: „Du bist zu schwach, um damit fertig werden zu können" und „Etwas ist verkehrt und muss geändert werden." Das ist die Perspektive des Opfers. Die Lektion, die durch aufmerksames Zuhören vermittelt wird, lautet dagegen: „Ich vertraue dir. Du bist stark genug, um diese Schwierigkeit zu überwinden, hinzunehmen oder aufzulösen." Ihr Kind lernt dann, das Leben zu lieben, statt sich vor dessen vielen unerwarteten Wendungen zu fürchten.

Solange die Autonomie eines Kindes respektiert wird, ist es emotional in der Lage, Enttäuschungen auszuhalten und damit fertig zu werden, wenn seinem Willen bisweilen etwas im Wege steht. Kinder, die gelernt haben, Gefühlsausbrüche einzusetzen, um etwas zu bekommen, fühlen sich sehr erleichtert, wenn ihre Eltern ihrem Kummer endlich Gehör schenken.

Der Wut von Kindern Gehör schenken

Wut ist ein Gefühl, das einen Vorwurf beinhaltet und dazu führt, dass man den Blick auf außerhalb von sich selbst richtet, weg von den Gedanken und Gefühlen tief im Inneren. Es ist die Folge davon, dass man sich als Opfer wahrnimmt. Ein Kind kann wütend sein über ein verlorenes Spielzeug, den Regen, der seine Spielpläne durchkreuzte, oder darüber, dass es bei einem Spiel verloren hat. Wenn es mit dem Finger auf etwas oder jemanden zeigt, wird es selbst dadurch machtlos, weil es weder die Vergangenheit ändern noch über andere Menschen bestimmen kann; im Wesentlichen erklärt es, sein Glück hinge von Faktoren außerhalb von ihm ab und es könne nichts daran tun. Den Blick nach außen zu richten, verhindert, dass es bei sich bleibt und die Gefühle wahrnimmt, über die es tatsächlich Macht hat.

Ein wütendes Kind wird darauf herumreiten, wie blöd es von Ihnen war, dass Sie zu spät dran waren, um es zum Volleyballspiel zu fahren, und es wird der Trauer darüber, dass es ein gutes Stück des Spiels verpasst hat, aus dem Weg gehen. Doch zu akzeptieren, dass es einen Teil des Spiels verpasst hat, ist viel weniger schmerzlich als das hoffnungslose Bemühen, die Zeit zurückzudrehen und über Ihre Handlungen zu bestimmen. Ja, die Wahrheit des Augenblicks ist viel freundlicher als das Schulddrama, welches das Innere hinzufügt. Wie wir in Kapitel Eins (Seite 14) in der Geschichte über Lizzie, die ihre Fernsehsendung verpasst hatte, gesehen haben, fand sich Lizzie damit ab, im Laden zu bleiben und die Sendung zu verpassen, sobald sie die Wut (ihre Schuldzuweisung an ihre Mutter und die Konzentration auf das, was verkehrt war) hinter sich ließ und bei sich und ihrem Verlust blieb: „Ich habe die Sendung also verpasst." Die Wirklichkeit war weniger schlimm als ihre Geschichte darüber, und es fiel ihr leicht, damit Frieden zu schließen.

Um Ihr wütendes Kind zu unterstützen, stellen Sie ihm Fragen, die ihm helfen, sich der Gedanken bewusst zu werden, die zu seiner Wut führen, und die eigenen Gefühle wahrzunehmen, bei denen eine Schuldzuweisung keine Rolle spielt. Diese schmerzlichen Gedanken sind meist Negationen der Realität, etwa: „Es sollte nicht so sein" oder „Er hätte meinen Stock nicht zerbrechen sollen" oder der Wunsch nach dem Unmöglichen: „Ich will nach Hause" (wenn man kein Auto hat und von jemandem mitgenommen werden muss), „Ich will Erster sein" usw.

Stellen Sie Ihrem wütenden Kind Fragen, die ihm helfen, sich seiner selbst bewusst zu werden und sich auf die Gedanken und Gefühle zu konzentrieren, bei denen eine Schuldzuweisung keine Rolle spielt.

Wenn Ihr wütendes Kind zum Beispiel den Vorwurf äußert: „Die haben uns zu früh nach Hause gebracht", können Sie Wertschätzung für sein unausgesprochenes Gefühl äußern: „Bist du enttäuscht, weil du länger im Park bleiben wolltest?" Oder wenn Ihr Kind seinem Bruder einen Vorwurf macht, weil es mit zum Fußballtraining musste, können Sie sagen: „Bist du frustriert, weil du zur Bücherei und nicht mit deinem Bruder zum Fußballtraining gehen wolltest?" Falls Ihr Kind auf Ihre Schilderungen von Gefühlen so reagiert, dass es sich verschließt, weil es sich von oben herab behandelt fühlt, benennen Sie keine Gefühle. Beschreiben Sie einfach, was geschehen ist und was das Kind wollte: „Wolltest du länger im Park bleiben?" und „Oh, ich verstehe, du wolltest zur Bücherei und nicht zum Fußballtraining gehen." Dann hören Sie zu, wie das Kind seine Erfahrung selbst schildert, und negieren Sie seine Worte nicht.

Sobald Kinder ihre Aufmerksamkeit verstärkt darauf richten, was sich in ihrem Körper und ihren Gefühlen abspielt, gelingt es ihnen oft mühelos, die Realität zu akzeptieren; und wenn nicht, haben sie genug Fantasie, sich kreative Lösungen einfallen zu lassen oder auf Vorschläge anderer einzugehen.

Einer der Gründe, weshalb wir oft versuchen, ein wütendes Kind zu beschwichtigen und seinen Gefühlsausdruck zu beenden, ist der, dass wir uns vorstellen, es würde zu lange dauern, ihm zuzuhören. Doch in Wirklichkeit dauert es nur dann lange, wenn keine Erleichterung empfunden wird. Ein Vorwurf bringt keine Erleichterung, wie sehr das Kind auch Recht haben mag, und Wertschätzung für eine Schuldzuweisung schürt diese nur noch mehr. Die Konzentration auf Faktoren außerhalb des eigenen Selbst macht einen Menschen hilflos; je mehr er wütet, umso tiefer gräbt er sich emotional in das schmerzliche Loch des hilflosen Opfers ein.

Denken Sie daran, dass es hier um Situationen geht, die schon vorbei sind (aufgeschlagenes Knie, die Oma ist nicht gekommen) oder über die wir keine Kontrolle haben. Wir können den Regen für unsere Kinder nicht zum Aufhören bringen, und es wäre auch nicht gut für sie, wenn wir es könnten. Auch Menschen können wir nicht ändern, und indem Sie Ihrem Kind helfen, seine Gefühle wahrzunehmen, bereiten Sie es besser darauf vor, damit umzugehen; es wird dann nicht sein Leben lang versuchen, Menschen gemäß seinen Erwartungen zu ändern. Vielmehr wird es lernen, mit anderen zu leben und Entscheidungen zu treffen, die nicht auf der Annahme basieren, irgendwie über sie zu bestimmen.

Um Ihrem Kind auf dem Weg zur Selbsterkenntnis zu helfen, stellen Sie ihm Fragen, die es ihm erleichtern, sich der Gedanken, Meinungen und Ängste, die seine Wut auslösen, bewusst zu werden. Sinnvolle Fragen sind solche, die dem Kind helfen, sich selbst als verantwortlich für seine Gefühle (nicht für das, was geschehen ist) zu sehen. Wenn es sich seines eigenen Gedankenprozesses bewusst ist und die Gefühle wahrnimmt, die daraus resultieren, kann es Klarheit gewinnen (und Ihnen Klarheit bieten), um produktive Lösungen zu ermöglichen.

Vielleicht hilft Ihnen und Ihrem Kind eine der folgenden vier grundlegenden Fragen, den Gedanken, die Wut und andere schmerzliche Gefühle hervorrufen, auf den Grund zu gehen:

„Was glaubst du, was das bedeutet?"
„Wie wäre es, wenn es nach deinen Wünschen ginge?"
„Was ist das Schlimmste, was passieren kann?"
„Wie sollte es sein?"

Auch ein sehr junges Kind kann Klarheit gewinnen, indem es überlegt, wie die Art, in der es mit sich selbst spricht, seine Wut auslöst. Bei jungen Kindern sollten Sie es vielleicht etwas konkreter ausdrücken:

„Glaubst du, wenn er dich ‚blöd' nennt, du bist das wirklich?"
„Wie würdest du dich fühlen, wenn er dich jetzt nicht ‚blöd' nennen würde?"
„Was ist das Schlimmste, was jetzt passieren kann?"
„Glaubst du, er sollte dich nicht ‚blöd' nennen?"

Wenn das Kind einmal die Gedanken betrachtet, die den Schmerz hervorrufen, können Sie es fragen, wie es ihm in derselben Situation ohne diese Vorstellungen ginge. Dann kann es begreifen, dass die Ursache seiner Wut nicht das ist, was geschehen ist, sondern seine Gedanken darüber. Mit dem, was geschehen ist, lässt sich viel leichter leben als mit den angsterfüllten oder schmerzlichen Gedanken, die das Innere einem einflüstert. Ohne die Schuldzuweisung und das Drama ist das Kind nicht mehr davon abhängig, dass jemand anders es glücklich macht, und es kann auf seine eigene Stärke zurückgreifen. Wenn die Realität unnachgiebig ist, ruft das Festhalten an dem schmerzlichen Gedanken, das Unmögliche zu wollen, Leid hervor. Kinder erkennen das schnell, es sei denn, wir bringen ihnen bei, dass das Festhalten am Schmerz einen Nutzen einbringt, der die Mühe lohnt.

Das folgende Beispiel verdeutlicht, wie die Frage „Was bedeutet es für dich?" einem Kind helfen kann, seine tiefer liegenden Gefühle und deren Ursache zu erkennen. Wenn seine Mutter es dabei unterstützt, die Gültigkeit seiner Gedanken zu prüfen, stellt es fest, dass die Bedeutung, die es hinzugefügt hat, seinen Schmerz und seine Hilflosigkeit ausgelöst hat:

Der zwölfjährige Mario war wütend über seine jüngeren Brüder. Er sagte seiner alleinerziehenden Mutter Beth, sie störten ihn dauernd und er ärgere sich darüber, dass sie nie Folgen für ihr Verhalten zu tragen hätten. Beth fragte: „Willst du, dass ich deine Brüder daran hindere, dich zu stören?"

„Ich glaub schon", setzte er an, dann fuhr er genauso wütend wie vorher fort: „Tu etwas, ich weiß nicht. Du tust einfach nie was. Sie sind solche Nervensägen."

Beth merkte, dass es Mario um Schuldzuweisung, Rache und Bestrafung ging und dass ihre Frage nicht hilfreich war, weil sie implizierte, eine Lösung hinge davon ab, was sie mit seinen Brüdern tun sollte, statt auf seiner eigenen Selbsterkenntnis über seine Beziehung zu seinen Brüdern.

*„Glaubst du, das bedeutet, dass es mir egal ist?", fragte sie. (Das ist die
erste der vier hilfreichen Fragen.)*
„Ja. Und dass du mich nicht liebst."
*„O je, das tut weh", sagte sie. „Glaubst du wirklich, dass du mir egal
bist, wenn ich nicht eingreife?" (Prüfen der Gültigkeit.)*
„Nein. Ich weiß, dass ich dir nicht egal bin."
*„Wie würdest du dich fühlen, wenn du nicht dächtest, ich wäre dir
egal?" (Feststellen, dass die hinzugefügte Vorstellung die eigentliche Ur-
sache des Schmerzes ist.)*
*„Oh, ich weiß nicht. Die beiden ärgern mich auch dann, aber ich kann
im Grunde selbst damit umgehen."*
„Was am meisten wehtut, ist also der Gedanke, du wärst mir egal."
*„Hmm, ja, ich glaub schon", antwortete Mario und fing zu weinen an.
Dann brach er unvermittelt in Lachen aus und sagte: „Na, ich weiß
schon, dass du mich liebst." Beth nahm ihn in die Arme.*
*„Ich ärgere sie auch", fuhr Mario fort. „Wahrscheinlich brauche ich
einfach etwas Zeit ohne sie. Und wenn sie mich ärgern, kann ich für
mich selbst sorgen."*
*An dem Abend setzte sich die ganze Familie zusammen und sprach
über Möglichkeiten, Geschwisterstreitigkeiten zu klären und Marios
Bedürfnis nach mehr Privatsphäre zu achten. Nachdem ein paar Vorschläge gekommen waren, sagte Mario: „Lassen wir es sein. Ich komme
mit meiner Beziehung zu euch beiden schon zurecht. Ich war nur in der
blöden Vorstellung gefangen, ich wäre der Mama egal."*

Die tatsächliche Geschichte ist selten das, worum es eigentlich geht.
Mario erzeugte Wut, indem er sich selbst einredete, die Tatsache, dass
seine Mutter nicht für ihn Partei ergriff, bedeutete, er sei ihr egal. Seine
Wut hatte nichts mit seinen Brüdern zu tun. Solange er sich an seiner
Vorstellung festhielt, er sei seiner Mutter nicht wichtig und sie liebe
ihn nicht, musste Mario darin scheitern, den Konflikt mit seinen Brüdern zu lösen; wenn er seine Beziehung zu ihnen geklärt hätte, wäre
seine „Geschichte" über seine Mutter zerstört worden. Sobald Mario

die Verantwortung für die von ihm erfundene Bedeutung übernommen hatte, war es für ihn kein Problem, die Sache mit seinen Brüdern zu klären. Beth berichtete mir später, dass sie zu einer neuen Selbsterkenntnis über das Ausdrücken von Liebe kam. Ihr wurde klar, dass sie nicht viel Zeit mit Mario verbrachte, und sie nahm sich vor, mehr Zeit zu zweit mit ihm zu verbringen.

Den Blick von der Schuldzuweisung weg zur Selbsterkenntnis zu wenden, heißt nicht, dass wir nichts unternehmen sollten, um Verletzungen zu lindern, wenn es nötig ist. Im Gegenteil, Klarheit führt zu produktiven Lösungen. Wenn ein Kind zum Beispiel wütend ist, weil es seinen neuen Tanzkurs schrecklich findet, sollte es vielleicht etwas unternehmen. Wenn es sich klar darüber ist, was ihm daran nicht gefällt, wird es auch wissen, ob es mit dem Kurs aufhören oder eine andere Lösung finden sollte, etwa indem es sich eine andere Stelle an der Stange sucht oder mit der Lehrerin spricht. Statt ihm die Herausforderung aus dem Weg zu räumen, geben Sie ihm die Möglichkeit, sie zur Stärkung seines Selbstbewusstseins und Förderung seines aktiven Handelns zu nutzen. Durch Klarheit werden auch Sie viel lernen und erkennen, ob Sie etwas tun müssen oder nicht.

Vermeiden Sie es, etwas zu sagen, was den Ärger Ihres Kindes abwertet, wie etwa: „Du reagierst übertrieben" oder „Warum regst du dich so auf? Das ist doch nichts Schlimmes." Ein Kind, dessen Ärger abgewertet wird, wird das negative Selbstbild verinnerlichen und zunehmend Groll empfinden und unsicher sein. Doch vor allem wird es noch mehr in die Defensive gehen und unfähig sein, positive Lösungen zu sehen. Wenn Beth in der oben geschilderten Szene Marios Empfindungen abgewertet hätte, hätte er noch mehr den Eindruck gehabt, dass ihr nichts an ihm läge, und er hätte sich noch mehr an dieser Vorstellung festgehalten.

Um auf eine Weise, die seine Selbsterkenntnis stärkt, bei Ihrem wütenden Kind zu sein, müssen Sie Ihre eigene Reaktion beiseite schieben und den Versuch vermeiden, über Ihr Kind zu bestimmen oder Dinge für es zu regeln. Ihre Fähigkeit, die Kontrolle loszulassen, ist ein Vorbild an Stärke, weil sie nicht der Reaktion Ihres Inneren nachgeben; vielmehr konzentrieren Sie sich auf Ihr Kind und tun den Schritt von Reaktion zu Kreation und von Schwäche zu Kraft. Wahre Stärke ist nicht gewaltsam, sondern sanft.

Verarbeitung schmerzlicher Ereignisse aus der Vergangenheit

Manchmal haben Kinder, wie Erwachsene auch, das Bedürfnis, sich Ereignisse aus der Vergangenheit noch einmal ins Gedächtnis zu rufen, um sich von ihrer schmerzenden Nachwirkung zu befreien. Wenn ein aktuelles Geschehnis die Vergangenheit eines Kindes wieder aufleben lässt, wird das Kind den alten Schmerz zusammen mit dem neuen herauslassen, oft ohne sich dessen bewusst zu sein. Es kommt vor, dass Kinder gar nicht merken, wie etwas, über das sie sich jetzt im Moment aufregen, mit einem Ereignis aus der Vergangenheit zu tun hat; es kommt aber auch vor, dass sie bewusste Gestalter ihrer eigenen Therapie sind. Kinder sind einfallsreich darin, Szenarien zu schaffen, die ihnen ermöglichen, ihre Gefühle auszudrücken, wenn sie sich der Aufmerksamkeit eines liebevollen Zuhörers sicher sein können, wie die folgende Geschichte zeigt:

Michelle und ich unterhielten uns in ihrem Wohnzimmer, während ihr siebenjähriger Sohn Billy und ihre dreijährige Tochter Thea draußen spielten. Auf einmal hörten wir Thea schreien. Als Michelle und ich hinausgingen, um zu sehen, was passiert war, sahen wir Theas Dreirad im Gras liegen. Daraufhin verkündete Billy, er habe das Dreirad seiner Schwester auf den Boden geworfen.
Michelle wurde wütend und schimpfte: „Seit wann glaubst du, du könntest Räder durch die Gegend werfen?"
„Aber du hast das auch gemacht", rief Billy.
„Das heißt noch lange nicht, dass du das tun kannst", schrie Michelle zurück.

Ich war fasziniert davon, wie klug Billy auf ein unangenehmes Ge-
schehnis aus der Vergangenheit anspielte, damit er es verarbeiten konn-
te. Nachdem Michelle mir die Erlaubnis gegeben hatte, ihr dabei zu
helfen, auf die spontane Therapiestunde ihres Sohnes einzugehen, legte
ich ihr eine Hand beruhigend auf die Schulter und erinnerte sie: „Wo-
rum auch immer es hier geht, es geht um Billy."
Dann legte Billy seine Karten auf den Tisch. „Bei unserem Besuch in
Minnesota hast du mein Rad auf den Boden geworfen, und es ist kaputt
gegangen", sagte er, sah seine Mutter an und fing zu weinen an.
Michelle bekundete Verständnis und Wertschätzung für Billys Wut: „Ich
hab dein Rad umgeworfen. Ich sehe, dass du traurig und wütend darü-
ber bist. Du wünschst dir Respekt für das, was dir gehört."
Billy fuhr fort: „Du warst sauer auf Opa, und deswegen hast du mein
Fahrrad umgeworfen. Das ist nicht fair!"
Michelle war froh, dass ihr Sohn seine angestauten Gefühle über die-
se Episode herausließ, und sie hörte zu und verteidigte sich nicht. „Du
hast Recht", sagte sie, „das war nicht fair von mir. Ich hab meine Wut
zum Ausdruck gebracht, indem ich dein Fahrrad umgeworfen habe."
Daraufhin warf sich Billy ins Gras und schluchzte. Dann, fast genauso
plötzlich, wie er begonnen hatte, beendete Billy seine „Therapiestunde",
indem er sagte: „Okay, wir können jetzt zum Park gehen", denn das
hatten wir für den Nachmittag geplant.

Billy brauchte nicht einmal seine Wut zu ergründen, weil er von
selbst zu Gefühlen (Trauer und Tränen), die keine Schuldzuweisung
enthielten, überging, sobald seine Mutter keinen Widerstand mehr
leistete. Kinder kommen oft schnell voran, wenn wir mit ihrem Denken fließen und uns nicht dagegen wehren. Viele Ausdrucksweisen,
Handlungen und Verhaltensweisen von Kindern dienen der Auf-
rechterhaltung ihres emotionalen Gleichgewichts. Anders als in dieser Geschichte können wir bei den meisten Situationen nicht erkennen, worauf das Kind anspielt. Ob beim Spiel, am Essenstisch, beim
Schlafengehen oder im Park, ein seelisch gesundes Kind findet selbst

den Weg, wie es seine Emotionen verarbeiten kann. Es ist im Allgemeinen zufrieden, eben weil es autonom und frei ist, schmerzliche Gefühle herauszulassen.

Der Selbstausdruck der Eltern

Kinder neigen von Natur aus dazu, sich auszudrücken und ihre Gefühle nicht zu verbergen. Um diesen natürlichen Zug zu bewahren, sollten Sie ein Vorbild sein, indem Sie Ihre eigenen Gefühle mitteilen. Wenn wir verletzlich sind, erzeugt das eine Verbindung zu unseren Kindern; wenn wir uns aber nach außen hin hart geben, trennt uns das von ihnen und schafft Isolation und Misstrauen.

Manche Eltern fürchten, ihre Gefühle könnten ihre Kinder verletzen. Doch Sie können vermeiden, andere mit Ihren Worten zu verletzen, ohne dass Sie Ihre Gefühle verbergen. Wir verletzen andere, wenn wir sie mit der Verantwortung für unsere Gefühle belasten oder wenn wir sie herumkommandieren und wütend werden, wenn sie sich nicht fügen.

Sprechen Sie als Urheber Ihrer Gefühle und Wünsche, dann werden Ihre Worte niemanden verletzen. Wenn die Kinder vom Essenstisch aufstehen, ohne irgendetwas wegzuräumen, und Sie sagen: „Ich fühle mich wie eine Hausangestellte hier" oder „Ich hab das Gefühl, nie Anerkennung zu bekommen", wird Ihr Kind wahrscheinlich trotzig und verstimmt reagieren; denn solche Worte beinhalten einen Vorwurf und beschuldigen, als sei es die Aufgabe des Kindes, für Ihre emotionalen Bedürfnisse zu sorgen. Wenn Sie dagegen sagen: „Mir macht es keinen Spaß, nach dem Essen ganz alleine abzuräumen. Ich hätte gern etwas Hilfe dabei", machen Sie niemandem einen Vorwurf und bitten um das, was Sie wollen. Wenn sich Ihr Kind nicht für Ihre Gefühle verantwortlich fühlt, wird es Ihre Äußerung nicht als verletzend empfinden. Achten Sie darauf, dass Sie Ihr Bedürfnis nicht moralisierend vorbringen: „Du solltest hilfsbereiter sein" oder

„Du musst lernen, deinen Anteil beizusteuern" sind keine ehrlichen Mitteilungen. Sprechen Sie ehrlich: „Ich brauche deine Hilfe. Ist es dir recht, den Tisch abzuräumen?"

Respektieren Sie nach einer solchen Mitteilung die autonome Entscheidung des Kindes, etwas zu tun oder nicht. Es ist nicht verpflichtet, Ihre Bedürfnisse zu erfüllen, selbst wenn Sie Ihr Kind bedienen. Sie wollen, dass der Tisch abgeräumt wird. Ihrem Kind ist das egal. Es muss frei entscheiden können, ohne Angst vor Ihrer Reaktion zu haben und ohne sich verpflichtet zu fühlen, Ihnen einen Gefallen zu tun, sondern indem es aus einem authentischen Wunsch heraus handelt, der ihm Freude und Befriedigung verschafft. Falls seine Entscheidung im Widerspruch zu Ihren Erwartungen steht, behandeln Sie Ihr Kind mit Würde und sprechen Sie mit ihm über seine und Ihre Wünsche, bis Sie beide zu einer Lösung kommen, die Ihnen beiden gerecht wird. Wenn man Erwartungen hat, hindert man sich dadurch im Allgemeinen selbst daran, den Fluss des Lebens so anzunehmen, wie er kommt, und sein Kind bedingungslos zu lieben. Ihre Beziehung zu Ihrem Partner, Ihren Kindern und anderen wird aufblühen, wenn Sie zu dem, was ist, Ja sagen. Und was noch wichtiger ist: Falls Ihr Kind entscheidet, Ihnen nicht zu helfen, bietet es Ihnen dadurch eine Gelegenheit, mehr über Ihre eigenen schmerzlichen Gedanken zu erfahren. Wenn Sie denken: „Er sollte mir helfen", und er es nicht tut, können Sie das Gelernte umsetzen und die Freiheit von dieser Moralvorstellung in Ihrem eigenen Selbst finden. Wer wären Sie ohne diese Erwartung?

Oft protestieren Eltern, wenn sie diese Vorschläge hören, und sagen: „Aber sie muss sich doch zum Wegfahren fertig machen" oder „Er muss ins Bett gehen, wenn Schlafenszeit ist" und andere Aussagen über etwas, das ihnen unvermeidlich erscheint. Wenn Sie sich auf eine Weise ausdrücken, die dem Kind emotionale Freiheit lässt, kann es Ihr Partner sein, nicht Ihr gehorsamer Untertan. Im Gegenzug werden Sie entdecken, dass sich vieles von dem, was Sie als ein „Muss" ansehen, ändern lässt. Vielleicht können Sie Einkäufe erledigen, wenn

Ihr Partner zu Hause bei den Kindern ist, oder Sie können den Einkauf so gestalten, dass er dem Kind Spaß macht; Sie können brauchbare Lösungen für das Ins-Bett-Gehen, für Essenzeiten, Hausarbeiten und andere Konfliktquellen finden. Manchmal geht es schneller und läuft friedlicher ab, wenn Sie etwas selbst machen. Frieden und Teilnahme können Sie eher vermitteln, wenn Sie sich authentisch ausdrücken, und der einzige Mensch, bei dem Sie über Authentizität verfügen, sind Sie selbst.

Drücken Sie *sich selbst* aus, nicht das Selbst Ihres Kindes. Sobald Sie beschuldigen, moralisieren oder Befehle geben, verlieren Sie die Verbindung zu Ihrem Kind. Wenn Sie Gehorsam erwarten, wird Ihr Kind Widerstand leisten; doch wenn Sie für sich selbst sorgen, kann Ihr Kind Sie hören und Entscheidungen für sich selbst treffen. Sie können dann seine Entscheidungen respektieren, weil Sie Ihre Rolle spielen, nicht seine.

Die Fähigkeit eines Kindes, auf Ihr Bedürfnis einzugehen, hat direkt mit der Art zu tun, wie Sie sich ausdrücken. Falls Sie zu verstehen geben, Ihr Kind sei für Ihre Gefühle verantwortlich, wird es so überwältigt und eingeschüchtert sein, dass es durch diese Last wahrscheinlich wie gelähmt ist und mit Ihren Erwartungen nicht umgehen kann. Typische Wendungen, mit denen man dem Kind die Verantwortung für die elterlichen Gefühle gibt, sind zum Beispiel:

- Wegen dir fühle ich mich…
- Ich bekomme gar keine Anerkennung.
- Du machst mich wütend.
- Du frustrierst mich.
- Ich kann mit deinem… nicht umgehen.
- Wenn du so laut bist, bekomme ich Kopfschmerzen.
- Du machst mich wahnsinnig.
- Ich kann dich nicht ertragen.
- Ich bin schon ganz erledigt, du hörst nie auf…

Wir können auch ohne Worte, nämlich auf subtilere Weise durch unseren Gesichtsausdruck und unsere Körpersprache Vorwürfe äußern. Stellen Sie Ihre eigene Liste auf, indem Sie sich der schuld zuweisenden Sätze und Wendungen, die Sie benutzen, bewusst werden. Sich der Wendungen bewusst zu werden, die eine Vorwurfshaltung bei Ihnen ausdrücken, wird Ihnen helfen, sie zu vermeiden.

Manchmal möchten Eltern ein Kind vor heftigen Gefühlen schützen, die sie haben. Doch wenn man einem Kind sagt, es gehe einem „gut", obwohl man ganz offensichtlich kurz davor ist zu explodieren, bringt man ihm damit bei, starke Gefühle zu unterdrücken oder zu verbergen und sich davor zu fürchten. Und wenn Ihr Kind ganz alleine überlegt, warum Sie so aus der Fassung sind, wird es darüber hinaus, weil es von Natur aus selbstzentriert ist, wahrscheinlich annehmen, es sei seinetwegen, oder es wird aus Ihrem Verhalten schließen, man müsse unaufrichtig sein, wenn man sich schlecht fühlt, oder ihm werden andere Deutungen in den Sinn kommen, die seine Lebenskraft hemmen.

Wenn Sie in der Lage sind, bei Ihrem Kind präsent zu sein, ohne Ihren persönlichen Kummer zur Sprache zu bringen, brauchen Sie ihn auch nicht unbedingt anzusprechen. Doch wenn Sie sich Ausdruck verschaffen müssen, teilen Sie ihm Ihre Gefühle so mit, dass sie nicht bedrohlich wirken. Sie brauchen Ihr Kind nicht mit unnötigen Einzelheiten zu ängstigen oder es als Ihren Therapeuten zu benutzen. Jedoch können Sie ihm Ihre Gefühle und solche Einzelheiten mitteilen, die es erfassen kann, ohne Angst zu bekommen.

Achten Sie darauf, über Ihre Gefühle zu sprechen und nicht irgendwen zu beschuldigen oder sich zu beschweren. Wenn Sie etwa nach Hause kommen und kurz davor sind zu explodieren, können Sie sagen: „Ich bin jetzt wütend wegen etwas, das in der Bank passiert ist. Ich muss schreien." Oder wenn Sie von der Krankheit Ihrer Freundin erfahren haben, können Sie sagen: „Meine Freundin Tova ist sehr krank. Ich habe Angst. Ich brauche Zeit für mich allein und eine Stunde bei meiner Therapeutin." Manchmal möchten Sie vielleicht hinzufügen:

„Das hat nichts mit dir zu tun. Ich kümmere mich um mich selbst."
Solche einfachen Erklärungen verhindern, dass das Kind ein Schuld-
gefühl entwickelt. Da es sich sicher fühlt, wird es oft Interesse und
Fürsorge bekunden.

Es ist von entscheidender Bedeutung, dass Sie Ihr eigenes Bedürf-
nis, intensive Gefühle herauszulassen, wahrnehmen. Wenn Sie einen
Partner oder Freund oder eine Freundin haben, der oder die Ihnen
Zeit und Aufmerksamkeit widmen kann, nehmen Sie sich dafür Zeit.
Wenn Sie einen Termin bei einem Therapeuten machen müssen, tun
Sie dies und erklären Sie Ihrem verwirrten Kind, dass Sie mit dem
Therapeuten über Ihre tieferen Gefühle sprechen oder dass Sie selbst
daran arbeiten werden. Falls Sie es selbst tun, folgen Sie den in Kapitel
Eins erläuterten Leitlinien zur Selbsterforschung.

Nicht nur die Art, wie Sie mit Ihrem Kind umgehen, dient ihm als
Vorbild für Möglichkeiten, sich auszudrücken. Ihre Interaktion mit
Ihrem Partner und mit anderen Erwachsenen und Kindern ist ein
ständiges Vorbild für Ihr Kind. Lernen Sie, die Verletzlichkeit und
Tiefe Ihrer Gefühle zu äußern, ohne irgendwem wehzutun. Wenn
Kinder sehen, wie wir weinen, mit Unschlüssigkeit kämpfen und an-
dere schwierige Emotionen offenbaren, werden sie ihre angeborene
Freiheit, ihre eigenen intensiven Gefühle auszudrücken, bewahren
und an emotionaler Kraft und Freiheit gewinnen.

Sie brauchen Ihr Kind nicht vor Ihren starken Gefühlen zu schützen, vermeiden Sie es jedoch, diese mit Urteilen über es oder andere
zu verbinden. Wenn Sie urteilen oder beschuldigen, geben Sie Ihren
Fehler zu und bemühen Sie sich um Wiedergutmachung. Die ein-
zigen Gefühle, die man einem Kind nicht mitteilen sollte, sind elterliche Sorgen über seine Sicherheit oder die eines Familienmitglieds,
denn die würden es nur ängstigen, etwa: „Ich hab Angst, dass er sich
verletzen könnte", oder ein Gedanke, der seine Selbstwahrnehmung
kränken könnte, wie: „Ich mach mir Sorgen, dass er das nicht schaffen wird", und Ihre Sorgen über sein Wohlergehen: „Er wird so leicht
krank; ich hab Angst um ihn."

Wenn Ihr Kind sieht, wie Sie sich ausdrücken, ohne anderen die Verantwortung für Ihre Gefühle zu geben, lernt es, dass es sicher und in
Ordnung ist, sich selbst ebenfalls ganz auszudrücken. Indem es das
tut, lernt es sich selbst besser kennen und kann seinen eigenen Weg
aktiv gestalten; es wird in der Lage sein, Gefühle auszudrücken und
wieder nach vorne zu blicken. Wir können unsere Kinder nicht vor
den Herausforderungen des Lebens abschirmen, doch wir können
ihnen Liebe zur Wirklichkeit vorleben und ihnen Freiheit, sich selbst
auszudrücken, geben, ein Eckpfeiler emotionaler Stabilität.

Kapitel Vier

Emotionale Sicherheit

Teilen Sie Ihr Leben mit einem Kind, das liebevoll und produktiv handelt, nicht weil es sich vor Ihnen fürchtet, sondern weil es das aus seinem freien Willen heraus möchte.

Kinder können Stress nur abbauen und ihr emotionales Gleichgewicht wahren, wenn sie sich sicher genug fühlen, um sich ganz auszudrücken. Das Bedürfnis nach emotionaler Sicherheit steht daher in engem Zusammenhang zu dem Bedürfnis nach Freiheit des Selbstausdrucks. Ihr Kind wird sich sicher fühlen, wenn es liebevoll und mit Respekt für seinen emotionalen Ausdruck behandelt wird und wenn es erlebt, dass auch Sie verletzlich sind und dass andere Menschen in Ihrer Umgebung sicher genug sind, um sich auszudrücken.

Ein Kind lernt aus Erfahrung: Kann es gefahrlos Fehler machen oder wird es beschämt werden? Kann es weinen und dabei Ihre respektvolle Aufmerksamkeit bekommen, oder wird es von oben herab betrachtet werden? Kann es Ihnen seine geheimsten Ängste anvertrauen und ein mitfühlendes Ohr finden? Fühlen sich andere Menschen, mit denen Sie zu tun haben, in Ihrer Nähe sicher genug, um sich auszudrücken und auch Fehler zu machen? Ein Kind, das auf der Hut sein muss, nicht das „Falsche" zu tun oder zu sagen, fühlt sich nicht sicher genug, sich auszudrücken, aus Angst, dass seine Eltern über es urteilen, es von oben herab betrachten, ihm einen Rat geben oder versuchen, seine Entscheidung zu ändern. Es kann sich nicht authentisch ausdrücken, wenn es sich der bedingungslosen Liebe seiner Eltern nicht sicher ist.

Unser Ziel besteht nicht darin, ein Kind großzuziehen, das keine Angst kennt (was unmöglich ist und gefährlich wäre), sondern sicherzustellen, dass die natürliche Last an Ängsten einen Weg nach draußen findet, damit das emotionale Gleichgewicht erhalten bleibt. Ein Zustand beständiger Sorge hemmt die Fähigkeit eines Kindes, zu denken, zu lernen, Beziehungen herzustellen und sich zu entwickeln. Zu Hause ist der Ort, wo ein Kind sich sicher fühlen sollte, Gefühle im Beisein seiner Eltern oder anderer Menschen, die für es sorgen, herauszulassen und dabei auf offene Ohren zu stoßen. Dann kann es Aufregungen schnell hinter sich lassen, ohne sich daran festzuhalten oder seinen Schmerz zu unterdrücken.

Wie sehr wir uns auch bemühen mögen, Kinder werden dennoch ein gewisses Maß an Einschüchterung erleben, was ganz natürlich ist für Menschen, die klein sind, für die die Erfahrung, ein Mensch zu sein, noch neu ist (soweit wir das beurteilen können) und deren Überleben von größeren Menschen abhängt. Als Eltern sind Sie der sichere Hafen für Ihr Kind, der, dem es vertraut und auf dessen Unterstützung es sich verlässt, bis es erwachsen ist. Machen Sie sich Ihrem eigenen emotionalen Gleichgewicht und dem Ihres Kindes zuliebe zum sicheren Verbündeten für Ihr Kind. Es braucht die Erfahrung, dass Sie seine Gefühle, Entscheidungen und Gedanken zu schätzen wissen. Bei einem Beratungsgespräch erzählte mir ein Vater, wie er seinem Sohn durch sein Zuhören Sicherheit geboten hatte:

Der fünfjährige Herbie rutschte alleine im Park, als zwei andere Jungen dazukamen. Sie gingen zu ihm, als er unten auf der Rutsche saß und gerade aufstehen wollte. „Möchtest du mit uns auf dem Karussell spielen?", fragte einer der Jungen Herbie.

Herbie sah sie schweigend an und rührte sich nicht. Dann ging er zu seinem Vater Robert und vergrub sein Gesicht in dessen Mantel.

Einer der beiden Jungen fragte den Vater: „Warum sagt er nichts?"

„Ich glaube, er will alleine spielen", antwortete Robert.

Die beiden Jungen gingen weg. Der Vater streichelte seinen Sohn und fragte: „Willst du jetzt weiter rutschen?"

„Ich will nach Hause gehen", erwiderte Herbie.

„Dann lass uns gehen", sagte Robert, stand auf, und sie machten sich Hand in Hand auf den Weg.

„Gefällt es dir, wenn du den Spielplatz ganz für dich alleine hast?", versuchte Robert den Grund für die Entscheidung seines Sohnes zu erraten.

„Ja."

„Und wünschst du dir, andere Kinder würden dich nicht ansprechen?"

„Mmmh."

„Ja, das kann ich verstehen. Mir ist es oft auch lieber, etwas alleine zu tun."

„Betsy spielt gern mit anderen Kindern", schilderte Herbie die Vorlieben seiner älteren Schwester.

„Ja, ich weiß. Du bist mehr wie ich. Als ich ein Kind war, wollte ich oft alleine spielen und nicht mit anderen Kindern reden. Es ist schön, wenn man tun kann, was sich für einen selbst richtig anfühlt."

„Papa?"

„Ja, Herbie?"

„Weißt du, was sich für mich jetzt richtig anfühlt?"

„Was denn?"

„Nach Hause zu gehen und den Rest meiner Pizza zu essen."

Herbies Vater unternahm keinen Versuch, die Entscheidung seines Sohnes zu ändern, ihn von irgendetwas zu überzeugen oder anzudeuten, sein Entschluss sei nicht richtig gewesen. Indem er ihm vollkommenen Respekt entgegenbrachte und etwas von sich erzählte, was sein

Verständnis und seine Wertschätzung deutlich machte, schuf er emotionale Sicherheit und eine innige Verbindung. Mit einer solchen Vertrauensbezeugung kann ein Kind lernen, sich selbst zu vertrauen und bei seinem Vater verletzlich sein zu dürfen. Ihr Ziel ist eine Beziehung, in der Ihr Kind sich darauf freut, Ihnen seine Gefühle und Gedanken mitzuteilen, weil es sich Ihrer bedingungslosen Liebe sicher ist.

Jeder Zweifel im Inneren Ihres Kindes über Ihre eindeutige Unterstützung kann seine Beziehungsfähigkeit Ihnen gegenüber behindern. Es kann sein, dass Ihr Kind dann unauthentisch reagiert, um nicht Ihren Ärger oder Ihre Kritik zu provozieren. Vielleicht weigert es sich, Ihnen zu sagen, wie es sich fühlt, weil Sie, als es dies das letzte Mal versucht hat, zu beschäftigt waren und ihm keine Aufmerksamkeit schenkten oder mehr daran interessiert waren, ihm einen Rat zu geben, anstatt zuzuhören. Vielleicht willigt es auch schnell ein, Bitten von Ihnen zu erfüllen, nicht, weil es ihm Freude macht, Ihnen zu helfen oder Ihre Anweisungen zu befolgen, sondern weil es sich nicht zu behaupten wagt. Solche Reaktionen berauben das Kind schließlich seiner Fähigkeit, seine eigenen Gefühle zu kennen und ihnen zu vertrauen, und sie können seine Fähigkeit, zu denken und Beziehungen zu knüpfen, hemmen.

Viele Menschen werden sich Jahre später, wenn sie erwachsen sind, dieser Unauthentizität bewusst. Bei einem Beratungsgespräch erzählte mir eine Mutter von ihrem Streben in ihrer Kindheit, die beste Schülerin zu sein. „Ich hatte keine Wahl", sagte sie. „Ich musste die Beste sein und gab vor, es wunderbar zu finden. Doch im Innern fühlte ich mich hilflos und hatte Angst, nicht geliebt zu werden oder wertlos zu sein, wenn ich mal nicht die Beste wäre."

Eine andere Mutter berichtete, dass sie so getan habe, als sei sie mit ihrem Vater einer Meinung, um seine Gunst im Wettbewerb mit ihrer Schwester zu gewinnen. „Mein Vater schlug eine Lösung vor, wenn wir uns stritten, und ich erklärte mich damit einverstanden, obwohl ich sauer war und eine andere Lösung gebraucht hätte." Kinder sehnen sich so sehr danach, von uns angenommen zu werden, dass jede elterliche Handlung, die nicht von Liebe und Respekt geprägt ist, Selbstzweifel auslösen kann. Unsere Kinder müssen nicht nur sicher sein, dass wir sie lieben und achten, sondern auch, dass wir ihren Ausdruck von Kummer achten, wenn wir Kritik üben oder verärgert sind. Die Vorstellung, Kinder großzuziehen, die nur Freundlichkeit erleben und beobachten, entspricht nicht der allgemeinen menschlichen Erfahrung. Zwar streben Sie danach, Ihr Kind bestmöglich zu behandeln, doch sollten Sie auch Ihre Fehlbarkeit und die Ihres Kindes akzeptieren. Seien Sie ehrlich und sorgen Sie dafür, dass es für Ihr Kind sicher ist, Ihnen mitzuteilen, wie es sich fühlt; wenn Sie erkennen, auf welche Weise Sie Ihr Kind möglicherweise einschüchtern, wird Ihnen das helfen, das Vertrauen wiederherzustellen, wenn es einmal zu schwinden scheint.

Wie schon erläutert, löst das Negieren der Gefühle von Kindern oder das Urteilen darüber oft Ängste bei ihnen aus. Wenn sich ein Kind für das, was es tut oder sagt, schämt, verschließt es sich vielleicht und gibt vor, so zu sein, wie Sie es von ihm erwarten. Sein folgsames Verhalten kann Sie in die Irre führen, so dass Sie seine Schwierigkeiten gar nicht wahrnehmen, bis größere Probleme auftauchen.

Eine weitere Art, wie man Kinder beschämen und einschüchtern kann, sind Kränkungen, die für „Humor" ausgegeben werden. Lustige Bemerkungen auf Kosten eines Kindes schaffen eine Schranke des Misstrauens. Das gekränkte Kind wird wahrscheinlich so tun, als mache ihm der Witz nichts aus, während es sich im Innern hilflos fühlt. Ich erinnere mich an die Geschichte von Joseph und seinem Großvater.

Der sechsjährige Joseph nahm sein Abendessen mit hörbarem Genuss zu sich, denn er kaute mit offenem Mund.
„Hey, Joseph, ich kann auch mit geschlossenen Augen erkennen, dass du isst, und wenn ich sie aufmache, kann ich deine Zähne zählen", sagte Josephs Großvater Ted kichernd.
Joseph sagte kein Wort.

„Ich weiß nicht, wie du dich bei dieser Bemerkung fühlst", sagte sein Vater Sam, damit Joseph sich sicherer fühlte. Dann fragte er ihn: „Möchtest du etwas dazu sagen?"

„Ja, wie hast du dich gefühlt, als ich diesen Scherz gemacht habe?", fragte Opa Ted.

Ohne aufzublicken antwortete Joseph: „Ach, ich fand ihn lustig."

Später, bei einem Beratungsgespräch, sagte Joseph: „Ich tue nur so, als würden mir diese Scherze gefallen. In Wirklichkeit hasse ich sie. Ich fühle mich dann schlecht. Er macht sich über mich lustig und nennt das ,Humor'."

„Warum sagst du deinem Opa nicht, wie du dich fühlst?", fragte sein Vater.

„Ich hab Angst, dass er wütend wird oder sich mit dir streitet, Papa", antwortete Joseph. „Er meint, ich sollte Spaß an seinen Scherzen haben."

Für ein Kind ist es am leichtesten, eine unangenehme Episode zu beenden, indem es vorgibt, alles, was dem Erwachsenen gefällt, gerne zu tun. Die für Humor ausgegebene herabsetzende Bemerkung ist schmerzlich genug. Wenn das Kind so tut, als fasse es sie als „Scherz" auf, schützt es sich dadurch vor weiteren Kränkungen. Doch wenn es eingeschüchtert wird, kann es unsere Liebe nicht wahrnehmen. Das Kind ist verwirrt, wenn der Mensch, den es am meisten liebt, gleichzeitig jemand ist, bei dem es sich nicht sicher genug fühlt, um ihm seine authentischen Gefühle mitzuteilen. Im Lauf der Zeit kann es schlussfolgern: „Irgendetwas an mir muss verkehrt sein. Ich kann nicht so sein, wie sie es von mir wollen", ein inneres Gespräch, das sein Selbstwertgefühl schwächt.

Beim Schaffen einer Umgebung, in der sich Kinder sicher fühlen können, dürfen wir keine Angst davor haben, Fehler zu machen. Wenn wir uns ängstlich verhalten, nimmt das Kind unsere Ängstlichkeit in sich auf, was seine Selbstzweifel noch verstärkt. Allzu große Sorge wegen der Empfindlichkeit von Kindern beeinträchtigt ihre emotionale Fähigkeit, die menschliche Realität zu akzeptieren, Schmerz auszuhalten, zu verzeihen und selbst Fehler zu machen. Wenn Kinder ihre Emotionen im Beisein ihrer aufmerksam zuhörenden Eltern ganz ausdrücken können, sind sie in der Lage, mit schwierigen Situationen umzugehen. Ja, „Unvollkommenheiten" von Eltern können durchaus Gelegenheiten zum Wachsen bieten, solange sie nicht ständig oder allzu heftig auftreten und solange Sie Ihre Fehlbarkeit in schwierigen Situationen zugeben, den verletzten Gefühlen des Kindes mit Wertschätzung begegnen und sich um Wiedergutmachung bemühen.

Ihre Empfindungen und das Gefühl des Kindes, in Sicherheit zu sein

Die Freiheit des Selbstausdrucks ist für Kinder und Eltern nicht dasselbe. Sie sollten Ihrem Kind liebevoll und anteilnehmend zuhören, unabhängig davon, wie es sich ausdrückt, doch Ihr Kind kann nicht dasselbe für Sie tun, weil heftige Gefühle von Ihnen es ängstigen können und weil es Ihre Emotionen persönlich nimmt. Ein Kind ist nicht in der Lage, Ihren Kummer auf sich zu nehmen. Es ist nicht Mutter, Vater oder Therapeut; es ist nicht dazu da, Wutausbrüche auszuhalten oder seinen gekränkten Eltern Verständnis und Wertschätzung entgegenzubringen. Drücken Sie daher die Emotionen, die Ihr Kind ängstigen oder verletzen könnten, aus, wenn ein anderer Erwachsener Ihnen zuhört, der bereit und in der Lage ist, Ihnen Aufmerksamkeit zu schenken.

Über Gefühle, die nicht das Potenzial haben, es zu ängstigen oder zu belasten, können Sie mit Ihrem Kind sprechen. Vergewissern Sie sich, dass es selbst nicht gerade beunruhigende Gedanken oder Gefühle hegt; dann können Sie ihm von Ihren Gefühlen erzählen, vorausgesetzt, Ihre Worte sind frei von Vorwürfen oder Urteilen über irgendwen. Mit anderen Worten, rücken Sie sich selbst in den Blickpunkt, nicht den Fehler eines anderen. Die Aussage „Ich bin wütend, weil mein Hemd zerknittert ist" wirft niemandem etwas vor. Bei dem Satz „Ich hab das Gefühl, dass meine Kleidung ihr egal ist" dagegen sorgt sich das Kind, Sie könnten ihm beim nächsten Mal die Schuld an Ihren Gefühlen geben. Das Vermeiden von Vorwürfen schafft nicht nur ein Gefühl der Sicherheit für Ihr Kind, sondern bringt ihm auch die Fähigkeit nahe, sich als Urheber seiner eigenen Gefühle wahrzunehmen und dadurch stark zu sein, statt sich als Opfer zu erleben.

Falls Sie in einer Familie aufgewachsen sind, in der Sie sich nicht sicher genug fühlten, um Ihre tief empfundenen Gedanken und Wünsche offen auszusprechen, fällt es Ihnen vielleicht schwer, eine Umgebung zu schaffen, in der sich Ihr Kind sicher fühlt. Denn in dem Augenblick, in dem Ihr Kind seine intensiven Gefühle ausdrückt, meldet sich vielleicht Ihre alte Angst, sich auszudrücken, wieder, ob Sie sich dessen bewusst sind oder nicht. Natürlich wollen Sie nicht an alten Schmerz erinnert werden, und deshalb hindern Sie Ihr Kind vielleicht unwillkürlich daran, sich auszudrücken.

Doch wir müssen bereit sein, uns unbehaglich zu fühlen, wenn wir den Schritt vom Negieren zum wertschätzenden Annehmen schaffen wollen. Wir können es uns nicht leisten, den Gefühlsausdruck eines Kindes zu unterbinden, um uns selbst vor Unbehagen zu schützen. Wenden Sie stattdessen die S.A.L.V.E.-Formel an, wenn der Gefühlsausdruck Ihres Kindes bei Ihnen eine Reaktion auslöst: (s) Stoppen Sie sich, werden Sie sich Ihrer Reaktion bewusst, lassen Sie sie (s) still in Ihrem Inneren ablaufen (überlegen Sie, ob Sie Zeit dazu haben, wenn nicht, tun Sie das später), richten Sie Ihre Aufmerksamkeit (A) auf das Kind und (L) lauschen Sie, hören Sie ihm zu. Bekunden Sie (V) Verständnis und Wertschätzung für die Wahrnehmung des Kindes und (E) ermutigen Sie es, indem Sie vermeiden, alles selbst in Ordnung zu bringen, und indem Sie ihm vertrauen.

Zu einem anderen Zeitpunkt können Sie Ihre gedanklichen Reaktionen aufschreiben und deren Gültigkeit und Relevanz prüfen, überlegen, wer Sie ohne diese Gedanken wären und inwiefern sie sich auf Sie selbst beziehen lassen. Sie können dies alleine schriftlich tun, oder Sie suchen sich einen erwachsenen Zuhörer und arbeiten sich auf dem Weg zur Selbsterkenntnis voran. Wenn Sie das tun, haben Sie es nicht nötig, auf eine Weise zu reagieren, die für das Kind beängstigend ist und gar nichts mit ihm zu tun hat. Das Schaffen einer sicheren Familienumgebung gibt jedem von Ihnen die Gelegenheit, vertraut miteinander umzugehen, ohne sich gegenseitig zu verletzen, und falls es doch zu einer Verletzung kommt, offen darüber zu sprechen. Ja, indem wir unsere Kinder beim Wachsen begleiten, können wir auch selbst wachsen.

Manche Eltern sagen, ihre Kinder seien in der Lage, zuzuhören, wenn die Eltern schmerzliche Emotionen ausdrücken, und ihre Anteilnahme zu zeigen. Doch ein junges Kind, das diese Rolle auf sich nimmt, erlebt dabei vielleicht Angst und Schuldgefühle. Möglicherweise fürchtet es, seine Eltern könnten mit schwierigen Situationen nicht umgehen, oder es glaubt, es sei selbst die Ursache für den Kummer der Eltern, und schämt sich. Zwar brauchen wir unsere Traurigkeit oder Freude nicht zu verbergen, jedoch ist es beängstigend für ein Kind, die Rolle des Trösters zu übernehmen, einem Elternteil gegenüberzustehen, dessen Leid dauernd hervorzubrechen droht oder der selbst bedürftig ist und Schwäche und Unfähigkeit, die Elternrolle zu erfüllen, zum Ausdruck bringt. Um sich sicher zu fühlen und Ihnen zu vertrauen, muss sich Ihr Kind auf Ihre Fähigkeit, seine emotionalen Grenzen zu achten, verlassen können. Im Verlauf seines Reifungsprozesses wird ein Kind, das stets die Freiheit gehabt hat, sich auszudrücken, allmählich die Fähigkeit entwickeln, Ihnen zuzuhören und Anteilnahme zu zeigen.

Erkennen von Verhaltensweisen, die auf Angst beruhen

Viele Kinder zeigen ähnliche Verhaltensweisen, wenn sie sich in ihren täglichen Beziehungen auch nur ein wenig unsicher fühlen. Das Auftreten einer dieser Verhaltensweisen, die auf Angst beruhen, signalisiert uns, dass sich das Kind emotional nicht sicher fühlt. Einige häufige Hinweise auf Angst und Scham:

- Ein Kind, das sich unsicher fühlt, führt seine nicht akzeptierten Verhaltensweisen im Verborgenen aus. Beispielsweise ärgert es seinen Bruder, wenn die Eltern es nicht sehen. Ein Kind, das sich sicher fühlt, ärgert dagegen seinen Bruder, ohne sich vor elterlichen Vergeltungsmaßnahmen zu fürchten. Ja, vielleicht neigt es sogar eher dazu, dieses Verhalten in der Gegenwart seiner Eltern zu zeigen, weil es darauf hofft, dass sie auf sein Bedürfnis eingehen.
- Wenn irgendetwas schief läuft (verlorenes Spielzeug, zerbrochener Teller oder ein ungerechtes Spiel), neigt ein Kind, das Scham empfindet, dazu zu lügen, weil es sich vor der Reaktion seiner Eltern auf das Geschehene fürchtet. Wenn es darauf angesprochen wird, starrt es auf den Boden, spricht nur leise oder sagt gar nichts. Oder vielleicht wird es besonders laut, in dem Versuch, seine „Wahrheit" überzeugend herüberzubringen. Ein Kind, das sich sicher fühlt, hat es dagegen nicht nötig, irgendetwas zu verbergen oder zu vertuschen. Seine Eltern werden auf keinem Verhör bestehen; bei Bedarf wird das Kind ruhig und vertrauensvoll mitteilen, was geschehen ist, und dabei Augenkontakt halten.
- Ein Kind, das Angst davor hat, bewertet zu werden, hält meistens mit dem, was es gerade tut, inne, wenn ein Elternteil das Zimmer betritt. Ein Kind dagegen, das nicht befürchtet, bewertet zu werden, ist vielleicht so vertieft, dass es das Hereinkommen eines Elternteils gar nicht bemerkt – oder mit seiner Beschäftigung fortfährt und Mutter oder Vater auffordert, ihm dabei zuzuschauen.
- Ein ängstliches Kind vermeidet es, sich zu behaupten, vor allem wenn es glaubt, dass seine Wünsche im Widerspruch zu denen seiner Eltern stehen. Das selbstsichere Kind jedoch meldet sich und teilt sich entweder durch Worte oder, wenn es noch sehr jung ist, durch sein Verhalten und andere Signale mit.
- Das Gefühl von Unsicherheit hemmt die Entscheidungsfähigkeit des Kindes. Es versucht dann zu erraten, was seine Eltern akzeptieren würden, und fürchtet sich vor Kritik. Es sagt: „Ich weiß nicht", oder schweigt, damit die Eltern für es entscheiden und es somit si-

cher sein kann, sich für das zu entscheiden, was akzeptiert wird.
- Ein ängstliches Kind ist vielleicht verschwiegen, sondert sich ab
  und/oder neigt zu Aggressionen, Tics, Bettnässen, Albträumen und
  anderen Stresssymptomen. Ein Kind, das sich sicher fühlt, ist bei
  seinen Eltern kommunikativ und entspannt.
- Unsicherheit und Angst beeinträchtigen die Konzentrationsfähig-
  keit erheblich, so dass das Kind unfähig scheint, Dinge zu begreifen. Ein selbstsicheres Kind dagegen kann seine Intelligenz optimal
  nutzen.
- Ein Kind, das sich emotional nicht sicher und selbstbewusst fühlt,
  bemüht sich vielleicht ganz besonders, anderen zu gefallen. Vielleicht
  versucht es sich anzupassen, statt es selbst zu sein. Vielleicht benimmt
  es sich besonders gut, ist gehorsam und hilfsbereit. Ein selbstsicheres Kind hat weder einen Grund, irgendwen zu stören, noch einen
  Grund, ständig uns oder andere zu besänftigen. Es behauptet sich,
  ist authentisch und bringt sowohl seine wahren Bedürfnisse als auch
  seine Ausgelassenheit und seine Kooperationsbereitschaft zum Ausdruck. Ob schüchtern und zurückhaltend oder extrovertiert und zu-
  packend, ein Kind, das sich frei fühlt, es selbst zu sein, hat es nicht
  nötig, nach der Pfeife von irgendwem zu tanzen.

Diese typischen Zeichen von Einschüchterung tauchen bei den meisten
Kindern irgendwann einmal auf. Selbst wenn wir vollkommen auf die
Bedürfnisse unseres Babys oder Kleinkinds eingehen, es nach Bedarf
stillen, im Familienbett schlafen und es am Körper tragen, lässt es sich
nicht vermeiden, dass das Kind, wenn es größer wird, irgendwann die
Erfahrung von Unsicherheit macht. Wenn Sie bei Ihrem Kind eine
Reaktion bemerken, die Angst erkennen lässt, auch wenn Sie glauben,
ganz sanft zu sein, spiegeln Sie seine Wahrnehmung: „Hast du dich
erschreckt, als ich gesagt habe: ‚Hör auf‘?“ Oder falls Sie vermuten,
dass es seine Gefühle aus Angst vor Ihrer Missbilligung für sich behält, können Sie fragen: „Möchtest du lieber nicht bei der Schwimm-
mannschaft mitmachen? Tu, was du für dich selbst für richtig hältst.

Du weißt am besten, was dir Spaß macht." Im Lauf der Zeit werden solche Erfahrungen, begleitet von Ihrem allgemeinen Vertrauen in Ihr Kind, dazu führen, dass es sich nicht mehr so eingeschüchtert fühlt und dass das Vertrauen zwischen Ihnen beiden wächst.

Wenn sich ein Kind sicher genug fühlt, sich auszudrücken, ist es auch authentisch. Es hält sein emotionales Gleichgewicht aufrecht, indem es Verletzungen herauslässt – durch Tränen, Worte, Spiel oder Kunst.

Das Schaffen sicherer Familienbeziehungen gibt auch Ihnen Freiheit, sich auszudrücken. Ihr Zuhause wird ein liebevoller Ort, an dem Sie und das Wunder Ihres Kindes, aber auch Ihre Fehler und Ihr Verzeihen in einer Atmosphäre der Liebe und Güte angenommen werden.

Vorbeugung von Lügen, Verheimlichen und anderen Verhaltensweisen, die auf Angst beruhen

Um zu vermeiden, dass ein Kind sich angewöhnt, zu lügen, etwas zu verheimlichen oder sich auf andere Weise defensiv zu verhalten, oder um dem entgegenzuwirken, falls es schon solche Verhaltensweisen entwickelt hat, müssen wir die zugrunde liegende Angst auflösen. Wenn es von der Angst befreit ist, wird sich das Kind wohl dabei fühlen, offen und ehrlich zu sein. Doch so sehr Sie sich auch bemühen mögen, eine sichere Umgebung zu schaffen, kann es sein, dass sich Ihr Kind bisweilen dennoch eingeschüchtert fühlt, einfach weil es ein Kind ist. Seien Sie sensibel und respektvoll; vermeiden Sie es, Ihr Kind über seine natürlichen Grenzen hinaus zu drängen, und versuchen Sie nicht zu beweisen, dass es „gelogen" hat. Wenn es die Wahrheit verheimlicht, wissen Sie, dass es sich unsicher fühlt. Ihr Ziel besteht darin, die Ursache seiner Angst zu lindern. Bei einer Telefonberatung erzählte mir Matthew, wie es ihm einmal gelungen war, seiner Tochter eine solche Sicherheit zu bieten.

Als Matthew ins Wohnzimmer kam, traf er dort die sechsjährige Adia
an, die versuchte, eine zerbrochene Vase wieder zusammenzusetzen.
Sie wirkte nervös.
„Sie ist von alleine runtergefallen", sagte Adia ohne aufzublicken.
Matthew überlegte, was er sagen sollte. Es war eine wunderschöne Vase,
die sie von einem guten Freund zur Hochzeit bekommen hatten. Da
er sich noch nicht klar war, was er tun sollte, bückte er sich und fing
an, seiner Tochter bei ihrer unmöglichen Aufgabe zu helfen.
Nach ungefähr einer Minute sagte er: „Ich glaube nicht, dass wir sie
zusammensetzen können."
Adia hielt inne und fing zu weinen an. Da Matthew erkannte, dass
sie Angst hatte, die Wahrheit zu sagen, beruhigte er sie: „Das kann
jedem passieren. Neulich ist mir die Linse einer Kamera kaputt-
gegangen."
Adia sah ihren Vater an. Sie fühlte sich ein Stück weit erleichtert und
sagte: „Ich wusste nicht, dass die Pflanze so nah dran war. Ich hab sie
zur Seite geschoben, um Platz für meine Puppe zu machen."
„Ach, ich verstehe, und dann ist die Vase vom Regal gefallen", sagte
Matthew ruhig und fügte hinzu: „Hattest du Angst, ich würde wü-
tend auf dich, wie ich es neulich war?"
Adia nickte.
„Ich wünschte, ich wäre neulich nicht wütend gewesen, und ich bin
jetzt nicht wütend. Es war eine schöne Vase, aber du bist mir lieber.
Ich will, dass du dich sicher genug fühlst, um mir zu erzählen, was
passiert ist."
„Papa?"
„Ja, Adia?"
„Lass uns den Besen holen."

Matthew behandelte Adia so, wie die meisten Leute einen Gast behandeln würden, der versehentlich einen wertvollen Gegenstand kaputtgemacht hat. Da wir wissen, dass ein solches Geschehnis bei dem
Verursacher Gefühle der Schuld und der Scham auslöst, tun wir, was

wir können, um ihm sein Schuldgefühl zu nehmen. Matthew über-
nahm die volle Verantwortung dafür, dass er die Ursache für Adias
Bedürfnis zu „lügen" war. Keine Lektionen und keine Worte können
den Wert von Wahrheit besser vermitteln. Liebevolles Handeln lehrt
Ehrlichkeit und schafft die Bedingungen, die der Wahrheit ermöglichen, sich zu offenbaren.

Natürlich werden Sie nicht immer in der Lage sein, eine Atmosphäre vollkommener Sicherheit aufrechtzuerhalten. Wenn Sie merken, dass Sie Ihr Kind einschüchtern, geben Sie Ihren Fehler zu und
bekunden Sie Verständnis und Wertschätzung für die Gefühle Ihres
Kindes, damit Sie das Vertrauen zwischen Ihnen beiden wiederherstellen können. Im Lauf der Zeit und mit zunehmender Praxis wird
es Ihnen leicht fallen, Ihrem Kind mit verlässlicher Sensibilität zu
begegnen.

Im Folgenden finden Sie ein paar Leitlinien, die das Gefühl Ihres
Kindes für Sicherheit und sein Vertrauen in Ihre Beziehung zu ihm
stärken werden:

- Vermeiden Sie es, Ihr Kind (oder andere in seiner Gegenwart) durch
  Lob oder Kritik zu bewerten. Das Bemühen, Ihnen zu gefallen und
  Ihre Erwartungen zu erfüllen, ist bei Kindern einer der Hauptgründe
  für Sorgen.
- Sprechen Sie freundlich und respektvoll mit Ihrem Kind, sowohl
  in der Öffentlichkeit als auch, wenn Sie unter sich sind. Predigen,
  Schimpfen, Unterbrechen, Vorwerfen, Auf-die-Probe-Stellen und
  Bewerten sind unfreundliche Arten, jemanden zu behandeln, ob
  Kind oder Erwachsenen, und diese Methoden führen zu Angst,
  Scham und Misstrauen. Bringen Sie Ihre Liebe und Anerkennung
  zum Ausdruck und kümmern Sie sich freudig um Ihr Kind.
- Vermeiden Sie es, Ihr Kind mit irgendwem zu vergleichen. Verglei-
  chen bedeutet Bewerten, und das erzeugt Angst und Anspannung.
  Wenn der Vergleich zu seinen Gunsten ausfällt, fürchtet das Kind,
  Ihre Anerkennung beim nächsten Mal vielleicht nicht zu bekom-

men, und wenn er zu Gunsten eines anderen ausfällt, fühlt sich Ihr Kind gekränkt und empfindet Groll gegenüber dem anderen Kind und gegenüber Ihnen.

- Seien Sie freundlich zu Ihrem Partner, Ihren Freunden und Verwandten. Wenn das Kind unfreundliche Beziehungen miterlebt, bekommt es Angst, ebenso behandelt zu werden. Denken Sie außerdem daran, dass Kinder unser Verhalten nachahmen.

- Bestärken Sie Ihr Kind in seinem gesamten emotionalen Ausdruck und gehen Sie auf es ein, indem Sie ihm zuhören, ihm Wertschätzung und Freundlichkeit entgegenbringen.

- Respektieren Sie die Entscheidungen Ihres Kindes, solange sie ungefährlich sind. Wenn Sie sich gegen seine Entscheidungen stellen, sie missachten oder ihm Ihre Entscheidungen aufzwingen, sind Selbstzweifel und Unsicherheit die Folge. Beginnen Sie Ihre Antwort stattdessen mit „Ja", so dass Sie „gezwungen" sind, eine positive Antwort zu finden. „Ja, du willst Bücher zerreißen. Hier sind ein paar Zeitschriften, die du zerreißen kannst" oder „Ja, du möchtest gerne mit der Plastiktüte über dem Kopf spielen. Hier ist eine Papiertüte. Die ist ungefährlich, und wenn du willst, kann ich dir Löcher für die Augen machen." Selbst wenn es keine Möglichkeit gibt, das, was das Kind tut, zu unterstützen, können Sie Ja zu seiner Absicht sagen: „Ja, ich sehe, dass du deine Schwester gerne ärgerst. Möchtest du mir etwas darüber erzählen?"

- Vermeiden Sie es, natürliches Verhalten von Kindern zu kontrollieren oder zu unterdrücken. Lärm, Kichern, Unordnung, Ausgelassenheit und endlose Neugier sind natürlich und für das Wachstum notwendig.

- Weigern Sie sich, auf Strafen, Auszeiten, Konsequenzen, Bestechungen und Drohungen zurückzugreifen. Ganz gleich, welchen Namen wir diesen Strategien geben, ganz gleich, wie sanft sie angewandt werden oder welch gute Absicht dahinterstecken mag, ihr Zweck ist es stets, das Verhalten von Kindern zu kontrollieren. Deshalb lösen sie Angst aus, hemmen das Vertrauen zwischen Eltern und Kind und führen zu den Verhaltensweisen, die sie eigentlich vermeiden sollten.

Der Preis der Kontrolle über ein Kind

Zwar behaupten manche Eltern, Kontrollmethoden böten eine Struktur, aufgrund derer Kinder sich gut benähmen und sogar zufrieden wirkten, doch denken Sie daran, dass Kinder, die einen friedlichen, kooperativen und glücklichen Eindruck machen, nicht unbedingt wirklich Glück und Freude empfinden, sondern sich vielleicht nur bemühen, anderen zu gefallen oder Erwartungen zu erfüllen. Wenn diese Kinder folgsam sind und sich angenehm verhalten, sind sie nur glücklich, weil sie ihren Eltern gefallen, jedoch nicht, weil sie das tun, was sie tun (helfen, teilen, lernen). Dieser Eindruck von „Glück" macht es den Eltern schwer, wahrzunehmen, wie das authentische Wesen des Kindes verkümmert.

Beispielsweise sagte eine Mutter zu mir: „Wenn ich meine Tochter in ihr Zimmer schicke oder wenn ich ihr eine Tracht Prügel gebe, beruhigt sie sich, und es geht danach besser." Die Frage ist: „Besser für wen?" Einem Kind, das sich aus Angst fügt, geht es nicht besser, sondern schlechter. Es hat seine eigene Richtung aufgegeben, um selbst in Sicherheit zu sein und seine Eltern zufrieden zu stellen.

Wie sanft oder kooperativ man Strafen, Auszeiten oder Konsequenzen auch durchführen mag, jede Methode hat ihren Preis – dessen wir uns oft nicht bewusst sind, bis Jahre später bei dem Kind ein Mangel an Authentizität oder Durchsetzungsvermögen, Depressionen, Suchtverhalten, Gewalttätigkeit oder autodestruktives Verhalten sichtbar werden. Ein Kind kann die Liebe seiner Eltern nicht wahrnehmen, wenn es von ihnen kontrolliert wird. Stattdessen wird es abhängig und gleichzeitig isoliert und wird später das Bedürfnis haben, andere passiv oder aktiv zu kontrollieren.

Durchsetzungsvermögen (bisweilen als „Trotz" interpretiert) zeugt von eigenem Willen und daher von emotionaler Kraft. Das Aufgeben des Willens beim gehorsamen Kind zeugt von Angst und emotionaler Hemmung. Der russische Psychologe L.S. Wygotski schreibt: „Menschen mit großen Leidenschaften, Menschen, die große Taten vollbringen, Menschen, die starke Gefühle haben, Menschen mit einem großen Geist und einer starken Persönlichkeit waren früher nur selten brave kleine Jungen und Mädchen."

Sanfte Kontrollmethoden führen sowohl die Eltern als auch das Kind in die Irre. Ein Kind, das sich problemlos oder sogar lächelnd fügt, wenn Konsequenzen, Auszeiten oder irgendwelche Varianten solcher Maßnahmen angewandt werden, ist zu unsicher, um seinen Schmerz zu äußern, und hat oft das Gespür für seine eigenen Gefühle verloren. Es muss glauben, seine Eltern täten das Richtige, und daraus schließt es, sein Gefühl, etwas sei verkehrt, müsse ein Irrtum und nicht vertrauenswürdig sein.

Selbst das, was manche Eltern als „natürliche" Konsequenzen bezeichnen, ist meist von den Eltern auferlegt und ruft daher den gleichen Schaden und das gleiche Misstrauen wie eine Bestrafung hervor. Wenn es sich wirklich um eine natürliche Konsequenz handelt, stellt sie sich von alleine ein. Ein Vater erzählte mir, die „natürliche" Konsequenz davon, dass sein Sohn seine Aufgaben im Haushalt nicht erledigt hatte, bestehe darin, dass er nicht zu seinem Freund gehen könnte, weil er zu Hause bleiben müsse, um die Hausarbeit zu erledigen. Doch wenn von einem Kind erwartet wird, dass es das Geschirr spült, und es das nicht tut, ist die einzige natürliche Konsequenz die, dass das Geschirr schmutzig bleibt. Das Absagen seiner Verabredung zum Spielen ist eine Strafe, die von den Eltern gegen den Willen des Kindes verhängt wird. Das Kind wird sich vor einer solchen Strafe wie vor jeder anderen fürchten. Um die Gültigkeit dieser Aussage zu testen, fragen Sie sich, wie Sie sich fühlen würden, wenn Ihr Partner zu Ihnen sagen würde, weil Sie den Rasen nicht wie vereinbart gemäht hätten, müssten Sie es jetzt tun und könnten nicht zu Ihrem Yogakurs gehen.

Natürlich können Sie sich entscheiden, nicht zum Yogakurs zu gehen, und das Kind, das sich nicht um das Geschirr gekümmert hat, kann sich, nachdem Sie Ihre Gefühle zum Ausdruck gebracht haben, entscheiden, das Geschirr zu spülen, bevor es zu seinem Freund geht;

jedoch müssen solche Entscheidungen eine Folge respektvoller Kommunikation zwischen den Beteiligten sein und auf ihren authentischen Wünschen beruhen. Sie können freundlich anbieten, das Geschirr zu spülen, oder eine andere rücksichtsvolle Lösung finden. Auch können Sie versuchen herauszufinden, warum die Arbeit nicht erledigt wurde, und vielleicht stellen Sie dann fest, dass an der Arbeitsaufteilung oder den Erwartungen etwas geändert werden sollte. Der Aspekt der Kontrolle ist es, der die Beziehung beeinträchtigt und Angst hervorruft, nicht die Entscheidung und die Lösung selbst. Wenn Sie Ihre Hilfe anbieten, lernt das Kind, Hilfe anzubieten, die nicht an Bedingungen geknüpft ist. Die Angst, Ihr Kind könnte Sie ausnutzen, wie im Kapitel über die Liebe erläutert, behindert Sie in Ihrer Freiheit, großzügig zu sein, und überträgt sich auf Ihr Kind.

Wenn Kontrolle über Menschen ausgeübt wird, fühlen sie sich gedemütigt und isoliert. Wenn Methoden sanfter Nötigung angewandt werden, wird das Kind nur verwirrt und denkt vielleicht, sein Gefühl der Demütigung sei unangebracht und sollte unterdrückt werden. „Meine Eltern sind so nett, wie kommt es, dass ich mich so schlecht fühle? Irgendetwas an mir muss verkehrt sein." Die Eltern ihrerseits lassen sich von der Folgsamkeit des Kindes in die Irre führen und glauben, die Kontrolle tue dem Kind gut, während es tatsächlich Schmerz und Verwirrung empfindet.

In Momenten, in denen wir besonders verzweifelt sind, sollten wir uns daran erinnern, dass angstauslösende Disziplinarmaßnahmen zu Folgsamkeit führen, die auf Angst beruht, nicht zu glücklichen Kindern. Da das, wonach wir streben, auch mit Würde erreicht werden kann, besteht keinerlei Notwendigkeit, auf alte Methoden zurückzugreifen, die das Kind kränken, seine Autonomie verletzen und Ihre Beziehung zu ihm beschädigen. Wenn sich das Kind sicher genug fühlt, es selbst zu sein, wird es kompetent handeln, nicht um Ihnen zu gefallen, sondern weil es sein Ziel erreichen will. Es wird rücksichtsvoll und freundlich sein, nicht, weil es Angst vor Ihnen hat, sondern weil es Sie liebt.

Wie Sie Sicherheit schaffen,
um unvermeidliche Angst ausdrücken zu können

Es gibt Ursachen von Angst, über die wir keine Kontrolle haben, doch wir können ein Kind darin bestärken, sich aus ihrer Gewalt zu befreien. Solche Ursachen können etwa die Geburt sein, medizinische Vorgehensweisen, eine Trennung von der Mutter, ein beängstigendes Erlebnis auf dem Spielplatz, eine Geschichte, ein Film, ein Besucher, der eine laute Stimme hat oder in den Augen des Kindes unheimlich aussieht, sowie andere Ursachen, die man gar nicht kennt. Wenn das Zuhause kein Ort ist, wo das Kind sich sicher genug fühlt, um sich ausdrücken zu können, oder wenn seine Gefühle negiert werden, stauen sich diese unheimlichen Erfahrungen mit der Zeit an und führen zu emotionalen Störungen. Alle seelischen Probleme beruhen auf Geschichten, die sich das Innere aufgrund schmerzlicher Erfahrungen ausdenkt. Angst ist ein Hauptbestandteil, wenn ein Kind Schlüsse über sich selbst und über das Leben zieht, die es einengen. Diese Angst ist nicht immer direkt zu erkennen, sondern kann sich auch in Form anderer Ängste und Sorgen zeigen. Vielleicht hat das Kind Angst vor der Dunkelheit, Angst vor dem Einschlafen, Angst vor Tieren, vor bestimmten Menschen, Angst vor Berührungen, Angst, von Zuhause fort zu sein und Ähnliches. Manche dieser Ängste treten von Natur aus in bestimmten Wachstumsphasen auf; sie gehen von alleine vorbei, wenn das Kind sie gefahrlos herauslassen kann.

Wie bereits erläutert, beeinträchtigt die Tendenz, das Kind zu „beruhigen", seine Fähigkeit, sich von diesen Ängsten zu befreien. Durch unseren Versuch, den Ausdruck seiner Gefühle zu unterbinden, demonstrieren wir unser eigenes Unbehagen in Bezug auf seine Angst, so dass das Kind noch mehr Angst hat zu spüren, wie sehr es sich fürchtet. Vielleicht zweifelt es dann sogar an sich selbst und denkt: „Etwas stimmt nicht mit mir. Ich sollte keine Angst haben." Die Angst vor der Angst kann unangenehmer sein und es mehr einengen als das, was im Moment gerade die Angst auslöst. Bekunden Sie daher, wann immer

Sie bei Ihrem Kind Angst bemerken, Ihr Verständnis und Ihre Wertschätzung, jedoch ohne zu dramatisieren, damit Ihr Kind mit seiner Angst Frieden schließen kann.

Ihre Ruhe angesichts seiner Panik wird ihm helfen, zu akzeptieren, dass diese Erfahrungen zum Menschsein dazugehören und nichts sind, dem man aus dem Weg gehen müsste oder woraus man in seinem Inneren eine traumatische Geschichte machen sollte. Wenn Ihr Kind Angst vor der Dunkelheit hat, können Sie Ihr Verständnis und Ihre Wertschätzung bekunden und ihm zuhören: „Ich weiß, wie du dich fühlst. Im Dunkeln können wir nicht sehen, was um uns herum ist, und wir stellen uns dann unheimliche Sachen vor." Wenn es sich an Sie klammert, wenn ein Hund vorbeikommt, heben Sie es hoch und halten es sicher im Arm. Seien Sie auf der Seite Ihres Kindes und bekunden Sie Ihr Verständnis: „Der Hund ist so groß. Hast du Angst? Ich bin froh, dass ich dich sicher im Arm halten kann." Besser sagen Sie nicht: „Der Hund ist lieb. Du kannst ihn streicheln" oder Ähnliches, weil das die Wahrnehmung des Kindes negiert. Indem Sie Ihrem Kind vermitteln, dass es bloß ein normales menschliches Gefühl erlebt, geben Sie ihm die Möglichkeit, Ihnen auch weiterhin von seinen Ängsten zu erzählen, ohne sich dabei schlecht zu fühlen. Wenn der Fluss des Sprechens über Ängste in der Kindheit nicht gehemmt wird, wird die Gewalt, die sie über den Menschen haben, mit der Zeit von ganz alleine nachlassen.

Selbst wirklich schlimme Erfahrungen hinterlassen keine Narben, wenn man darüber spricht oder wenn sie durch Worte, Tränen, Kunst, Spieltherapie und andere emotionale Ausdrucksweisen herausgelassen werden. Erwachsene, die nicht in der Lage waren, über ihre schmerzlichen oder beängstigenden Kindheitserfahrungen zu sprechen, leiden oft. Doch im Zuge ihrer Therapien stellen diese Erwachsenen fest, dass das Schmerzlichste nicht das ist, was mit ihnen geschehen ist, sondern die Einsamkeit, Isoliertheit und die Angst, darüber zu sprechen.

Menschen können mit einer großen Bandbreite schmerzlicher Erfahrungen umgehen, wenn sie darüber sprechen oder sich in sehr jungen Jahren anderweitig ausdrücken können und auf Verständnis und Wertschätzung für ihre Gedanken und Gefühle stoßen. Im Rahmen meiner therapeutischen Arbeit begegne ich immer wieder Erwachsenen, die missbraucht und misshandelt wurden und dennoch nicht unter negativen Folgen leiden, während andere, die Ähnliches erlebt haben, ganz unter dem Einfluss des Schmerzes stehen, der ihr tägliches Leben lähmt. Der Unterschied liegt meist darin begründet, ob diese Menschen als Kinder die Möglichkeit hatten, mit jemandem zu sprechen, der ihnen zuhörte, Verständnis und Wertschätzung für ihre Gefühle bekundete und ihnen signalisierte, dass sie damit fertig werden würden. Menschen, die seelische Narben mit sich herumtragen, können rasch Heilung finden, wenn sie den vielen schmerzlichen Gedanken, mit denen sie in ihrer Isolation gelebt haben, auf den Grund gehen. Nicht, dass die Erlebnisse selbst nicht schmerzlich gewesen wären, doch die Unfähigkeit, darüber hinwegzukommen, beruhte auf der Isolation und der Angst davor, über das Geschehene zu sprechen.

Die meisten beängstigenden Erlebnisse Ihres Kindes sind an sich harmlos, und nur die Angst, darüber zu sprechen, kann sie zu Geschichten mit schädlichen Auswirkungen aufblasen. Wenn ein Kind einem anderen Menschen seine tiefsten Gefühle und Gedanken anvertraut, kann es Heilung von schmerzlichen und beängstigenden Erfahrungen finden, und sein Inneres wird aus harmlosen Ereignissen keine traumatischen Geschichten machen.

Sicherheit, Hass zum Ausdruck zu bringen

Bei den meisten von uns ruft das Wort „Hass" Unbehagen und Angst hervor, das Würdegefühl eines Menschen zu verletzen. Wenn ein Kind schreit, es hasse seine Schwester oder uns, spüren wir vielleicht den Wunsch, die Flut „unerwünschter" Gefühle einzudämmen. Doch bei Hass geht es nicht um Tatsachen oder um die Wahrheit, und Hass ist auch keine Handlung, die wir fürchten müssen. Ähnlich wie Wut verdeckt auch Hass andere Gefühle, die an die Oberfläche gebracht und ausgedrückt werden müssen, damit das Kind sehen kann, was für es wahr ist. Selbst wenn die Ursache des Gefühls auf einem Missverständnis beruht, wird das Gefühl dennoch erlebt; erst nachdem sich das Kind ganz ausgedrückt hat, ist es in der Lage, darüber zu sprechen und die Tatsachen und Möglichkeiten erneut zu betrachten.

Wenn wir von hasserfüllten sprachlichen Ausdrucksformen wegkommen wollen, müssen wir dem Kind helfen, die Gefühle wahrzunehmen, die den Hass auslösen. Unsere Aufgabe besteht darin, dem Kind Sicherheit zu geben, die Gefühle, die zum Hass führen, ausdrücken zu können, und gleichzeitig sollten wir sprachliche Werkzeuge und Umfelder bieten, die verhüten, dass anderen wehgetan wird. Wenn das Kind seinen Gefühlen freien Lauf lässt, kann es feststellen, dass die Wirklichkeit viel freundlicher ist als das Drama, das es erfunden hat. Bei einem meiner Workshops erzählte eine Mutter eine Geschichte, in der das Bekunden von Verständnis für die tiefer liegenden Gefühle dazu führte, dass sich der Hass auflöste:

Der achtjährige Gabe wollte den ganzen Kuchen für sich haben. Als die Oma den Kuchen zwischen ihm und seiner Cousine aufteilte, sagte er zu ihr: „Ich hasse dich. Nie lässt du mich haben, was ich will."

„Bist du enttäuscht, weil du nur die Hälfte des Kuchens bekommst, obwohl du mehr wolltest?", fragte sie.

„Ja", antwortete Gabe. „Ich will den ganzen Kuchen. Du hast ihn für mich gekauft. Es ist mein Besuch. Es war sowieso nicht geplant, dass Laura hier sein würde."

„Oh, ich verstehe, du möchtest der Einzige sein, der den Kuchen bekommt."

„Ja. Ich, ich, ich", bestätigte Gabe mit einem Funkeln in den Augen.

„Ich weiß, wie es sich anfühlt, wenn…", setzte Oma an, doch Gabe unterbrach sie: „Oma, kann ich Erdbeeren zu meinem Kuchen haben?"

Wenn der Ausdruck ihrer Gefühle nicht negiert wird und sie sich sicher genug fühlen, um authentisch zu sein, richten Kinder ihren Blick oft so schnell wieder nach vorne, dass wir kaum noch mitkommen. Gabes Oma war von dem Wort „hassen" nicht begeistert. Doch sie wollte Gabes Gefühl des Vertrauens und der Sicherheit, das er durch seine freimütigen Worte zum Ausdruck brachte, nicht schmälern. Statt sich auf das Wort „hassen" zu konzentrieren, stellte sie eine Frage, die Gabe half, sein zugrunde liegendes Gefühl der Enttäuschung und seinen Wunsch, den ganzen Kuchen zu bekommen, zu erkennen. Sie negierte seine Aussage nicht. Daraufhin konnte er sein Gefühl hinter sich lassen und den Augenblick so, wie er war, genießen. Im Lauf der Jahre, wenn er durch ähnliche Erfahrungen Übung bekommen hat, wird Gabe vielleicht in der Lage sein, sich auszudrücken, indem er sagt: „Ich bin enttäuscht", oder „Ich bin wütend; ich wünschte, ich könnte den ganzen Kuchen haben" anstelle von „Ich hasse dich". Wenn er noch weiter reift, wird es ihm auch gelingen, sich von Erwartungen zu lösen, bevor sie überhaupt schmerzliche Gefühle aufkommen lassen, und er wird fröhlich bleiben können, auch wenn nicht alles nach seinen Plänen läuft.

Hass unter Kindern

Der Schmerz, ein anderes Kind zu hassen, kann am besten in der Gegenwart der Eltern oder anderer liebevoller Erwachsener herausgelassen werden. Dadurch, dass wir einem Kind die Sicherheit geben, seinen Gefühlen in unserem Beisein freien Lauf lassen zu können, wird sein Bedürfnis geringer, dies in der Gegenwart eines Geschwisterkindes oder eines befreundeten Kindes zu tun, das den Gefühlsausbruch möglicherweise persönlich nimmt und sich gekränkt fühlt. Sie können Ihrem Kind klarmachen, dass es, wenn es auf ein anderes Kind wütend ist, kommen, Ihnen davon erzählen und sich darauf verlassen kann, dass Sie ihm anteilnehmend und ohne zu werten zuhören.

Oft lösen Kinder ihre Konflikte alleine und drücken trotz unserer Bemühungen Hass untereinander aus. Sie sind einfallsreich darin, Szenen zu schaffen, die auf Erwachsene unangenehm wirken mögen, für sie selbst jedoch ein wertvolles Psychodrama darstellen. Häufig beschimpfen sie sich gegenseitig auf eine Weise, die ihnen allen das gleiche Maß an Macht belässt. Doch wenn die Macht ungleich verteilt ist, neigen Kinder, weil sie von Natur aus selbstzentriert sind, dazu, solche Bemerkungen persönlich zu nehmen und sich gekränkt oder unsicher zu fühlen. In solchen Situationen machen wir vielleicht den Fehler, eine gehässige Bemerkung eilig ungeschehen machen zu wollen, indem wir sie negieren, etwa durch: „O nein, wir lieben sie; sie ist klug und wunderbar", und das Kind, dem die Bemerkung gilt, in den Arm nehmen. Doch auf das Kind macht unsere Besorgtheit größeren Eindruck als unsere Worte. Es folgert, dass die Kränkung furchtbar gewesen sein muss und dass es sich schlecht fühlen sollte. Beim nächsten Mal fühlt es sich vielleicht noch schlechter. Was können wir stattdessen tun? Wir können ein Kind angesichts von Kränkungen bestärken, indem wir es fragen, wie es sich fühlt, und Verständnis und Wertschätzung für sein ausgedrücktes Gefühl bekunden, so dass es sein Selbstwertgefühl dadurch wiederherstellen kann, dass es das betrachtet, von dem es weiß, dass es wahr ist. Zum Beispiel:

Roy kam herüber und beschwerte sich bei seiner Tante: „Maryann nennt mich ‚dumm' und hat gesagt, sie hasst mich wie die Pest."
„Wie fühlst du dich, wenn du ihr glaubst?", fragte seine Tante.
„Dumm", sagte er.
„Glaubst du denn, dass du wirklich dumm oder schlecht bist?", erkundigte sie sich.
„Nein", antwortete Roy selbstbewusst. „Ich weiß, dass ich klug und sehr nett bin." Nachdem er einen Moment nachgedacht hatte, ging er weg und spielte weiter.

Wenn man ein Kind darin bestärkt, sich angesichts von beleidigenden Worten seines eigenen Wertes bewusst zu bleiben, wird es in Zukunft auf andere menschliche Begegnungen besser vorbereitet sein. Roys Tante half Roy, sich darüber klar zu werden, dass er sich nur dann dumm fühlte, wenn er glaubte, die Worte seines Freundes entsprächen der Wahrheit; doch sein eigenes Nachdenken über sich gab ihm neue Sicherheit. Mit anderen Worten, sie stellte ihm Fragen, die ihm halfen, zu erkennen, dass es an ihm lag, welchen Gedanken er ernst nehmen wollte. Wenn Sie solche wirkungsvollen Fragen stellen wollen, überlegen Sie die allgemeine Frage – „Welcher Gedanke kränkt dich?" – und beziehen Sie sie auf das vom Kind geschilderte Ereignis. Unser Gespräch kann dann zu einer Erkenntnis wie bei Roy führen, es kann aber auch Tränen und das Hervorbrechen aufgestauter Ängste oder Selbstzweifel auslösen. In jedem Fall wird es das Kind dahin bewegen, dass es sich seines inneren Wissens und seiner Kraft bewusst wird.

Wenn Hassgefühle nicht im Beisein empathischer Eltern ausgesprochen werden, werden sie immer wieder in den Ohren von Kindern gehört werden. Wir können das Maß an Unmut unter Kindern auf ein Minimum verringern, indem wir ihre individuellen Bedürfnisse erfüllen und ihnen Gehör schenken, wenn sie Wut und Hass empfinden. Je mehr wir die Gefühle des Kindes akzeptieren, umso häufiger wird es zu uns kommen und seine Geschwister und Freunde verschonen. Wenn wir zuhören und Verständnis und Wertschätzung bekunden, kann sich das Kind eher seiner anderen Gefühle bewusst werden, die dadurch verschleiert werden, dass es mit dem Finger auf Geschwister oder Freunde zeigt (siehe Seite 158). Mit der Zeit wird das Kind lernen, diese persönlichen Gefühle wahrzunehmen und sich von der Reaktion, die aus Schuldzuweisung und Hass besteht, frei zu machen.

„Ich wünschte, ich könnte meine Schwester loswerden"

Es gibt Situationen, wo die Vorstellung des Bekundens von Wertschätzung absurd erscheinen mag; doch selbst dann ist Wertschätzung das, was heilt und Nähe schafft. Beispielsweise drückt ein Kind einen

Wunsch aus, der lautet: „Ich wünschte, meine Schwester wäre tot. Ich könnte sie umbringen." Vielleicht sind wir in unserer Aufregung und Sorge gefangen, die Drohung könnte echt sein, oder wir meinen, das Kind sollte solche aggressiven Worte nicht verwenden. Wenn wir Angst haben, neigen wir dazu, die Gefühle des Kindes zu negieren. Doch wenn wir ein Kind, das solche intensiven Gefühle und Gewaltphantasien äußert, negieren, kritisieren oder bestrafen, führt dies dazu, dass es seinen Schmerz vergräbt und sich in seiner Isolation verzweifelt fühlt, so dass aggressives Verhalten mit größerer Wahrscheinlichkeit hervorbrechen wird. Ja, das Gefühl von Einsamkeit und mangelnder Sicherheit, Gefühle ausdrücken zu können, ist eine der Ursachen von Gewalt. Solchem Schmerz Gehör zu schenken, fällt leichter, wenn man daran denkt, dass es nur ein Gefühl ist, welches das Kind ausdrückt.

Wertschätzung für aggressive Gefühle bedeutet nicht, die ausgedrückten Fantasien als Handlungsgrundlage gutzuheißen. Denn indem Sie Ihr Kind darin unterstützen, Hassgefühle auszudrücken, verringern Sie die Motivation für gewalttätiges Handeln und machen liebevolles Verhalten wahrscheinlicher. Genau wie es beim s von S.A.L.V.E. für Sie selbst der Fall ist, hat auch Ihr Kind das Bedürfnis, das schmerzliche Selbstgespräch aus sich herauszulassen; doch im Gegensatz zu Ihnen kann es dies nicht stumm für sich tun. Hören Sie ihm zu, damit sich das Drama entladen kann. Sie können sagen: „Ich verstehe. Du ärgerst dich so sehr über Katie, dass du dir wünschst, du könntest sie loswerden. Ich weiß, wie es ist, wenn man sich so sehr über jemanden ärgert." Vielleicht können Sie Ihrem Kind auch klarmachen, wie normal solche Gefühle und Fantasien sind, indem Sie von Ihren eigenen Gefühlen erzählen: „Ich weiß noch, wie ich mir früher manchmal gewünscht habe, mein Bruder würde die Klippen hinunterfallen." Wenn Sie von einer solchen eigenen Erinnerung berichten, fassen Sie sich jedoch kurz (es sei denn, das Kind bittet Sie, ausführlich zu erzählen). Die Aufmerksamkeit sollte auf Ihr Kind gerichtet sein und nicht auf Sie; Ihre Erinnerung dient nur dazu, die Gefühle Ihres Kindes anzunehmen und Verständnis und Wertschätzung dafür zu äußern.

Wenn Sie Ihrem Kind zugestehen, aggressive Gefühle zu empfinden und auszudrücken, und wenn Sie ihm versichern, dass jeder manchmal aggressive Gefühle erlebt, kann es den Schmerz herauslassen und eher die Gefühle wahrnehmen, die seine Wut auslösen, ohne sie mit Schuldgefühl und Scham zu belasten.

Hass ist wie Wut eine Folge davon, dass sich das Innere eine „Schuldgeschichte" ausdenkt; jemand hat Ihrem Kind „etwas getan". Stellen Sie wertschätzende Fragen, die Ihrem Kind helfen, seine eigenen Gefühle zu erkennen und anzunehmen und sich durch Klärung der Gedanken, die es seiner Macht berauben, von seiner „Opfergeschichte" zu lösen. Bei einer Schuldzuweisung geht es immer um die Vergangenheit, was das Kind hilflos macht, weil es nichts daran ändern kann. Es hat keine Macht über seine Schwester und über das, was sie getan hat, aber es kann Macht über seine eigenen Gefühle und sein Verhalten in der Gegenwart haben. Das Kind lernt, das Schulddrama von seinem eigenen, starken Selbst zu unterscheiden.

Ein Kind kann wegen seiner eigenen Gewaltphantasien Angst und Schuldgefühle bekommen. Es muss wissen, dass solche Fantasien normal sind und Ihre Liebe zu ihm nicht schmälern. Manchmal ist es nötig, dass sich ein Kind eine Weile und auf unterschiedliche Weise ausdrückt: Ein Kleinkind kann das, was es bewegt, mit einer Puppe nachspielen, ein älteres Kind kann schauspielern oder zeichnen, und ein Teenager will vielleicht viel reden oder schreiben, laufen oder Musik machen. Indem wir diese heftigen Gefühle akzeptieren, ohne unser Handeln danach auszurichten, lernen wir mit Vertrautheit, Verletzlichkeit und der Fähigkeit, zu lieben und für unsere eigenen Gefühle und Entscheidungen verantwortlich zu sein, zu leben.

Über den Wunsch zu reden, dass der Bruder oder die Schwester verschwinden sollte, gibt der Intensität der Gefühle des Kindes Ausdruck und ist normalerweise kein Hinweis auf eine Absicht, dem Geschwisterkind wehzutun. Zu tatsächlicher Gewalt kann es kommen, wenn Kinder unterdrückt werden, jahrelang nicht sie selbst sein können, resignieren und nicht in der Lage sind, eine Verbindung zueinander zu empfinden. Vielleicht wirken sie nach außen hin friedlich und sind sogar erfolgreich in der Schule; doch weil sie ein Leben führen, das von ihren Eltern vorgegeben wird, fühlen sie sich deprimiert, emotional isoliert und überzeugt, dass niemand sie hört und hören will. Die Isolation und der Schmerz machen sie hilflos und verzweifelt.

Normale Formen von Geschwisterrivalität drücken keine solche Verzweiflung aus, und die Kinder wollen einander nicht ernsthaft wehtun. Falls Sie nicht sicher sind, ob die Art Ihres Kindes, Hass oder Gewalt auszudrücken, noch in einem normalen Rahmen ist, sollten Sie Hilfe suchen. Die meisten aggressiven Jugendlichen, denen ich im Rahmen meiner Arbeit begegnet bin, sprechen sehr gut auf eine Therapie an, die ihnen ihre Würde und ihre emotionale Kraft wiedergibt.

Für ein Kind, dessen Leben ungehindert fließen kann, ist Hass nur eins von vielen Gefühlen, die es zum Ausdruck bringt; danach richtet es seinen Blick wieder nach vorne. *Unausgedrückter* Hass ist es, der ein Kind dazu bewegt, aggressiv zu werden, andere zu beschimpfen oder zu stören, während das Herauslassen heftiger Gefühle solchen Folgen vorbeugt. Die folgende Schilderung eines Heranwachsenden in der Gewalt von Hass veranschaulicht, wie machtvoll das Ausdrücken von Gefühlen die Brücke der Liebe wieder erstarken lassen kann:

Der elfjährige Jay begann seine Therapiesitzung damit, dass er intensiven Hass auf seine neunjährige Schwester zum Ausdruck brachte. Er erzählte von seinen Gewaltphantasien und schwor, dass er nie etwas mit ihr zu tun haben wolle. Ja, er wolle von zu Hause weggehen, weil er unmöglich im selben Haus mit ihr leben könne. Über eine halbe Stunde verbrachte er damit, zu fluchen und zu schreien, Fantasieszenen von ihrem Tod zu schildern, sich zu wünschen, er wäre ein Einzelkind, und schließlich zu weinen. Er drückte seine Bestürzung darüber aus, dass seine Eltern „sein Leben ruiniert" hätten, indem sie seine Schwester bekamen. Er meinte, wenn sie ihn liebten, sollten sie sie jetzt loswerden.

Dann fing er an, über die unerträglichen Eigenschaften seiner Schwester zu sprechen, etwa darüber, dass sie immer die Erste sein wollte, dauernd erklärte, sie könnte alles besser, und sich fürchterlich aufregte, wenn sie bei einem Spiel verlor.

Nachdem sein Redeschwall versiegt war, forderte ich Jay auf, sich auf seine eigenen Gefühle zu konzentrieren. „Wie fühlst und verhältst du dich, wenn du all diese Dinge über deine Schwester denkst und sich nichts ändert?"

„Wütend, voller Hass und Ärger", sagte er.

„Was wünschst du dir für dich selbst?", fragte ich.

„Nichts", erwiderte er, „oder vielleicht mehr Zeit ohne meine Schwester. Ich ärgere mich, wenn sie in meiner Nähe ist, dauernd Aufmerksamkeit bekommt und sich wie eine Prinzessin aufführt."

„Wie wärst du, wenn du diesen Gedanken nicht hättest?", fragte ich.

Jay starrte mich ungläubig an. „Wenn ich den Gedanken über meine Schwester nicht hätte? O Mann, das wär toll", sagte er. „Ich wäre frei und glücklich und würde mich nicht daran stören, wie meine Schwester ist."

„Das fändest du also schön?"

„O ja." Er fing zu lachen an. „Ich glaube, ich mache ein großes Drama aus meiner Schwester."

„Wärst du gerne frei von dem Gedanken, dass du dich über deine Schwester ärgerst?"

„Nein. Ich will sie hassen", antwortete er. Dann wunderte er sich über seine eigenen Worte und sagte: „Mann, das ist komisch. Warum sollte ich mir so einen Schmerz wünschen?"

„Es muss sich irgendwie für dich lohnen."

Jay schwieg.

„Inwiefern lohnt es sich für dich, deine Schwester nicht zu mögen und ihr die Schuld an allem Möglichen zu geben?", fragte ich.

„Ich sehe mich dann als den Besseren von uns beiden", sagte er, „und vielleicht kann ich Kontrolle über meine Eltern ausüben."

In diesem Moment gelang es Jay, sich als Urheber seiner Wahrnehmun-

gen und Gefühle zu erleben. Er begann, Empathie mit seiner Schwester zu empfinden, und schilderte tief betrübt, was sie seiner Ansicht nach erlebte. „Mit mir als älterem Bruder muss sie sich wie eine Verliererin fühlen, also versucht sie ständig, voranzukommen", sagte er. Sein Mitgefühl mit seiner Schwester wurde so stark wie seine anfängliche Wut. Dann, als er frei war, sich auf seine eigenen Ambitionen zu konzentrieren, verbrachte Jay den Rest der Therapiesitzung damit, neue Pläne für sich selbst zu schmieden.

Es gibt keine endgültigen und dauerhaften Lösungen; wir müssen die Zyklen, in denen Beziehungen verlaufen, akzeptieren und uns um sie kümmern, wie sie kommen und gehen. Für den Augenblick war Jay in der Lage, Empathie mit seiner Schwester zu empfinden und ihre Perspektive zu sehen. Doch im Lauf der Zeit ärgerte er sich immer wieder über sie, drückte seine Gefühle aus, empfand Verbundenheit mit ihr und war glücklich, bis er sich wieder ärgerte und Hassgefühle empfand. Wenn sich ein Kind in jedem Zyklus negativer Gefühle ganz ausdrückt und wir ihm zuhören, bekommt es die Kraft, Entscheidungen zu treffen, statt auf der Grundlage der alten Dramen zu reagieren. Es kann Verantwortung für seine Wahrnehmung übernehmen, statt sich eine Opfergeschichte auszudenken und sein Leben danach auszurichten. Im Verlauf dieses Prozesses gibt es uns Informationen über die Bedürfnisse beider Geschwister, so dass wir besser darauf eingehen können.

Es passiert einem leicht, dass man Ergebnisse erwartet. Doch wir können nicht davon ausgehen, dass sich aggressive Gefühle unserer Kinder jedes Mal auflösen werden, wenn sich die Kinder nur sicher genug fühlen, um sie auszudrücken. Wenn wir uns nur darauf konzentrieren, Ergebnisse zu erwarten, verpassen wir die Gelegenheit, dem Kind zuzuhören und eine Verbindung zu ihm zu schaffen. Beispielsweise weigert sich ein Kind bisweilen, mit seinem Bruder, seiner Schwester oder einem Freund zu spielen, auch nachdem es seine Gefühle zum Ausdruck gebracht hat. Eltern haben es dann vielleicht eilig, ein „Ergebnis" herbeizuführen, und sagen: „Okay, jetzt habt ihr eure Gefühle rausgelassen, also verzeiht euch und spielt zusammen." So ähnlich war es, als sich Sylvia weigerte, mit ihrem Cousin Monopoly zu spielen.

Die achtjährige Sylvia war böse auf ihren Cousin Timmy, weil er sich ihr Fahrrad genommen hatte, ohne sie um Erlaubnis zu fragen. Als Sylvia fahren wollte, stellte sie fest, dass ihr Rad weg war. Ihre Mutter hörte ihr zu und bekundete Verständnis und Wertschätzung für ihre Gefühle, und sobald Timmy von seiner Fahrt zurückkam, stellte ihr Vater das Rad weg, um sicherzustellen, dass niemand es ohne Sylvias Einwilligung wegnahm. Timmy entschuldigte sich dafür, dass er ohne ihr Wissen mit ihrem Rad verschwunden war, und versprach, das nicht noch einmal zu tun.

Als Timmy Sylvia kurz darauf vorschlug, mit ihm Monopoly zu spielen, lehnte sie ab und streckte ihm die Zunge heraus. „Es ist jetzt Zeit, Frieden zu schließen", sagte ihr Vater. „Wir haben dir zugehört, und er hat sich entschuldigt. Komm schon, geh spielen." Doch je mehr ihre Eltern eine friedliche Lösung erwarteten, desto beharrlicher weigerte sich Sylvia. Sie war noch nicht bereit, den Blick nach vorne zu richten. Schließlich zuckten ihre Eltern mit den Schultern und ließen sie in Ruhe. Sylvia ging in ihr Zimmer und war zufrieden, dass sie sich geweigert hatte, mit ihrem Cousin Monopoly zu spielen. Fünf Minuten später kam sie heraus und lud ihn auf die Hängematte in ihrem Zimmer ein.

Kinder kommen meist viel schneller als Erwachsene über ihren Groll hinweg; doch ebenso wie Erwachsene müssen sie ihre Entscheidungen selbst treffen. Die Erwartung, das Kind solle frei sein vom Bedürfnis des Inneren, Recht zu haben, übersteigt das, was die meisten von uns vorleben. Daher besteht Ihr Ziel nicht darin, den Streit zu schlichten oder die Gefühle zu beseitigen, sondern Ihrem Kind zuzuhören und es darin zu bestärken, authentisch und mit Würde seine eigenen Entscheidungen zu treffen.

Wenn ein Kind Hass empfindet, besteht seine größte Angst darin, es sei ein schlechter Mensch und Sie würden es nicht lieben, wenn Sie von seinen Gedanken und Fantasien wüssten. Wenn sich das Kind sicher genug fühlt, um Hassgefühle ganz ausdrücken zu können und trotzdem von Ihnen geliebt zu werden, ist das Ziel erreicht. In dem Wissen, dass seine hasserfüllten Gedanken Ihre Liebe nicht zum Schwanken bringen, wird es in der Lage sein, sich immer, wenn es das Bedürfnis dazu hat, ganz auszudrücken; und Sie werden beruhigt sein können, weil Sie wissen, dass die Kommunikationskanäle zwischen Ihnen beiden offen sind. Im Lauf der Zeit wird es Ihrem Kind gelingen, den Hass ganz hinter sich zu lassen, indem es erkennt, dass es selbst der Ursprung der Gedanken ist, die seine Gefühle in Wallung bringen. Vielleicht wird es sogar lernen, die Stimme in seinem Inneren von dem Menschen zu unterscheiden, der es wirklich ist, und dadurch wahren Frieden und Freiheit erlangen.

Hassgefühle gegenüber Eltern

Hasserfüllte Worte können nicht nur an Geschwister, sondern auch an Eltern gerichtet sein. Als Menschen machen wir zwangsläufig Fehler, durch die wir die Würde unserer Kinder verletzen. Wenn wir das tun – unterbrechen, aufzwingen, kontrollieren oder herabwürdigen – und das Kind seinen Hass auf uns herauslässt, können wir zuhören, Verständnis und Wertschätzung bekunden und dann unsere Fehler einräumen und unser Bedauern äußern, damit das Kind sich sicher fühlen kann, uns gegenüber offen zu sein. Auch wenn der Hass des Kindes die Folge Ihrer Sicherheitsmaßnahmen ist, wird seine Würde dennoch verletzt. Verständnis und Wertschätzung für seine Gefühle zu äußern und zuzugeben, wie wir etwas getan haben (selbst wenn es unvermeidlich war), wird die negativen Gefühle auflösen.

Ein junges Kind, das noch nicht viel oder noch gar nicht spricht, wird Ihre Wertschätzung spüren, wenn Sie die Tatsachen schildern und dabei seinen Hass gelten lassen: „Mama hat dir nicht die Süßigkeit gekauft, die du haben wolltest. Blöde Mama", „Huh, hab ich dich mit meinem Schreien erschreckt?", oder „Du mochtest die Frau nicht, die ins Tragetuch geguckt hat?"

Ihr Kind wird beruhigt sein zu wissen, dass Sie sich seiner Gefühle bewusst sind und es dennoch lieben. Wenn die sprachlichen Fähigkeiten des Kindes zunehmen, kann eine solche Uneinigkeit zu Dialogen führen, die Ihr Verständnis seiner Persönlichkeit bereichern und vertiefen.

Wenn sich der Hass eines Kindes gegen uns richtet, wird unser Verständnis und unsere Wertschätzung für seine Gefühle möglicherweise durch unsere persönliche Reaktion erschwert. Doch wenn wir uns in einer anderen, unterstützenden Umgebung oder durch Erforschung unserer Gedanken um unsere eigenen Gefühle kümmern, können wir Liebe geben, wo sie am meisten gebraucht wird. Hier ist ein Beispiel, wie s.a.l.v.e. umgesetzt wird, wenn eine Mutter „unter Beschuss" von ihrem Kind ist:

Die fünfjährige Lea sagte immer wieder: „Ich hasse dich, Mama", und Betty, ihre Mutter, war darüber traurig und besorgt. Anfangs kam Betty ihr Wunsch, sich selbst zu schützen, in die Quere, und sie versuchte, den Ausdruck von Leas Gefühl zu unterbinden. Doch als Lea damit nicht aufhörte, kümmerte sich Betty in einem Therapiegespräch um sich selbst. Danach fühlte sie sich in der Lage, Empathie mit ihrer Tochter zu empfinden.

Beim nächsten Mal, als Lea sagte: „Ich hasse dich", erwiderte Betty: „Oh, das kann wehtun. Ich bin froh, dass du mir das sagst, weil ich gern etwas über deine Gefühle wissen will." Dann fragte sie: „Willst du mir etwas über deinen Hass auf mich erzählen?"

Lea sah ihre Mutter grimmig an und sagte: „Du hast nicht das richtige Frühstück gemacht, und du hast mich angeschrieen, als ich langsam war."

„Du wolltest also Pfannkuchen haben und keine Eier?"

„Ja."

„Und wolltest du deine Puppe weiter anziehen, als ich dich gehetzt habe, du solltest dich fertig machen?"

„Schrei einfach nicht, Mama. Das tut weh."

„Ich kann verstehen, wie du dich fühlst. Ich bin froh, dass du mir das gesagt hast. Mir ist es auch lieber, wenn ich sanft bleibe, auch wenn ich in Eile bin. Meinst du, ich kann das immer schaffen?"

Lea überlegte einen Moment und sagte dann: „Nein, das kannst du nicht, Mama. Ist schon in Ordnung. Aber die Pfannkuchen…"

„Ja, du möchtest dir gerne aussuchen, was du isst; das kann ich meistens hinbekommen."

Lea nickte und wirkte zufrieden.

Dann fügte Betty hinzu: „Es hat dir sicher wehgetan, mich zu hassen."

„Nein, Mama. Ich habe einfach nur Hass gespürt."

Betty wurde sich der Gefühle von Lea bewusst und fand allmählich Wege, viele der frustrierenden Momente zu vermeiden, jedoch nicht alle. Sie achtete darauf, bei Bedarf Verständnis und Wertschätzung für Leas Hassgefühle zu bekunden. Zwei Tage später sagte Lea: „Mama, ich hab dich und mich lieb. Wenn ich sage, ich hasse dich, stimmt das nicht wirklich; ich will nur, dass du tust, was ich will." Sie lächelte und ihre Mutter auch.

„Weißt du, dass ich dich lieb habe?", fragte Betty.

„Ja, sogar wenn ich dich hasse, Mama, was ich ja eigentlich gar nicht tue." Daraufhin schlang sie ihre Arme um ihre Mutter.

Bei Lea hatten sich Hassgefühle schon eine Zeit lang angestaut, bis ihre Mutter Verständnis und Wertschätzung dafür äußerte. Doch wenn gelegentliche Hassgefühle sofort verständnisvoll wahrgenommen werden, können Kinder sehr schnell darüber hinwegkommen. Außerdem hat das Wort „hassen" bei Kindern oft nicht so eine starke Bedeutung wie bei Erwachsenen.

Terry bat seine Mutter, ihm ein Buch vorzulesen. „Ich räume noch das Damespiel vom Boden weg, und dann lese ich dir vor", sagte sie.

„O nein, Mama", jammerte Terry. „Lies mir jetzt vor."
„Ich weiß, du willst, dass ich dir sofort vorlese. Ich beeile mich", sagte
seine Mutter.
Terry stampfte mit dem Fuß auf und sagte: „Ich hasse dich."
„Ja, ich weiß", erwiderte seine Mutter, während sie das Spiel wegräumte.
Nach dem Vorlesen rief der Vater die Familie zum Mittagessen.
„Ich will, dass Mama mir das Brot macht", erklärte Terry.
„Ich dachte, du hasst sie", sagte der Vater.
„Das war eben", antwortete Terry ganz selbstverständlich.

Wenn Ihr Kind Zeichen von Unmut Ihnen gegenüber zeigt, ermutigen Sie es, diesen direkt in Ihrem Beisein auszudrücken. Denken Sie daran, dass Hass eine äußere Ausdrucksform anderer Gefühle ist, und seien Sie sich bewusst, dass es bei den Hassgefühlen Ihres Kindes um es selbst geht, selbst wenn sie sich inhaltlich auf Sie beziehen. Von dem, was Ihr Kind sagt, können Sie zwar etwas über sich erfahren, doch bei seinem Ausdruck geht es nicht um Sie. Wenn Sie merken, dass sich bei dem, was es sagt, Ihre Selbstverteidigungsmechanismen aufbauen, verlagern Sie Ihre Aufmerksamkeit behutsam wieder auf Ihr Kind. Statt darauf zu bestehen, es solle Sie lieben, versichern Sie es Ihrer Liebe, indem Sie ihm zuhören und seine Perspektive einnehmen. Dann wird es begreifen, dass Hassgefühle nichts an seiner Liebe zu Ihnen oder an Ihrer Liebe zu ihm ändern. Dank der vertrauten Beziehung zwischen Ihnen und Ihrem Kind wird es vielleicht sogar ein Stück weit lernen, sein wahres Selbst von den Dramen seines Inneren zu unterscheiden.

Helfen Sie Ihrem Kind, statt ihm Angst einzujagen

Manchmal kommt es vor, dass eine emotional angespannte Reaktion von uns einem Kind Angst einjagt. Das geschieht, wenn das Kind etwas potenziell Gefährliches tut oder wenn wir sein Verhalten oder seine Worte persönlich nehmen. Denken Sie daran, dass sich das Verhalten des Kindes nicht auf Sie bezieht. Es ist nicht hier, um Sie zu ärgern und Ihnen das Leben schwer zu machen, sondern einfach um für sich selbst zu sorgen. Wenn ein Kind jemandem wehtut oder einen Gegenstand beschädigt, drückt es damit ein Bedürfnis und ein Gefühl aus; wenn es etwas potenziell Gefährliches tut, handelt es völlig unschuldig, ganz gleich, wie oft Sie es ihm auch gesagt haben mögen. (Wie oft muss man Erwachsenen gewisse Dinge sagen, bis sie ihnen in Fleisch und Blut übergehen?)

Nichts, was Ihr Kind sagt oder tut, verdient Ihre Wut, Ihr Urteil oder Ihren Liebesentzug. Selbst wenn Sie es daran hindern, einem anderen oder sich selbst wehzutun, können Sie durch Ihr Handeln und Ihre Worte dazu beitragen, dass Sie beide einander in Liebe und Fürsorge verbunden sind. Wenn Sie Ihr Kind mit einem Ausdruck von Fürsorge an etwas hindern, nimmt es wahr, dass Sie auf seiner Seite sind, und bekommt keine Angst vor Ihnen. Wenn Sie zum Beispiel schreien: „Hör sofort auf, ihr die Puppe wegzunehmen", bekommt Ihr Kind Angst und fühlt sich wertlos. Wenn Sie dagegen Verständnis und Wertschätzung äußern, indem Sie etwa sagen: „Du möchtest mit der Puppe spielen, aber Ruth spielt gerade damit", und dabei Ihre Aufmerksamkeit und/oder eine Lösung anbieten, wird das Kind Sie als fürsorglich und sich selbst als wertvoll wahrnehmen.

Wenn Sie Ihrem Kind Angst einjagen, hat es nicht den Eindruck, Sie seien auf seiner Seite, sondern vielmehr, Sie seien jemand, der es schnappen will, ähnlich wie die Polizei. Daher wird es sich vor Ihnen fürchten und dazu neigen, sich gegen Sie zu wehren. Auch wenn Sie schnell gehandelt haben, um Schaden von Ihrem Kind abzuwenden, bekunden Sie Verständnis und Wertschätzung für die Angst, die es vielleicht empfunden hat, und finden Sie eine Möglichkeit, das Bedürfnis zu erfüllen, das zu der gefährlichen Handlung geführt hat. Wann immer Sie Ihrem Kind Angst einjagen, kommunizieren Sie Ihre Gefühle und bieten Sie eine Lösung, statt einer Lektion an.

*Als Dana ins Kinderzimmer kam, unterdrückte sie einen Schrei, als sie ih-
ren Sohn Sean auf der Fensterbank sitzen sah. Die Wohnung lag auf dem
dritten Stock; zwar war das Fenster geschlossen, doch Dana hatte Angst, er
würde sich angewöhnen, auch dort zu sitzen, wenn es offen war.*

*Dana beherrschte sich; sie holte einen Hocker und stellte ihn ans Fenster.
„Du siehst gerne auf die Straße hinaus", sagte sie. „Hier. Du kannst dich
auf den Hocker stellen und gefahrlos hinausschauen." Sie half ihm herunter
und gab ihm einen Kuss. Dann fügte sie hinzu: „Sean, als ich dich auf der
Fensterbank sitzen gesehen hab, hatte ich große Angst."*

Er sah sie an und sagte: „Aber Mama, ich falle nicht runter."

*„Ich weiß, aber ich habe trotzdem Angst. Ich lasse den Hocker hier für dich
stehen. Versprichst du mir, dich darauf zu stellen, wenn du auf die Straße
hinausschauen möchtest, und dich nicht auf die Fensterbank zu setzen?"*

„Ja, von hier aus kann ich gut sehen."

„Danke, Sean", sagte Dana beruhigt.

Dana hatte ihrem Sohn schon vorher gesagt, er solle sich nicht auf die
Fensterbank setzen. Sie hätte leicht in die alte, nutzlose Phrase „Wie oft
muss ich dir noch sagen…?" zurückfallen können. Doch stattdessen bot
sie eine Lösung an und teilte gleichzeitig ihre Gefühle mit, ohne dem Kind
einen Vorwurf zu machen. Sie sagte nicht: „Du hast mir Angst gemacht",
sondern: „Ich habe Angst." Sie bekundete sogar Wertschätzung für sein
Gefühl der Sicherheit, stellte ihre Bitte jedoch um ihres eigenen Bedürfnisses willen. Wenn wir unsere Gefühle mitteilen und weder einen Vorwurf äußern noch schimpfen, kann ein Kind leicht auf unsere Bitten eingehen. Wenn Ihr Kind Ihnen vertraut und weiß, dass Sie stets auf seiner
Seite sind, wird es auf Sie eingehen, wie man es bei einem Verbündeten
tut, und mit der Zeit wird es lernen, andere ebenso zu behandeln.

Kapitel Fünf

Autonomie und Macht

Kinder brauchen kooperative Eltern

Kinder fühlen sich oft hilflos, weil sie klein und unerfahren in einer komplexen, großen und schnellen Welt sind – so viele Maschinen, die sie nicht anfassen können, große Leute und Tiere, vor denen sie vielleicht Angst haben, Orte, an die sie nicht alleine gehen können, Dinge in großer Höhe, die sie nicht erreichen können, Tätigkeiten, bei denen sie Hilfe brauchen, Ereignisse, die sie unheimlich finden, und Geschwindigkeiten, die sie nicht erfassen können. Wenn sie aus der Fassung geraten, liegt das oft daran, dass sie sich hilflos fühlen.

Kinder brauchen das Gefühl, dass sie die Macht haben, ein Eingehen auf ihre Bedürfnisse herbeizuführen. Anders als Erwachsene sind Kinder nicht bereit, auf das, was sie im Moment wollen, um der Zukunft willen zu verzichten. Es ist für sie wichtig, zu wissen, dass die Menschen um sie herum ihre unmittelbaren Entscheidungen ernst nehmen. Wie bei anderen emotionalen Mangelzuständen kann es bei einem Kind, das mit einem Gefühl der Hilflosigkeit zu kämpfen hat oder dem das Gefühl fehlt, sein Leben selbst zu steuern, passieren, dass es wütend, aggressiv oder depressiv wird.

Zwar können Sie das Gefühl von Hilflosigkeit bei Ihrem Kind nicht einfach verschwinden lassen, jedoch können Sie seine Chance, sich als autonom und stark zu erleben, erheblich verbessern. Ein kleines Kind oder Baby kann durch Sie auf seine Umwelt einwirken, und es braucht Sie als seine „Machterweiterung" für alles, was jenseits seiner Reichweite ist. Manchmal erfordert das, etwas für es zu tun, doch häufiger bedeutet es, sich ihm nicht in den Weg zu stellen und eine sichere und förderliche Umwelt zu schaffen. Indem Sie für eine sichere und gesunde physische und soziale Umwelt sorgen, können Sie die Notwendigkeit, Ihr Kind einzuschränken oder zu lenken, verringern. Innerhalb der von Ihnen geschaffenen sicheren Umgebung kann es dann selbst entscheiden und steuern, was es tun oder essen will, wie sein Tag gestaltet sein soll und welche Interessen es verfolgen will.

Trotz der besten Absichten ihrer Eltern fühlen Kinder sich oft hilflos und den Erwachsenen, die für sie sorgen, ausgeliefert. Wenn sie beim Spielen mit ihren Eltern vom Klingeln des Telefons unterbrochen werden, machen Kinder die beschämende Erfahrung, beiseite geschoben zu werden, solange ihre Mutter oder ihr Vater mit dem Betreffenden spricht. Manchmal müssen sie die Kränkung ertragen, gesagt zu bekommen, was sie tun sollen, wann sie leise sein sollen und wie sie Rücksicht auf die Bedürfnisse der Erwachsenen nehmen sollen, wenn ihre eigenen Bedürfnisse nicht verlässlich respektiert werden. Beispielsweise werden Kinder oft dafür kritisiert, Erwachsene zu unterbrechen; doch viele Erwachsene unterbrechen Kinder ganz selbstverständlich und reden „über ihren Kopf hinweg". Jedem vorübergehenden Ereignis oder jeder willkürlichen Entscheidung ausgeliefert zu sein, macht einen Großteil der Lebenswirklichkeit eines Kindes in dieser Kultur aus.

In vielerlei Hinsicht machen wir ein Kind hilflos, ohne überhaupt darüber nachzudenken. Oft gestalten wir das Leben, ohne dem Kind ein Stimmrecht einzuräumen, obwohl sich unsere Entscheidungen auf sein Leben auswirken. Wenn wir Kinder einfach in unser Leben einbeziehen, so wie es in einem Stamm üblich ist, dürfte das für sie kaum interessant sein, es sei denn, wir beschäftigen uns mit Land- oder Bauwirtschaft oder anderer körperlicher Arbeit, an der man sich beteiligen kann. Beim Zusehen, wie Mama schreibt, liest oder sich um ihre Bankangelegenheiten kümmert, fehlt eine Bewegung, die interessant zu beobachten wäre, oder eine Möglichkeit, mitzumachen. Das, was geschieht, lässt nicht darauf schließen, was sich wirklich abspielt; der Inhalt des Buches mag spannend sein, doch das Kleinkind sieht nur, wie sein Vater dasitzt und ein Buch betrachtet.

Ein häufiges Beispiel ist das Mitnehmen des Kindes bei Erledigungen. Das Kind möchte mit dem, was es gerade tut, weitermachen; doch es wird unterbrochen, in einem Autositz festgeschnallt und herumgefahren, ohne dass es selbst irgendein Ziel dabei verfolgte. Von ihm wird erwartet, „vernünftig" zu sein und den Erwachsenen auf seinem Weg zu begleiten. Uns selbst würde ein solches Erlebnis keinen Spaß machen, und einen Freund von uns würden wir nicht bitten, uns bei unseren Erledigungen zu begleiten. Ein kleines Kind hat keine Vorstellung, dass unsere Erledigungen ihm zugute kommen; ein älteres Kind versteht das vielleicht, hat aber möglicherweise dennoch keine Lust, daran teilzunehmen. Die meisten Erledigungen sind für ein Kind langweilig und bestehen daraus, dass man wartet und dann im Auto sitzt.

Ein junges Kind hat vielleicht Freude am Lebensmitteleinkauf; doch wenn es älter wird, macht das nur noch Spaß, wenn es ein Spielzeug oder eine Süßigkeit bekommt, was zu weiteren Frustrationen führen kann. Auch auf diesem Gebiet hat sich die menschliche Erfahrung verändert: Während man früher Nahrung auf dem Feld sammelte oder im altmodischen, kleinen Lebensmittelladen kaufte, geht man heute in den modernen Supermarkt, der allzu viele Reize und Verführungen bietet, was ein kleines Kind oft frustriert. Manche Eltern sind geschickt darin, ihr Kind am Einkauf zu beteiligen, und die Unternehmung macht dann Spaß; doch für die meisten Eltern sind Erledigungen mit Kindern oft ein Kampf.

Um dieses Szenario zu vermeiden oder zumindest seine Häufigkeit zu verringern, kümmern Sie sich um die meisten Ihrer Erledigungen und Termine dann, wenn Ihr Partner oder jemand anders für Ihr Kind sorgen kann. Solange das Kind noch klein ist und die Mutter körperlich braucht, kann der Vater die meisten Erledigungen und Einkäufe für die Familie übernehmen; alleinerziehende Eltern können Freunde oder Verwandte um Hilfe bitten. Auf diese Weise braucht die Mutter oder der Vater das Kind nicht von dem, was es interessiert, wegzuzerren. Eine andere Lösung besteht darin, die Unternehmung nach den Interessen des Kindes auszurichten, indem man etwa plant, in den Park, zum Strand oder zur Oma zu gehen, und nur eine kurze Erledigung auf dem Weg vorsieht. Viele gestresste Kinder beruhigen sich schon dadurch, dass die Unternehmungen auf das Allernötigste reduziert werden.

Manchmal fragen sich Eltern, warum Kinder nicht wie früher aufwachsen können, indem sie das Leben der Erwachsenen beobachten und sich daran beteiligen, wenn sie sich dazu bereit fühlen. Dies kann geschehen, wenn die Erwachsenen ein natürliches und aktives Leben führen. Wenn die Gemeinschaft zusammenarbeitet, etwa bei der Feldarbeit, beim Bauen, Kochen oder beim Handwerk, kann ein Kind das mit Interesse verfolgen oder in der Nähe spielen und sich mit eigenen Dingen beschäftigen. Doch oft bietet unser modernes Leben weder eine solche Gemeinschaft noch solche Sicherheit und Freiheit. Wir mögen dies bedauern, doch über die Veränderungen, die sich ereignet haben, zu jammern, ist keine sinnvolle Art, die Gegenwart zu genießen. Das Leben ist ständiger Wandel, und wir müssen immer neue Wege des Erwachsenwerdens finden.

Auch heute noch können wir das Kind in manches, was wir tun, einbeziehen, etwa beim Geschirrspülen, bei der Gartenarbeit oder beim Kochen. Doch wenn das, was wir tun, keine körperliche Komponente hat und wenn unsere Beschäftigung das Kind daran hindert, zu tun, was seinem Bedürfnis entspricht, fühlt es sich hilflos und frustriert. Das Bedürfnis eines Menschen kann nicht dadurch erfüllt werden, dass die Bedürfnisse eines anderen unterdrückt werden, jedenfalls nicht ohne dass es seinen Preis hätte. Außerdem ist das meiste von dem, was wir in unserem Haus und Garten tun, nicht das, worauf das Kind beim Aufwachsen sein besonderes Interesse richten wird. Es hat das Bedürfnis, sich mit intellektuellen und anderen Dingen zu beschäftigen, durch die es etwas lernen kann, für die es sich interessiert und die seine Entwicklung fördern.

Ein weiterer Weg in die Hilflosigkeit ist die Tendenz mancher Eltern, von einem Kind zu erwarten, dass es gewissen „Normen" entsprechend, statt gemäß seinen Neigungen Leistungen bringt, sich auf eine bestimmte Weise verhält, lernt, Interesse bekundet und soziales Verhalten zeigt. Beispielsweise rufen mich oft Eltern an, weil sie beunruhigt sind wegen des Verhaltens ihres Kindes in einer Gruppe von Gleichaltrigen oder in der Öffentlichkeit, etwa einem Restaurant. Wenn ich dann vorschlage, ihr Kind nicht zur Spielgruppe oder zum Kurs zu bringen, wenn es damit nicht umgehen kann, äußern die Eltern ihre Sorge wegen der sozialen Bedürfnisse des Kindes. Doch diese werden nicht erfüllt, wenn das Kind den Nachmittag damit verbringt, sich mit anderen Kleinkindern oder Kindern abzumühen. Anstatt Spaß mit Freunden zu haben, macht es die Erfahrung, dass es ihm nicht gelingt, mit anderen Kindern umzugehen und seinen Eltern zu gefallen, und beides löst ein Gefühl der Hilflosigkeit bei ihm aus. Würden Sie wieder in eine soziale Gruppe gehen, in der sie sich mit den anderen nicht gut verstanden haben? Ähnlich wie ein Erwachsener braucht ein Kind, das in einem sozialen Umfeld Misserfolg erlebt, ein anderes Umfeld oder vielleicht auch einfach nur Zeit zusammen mit seinen Eltern.

Viele Kinder können im Restaurant nicht still sitzen. Wenn Ihr Kind die Gelegenheit hat, sich eine Zeit lang auszutoben, gelingt es ihm vielleicht, lange genug sitzen zu bleiben. Wenn nicht, ist ein Restaurant kein Ort, an dem seine Bedürfnisse erfüllt werden können. Wenn wir einem Kind unsere Wünsche aufzwingen, nur weil wir die Macht dazu haben, kann es sein, dass es sich hilflos fühlt und mit der Zeit auch Groll gegen uns empfindet. Statt auf die Medien oder die Oma zu hören, beobachten Sie Ihr Kind und hören auf es, ganz gleich, was all die anderen sagen. Es wächst hier und jetzt auf – im Gegensatz zu all den wohlmeinenden Ratgebern. Es ist der Experte für seine eigenen Bedürfnisse.

Die Tendenz, Erwartungen zu haben, kann ein Kind auch dann hilflos machen, wenn diese Ambitionen nicht offen ausgesprochen werden. Beispielsweise können wir ganz subtil zu verstehen geben, Teilen sei wünschenswert, das Kleinkind solle allmählich anfangen, die Toilette zu benutzen, ein Kind solle ruhig, dankbar oder höflich sein oder an Gefühlen anderer Anteil nehmen. Das Kind kann sich hilflos und unzureichend fühlen, wenn es unsere Ambitionen nicht erfüllen kann oder wenn es das zwar kann, aber nicht aus sich selbst heraus möchte. Vielleicht äußert es den Wunsch, ein Baby zu bleiben, um der Last der Erwartungen zu entkommen; vielleicht wird es mürrisch oder tut im Gegenteil genau das, was wir wollen, nur um unsere Anerkennung zu bekommen oder um Ruhe vor uns zu haben, doch die ganze Zeit fühlt es sich dabei hilflos.

Eine andere Art, Kindern Macht zu nehmen, besteht darin, ihnen eigene Entscheidungen zu verwehren. Wenn Sie ein Instrument aussuchen, das Ihr Kind lernen sollte, eine Sportart, die es ausüben sollte, wenn Sie über seine Unternehmungen und Aktivitäten bestimmen und festlegen, wann es essen oder was es anziehen sollte, berauben Sie es zwangsläufig der Erfahrung, Einfluss auf sein eigenes Leben zu haben. Durch solche Erfahrungen kann sein inneres Gefühl der Hilflosigkeit schließlich zu Rebellion und Aggression oder zu ungesunder Gefügigkeit und Depression führen.

Wenn Sie sich von Ihren persönlichen Zeitplänen für Ihr Kind lösen und ihm die Macht zugestehen, sein Leben selbst zu gestalten, ist es vielleicht nötig, seine Freiheit zu schützen. Wir machen das Haus kindersicher, um körperliche Verletzungen zu vermeiden, und lassen dem Kind Freiheit innerhalb eines sicheren Zuhauses. Ebenso können wir die weitere Umgebung kindersicher machen, einschließlich der Medien, Lebensmittel und Spielsachen sowie des sozialen Umfelds, mit dem es in Kontakt kommt, solange es noch sehr jung ist.

Die Freiheit eines Kindes hängt davon ab, inwieweit Sie für seine Sicherheit sorgen können, ohne Kontrolle über es ausüben zu müssen. Wenn man den Tag in einer natürlichen Umgebung verbringt, muss man das Spiel eines Kindes nicht einschränken, wie es in der Stadt auf der Straße nötig wäre. Wenn Ihr Kind Umgang mit Menschen hat, die es mag und in deren Nähe es sich kompetent fühlt, kann es selbstständig spielen, ohne auf Ihr Eingreifen angewiesen zu sein.

Inwieweit Sie die Umgebung sicher machen, hängt davon ab, wie Sie leben und welchen Stil Sie in der Begleitung Ihres Kindes haben. Alle Eltern kontrollieren die Umgebung in einem gewissen Maß. Die meisten Eltern schützen ihre Kinder vor dem Kontakt mit Waffen, Drogen, manchen Nachrichten oder Medien, die von Brutalität geprägt sind, und vielleicht vor dem Kontakt mit Zigaretten, Alkohol, Kaffee usw. Sie lassen diese Dinge in Ihrem Haus nicht offen herumstehen und üben dann Kontrolle über Ihr Kind aus, indem Sie ihm verbieten, sie anzufassen. Vielmehr setzen Sie Ihr Kind diesen Dingen einfach nicht aus.

Das Gefühl des Kindes, über Autonomie und Macht zu verfügen, hängt nicht davon ab, dass es Zugriff auf alles hat, was es in unserer Gesellschaft gibt, sondern eher von einer täglichen Freiheit in seinem Zuhause und seinem sozialen Umfeld. Wenn Sie mit Ihrem Kind beispielsweise in ein Süßwarengeschäft gehen und ihm dann verbieten, Süßigkeiten zu essen, wird es Groll gegen Sie empfinden und sich hilflos fühlen. Wenn Sie gar nicht erst ins Süßwarengeschäft gehen und stattdessen zu Hause gesunde Leckereien anbieten, wird sich Ihr Kind als autonom erleben und zufrieden sein. Sie üben dahingehend eine Führungsrolle aus, in welcher Richtung das Familienleben verlaufen soll, so dass Ihr Kind die Freiheit hat, auf sich selbst zu vertrauen. Wenn es älter wird, wird es mit immer mehr Dingen, die es in der Gesellschaft gibt, in Kontakt kommen; weil es sich in sich selbst sicher fühlt, wird es Entscheidungen treffen, die nicht auf sozialem Druck, sondern auf seinen authentischen Wünschen und Werten beruhen.

Wenn Ihre Beziehung zu Ihrem Kind von Vertrauen, statt von Kontrolle geprägt ist, wird es Ihren Rat und Ihre Orientierung ernst nehmen, weil es weiß, dass Sie auf seiner Seite sind. Dieses Vertrauen wird sich als nützlich erweisen, wenn es mehr an der größeren Gemeinschaft und Gesellschaft teilnimmt. Statt Ihre Vorstellungen abzulehnen, weil es Sie als denjenigen sieht, der es kontrolliert und negiert, wird es Ihren Rat als liebevoller Verbündeter suchen.

Wie im vorigen Kapitel erläutert, äußern manche Eltern Sorge, ein Kind, das nicht kontrolliert werde, könnte sie ausnutzen. Denken Sie daran: Ein Kind, wenn es nicht in Angst davor lebt, dass man ihm seine Macht wegnimmt (dass man es kontrolliert, nötigt oder ihm etwas befiehlt), hat es nicht nötig, irgendjemanden „auszunutzen". Es möchte lediglich für sich selbst sorgen, und wenn dieser Wunsch respektiert wird, gedeiht es. Ein Kind, das gedeiht, ist zu beschäftigt und zu glücklich, um sich mit negativen Strategien abzugeben.

Die Aggression eines Kindes auflösen

Kinder flüchten sich oft in aggressives Verhalten, wenn sie von einem Gefühl der Hilflosigkeit erdrückt werden. Wie sehr wir uns auch bemühen mögen, das Gefühl von Hilflosigkeit gehört zum Menschsein dazu. Wenn es ausgeglichen ist und ganz ausgedrückt wird, ist dieses Gefühl ein natürlicher und sinnvoller Teil unserer Existenz. Doch wenn es aus dem Gleichgewicht geraten ist und nicht ganz wahrgenommen und ausgedrückt wird, kann das wiederholt auftretende Gefühl von Hilflosigkeit zu Wut und Aggression oder auch zu Resignation und Depression führen. Daher sollten wir nicht nur vermeiden, das Kind seiner Macht zu berauben, sondern wir sollten ihm auch Möglichkeiten bieten, Hilflosigkeit auszudrücken und auf sichere Weise Macht zu erleben.

Die häufigste offenkundige Art, wie ein Kind Hilflosigkeit zum Ausdruck bringt, besteht darin, dass es andere negiert und stört. Doch wenn seine Eltern ihre Unterstützung für seine Art, sich auszudrücken, anbieten, kann das Kind spielerische und kreative Möglichkeiten finden, sein Gefühl der Macht wieder zu stärken. Ein Vater fragte mich nach meinem Rat zu seinem dreijährigen Sohn, der Papier über den ganzen Küchenboden verstreute. Nach dem Beratungsgespräch änderte sich sein Hang, das Tun seines Sohnes zu unterbinden:

Seit die Familie in einen anderen Teil der Stadt gezogen war, zeigte der dreijährige Chris Symptome von Stress. Er war missmutig und jammerte und weinte ständig wegen jeder Kleinigkeit. Eines Tages kam er in die Küche und fing an, das Papier und die Dosen aus den Recycling-Mülleimern auszuleeren und in der ganzen Küche zu verstreuen. Als er den Müll auf dem Boden sah, reagierte sein Vater mit einem dramatischen „O nein!", was Chris das Gefühl von Macht zu geben schien, das er sich wünschte: „Aha, jetzt hab ich ihn."
Der Vater hob das Papier und die Dosen auf und warf alles wieder in die Mülleimer, so dass Chris seine selbsterfundene Therapie immer aufs Neue wiederholen konnte. Jedes Mal, wenn Chris den Müll ausleerte, reagierte sein Vater mit einem lauteren und dramatischeren „O nein!", sagte dann spielerisch: „Ich räum es zurück", und flehte dann: „O, bitte leer nicht wieder alles aus." Das Spiel endete damit, dass der Müll überall auf dem Küchenboden verstreut war und der Vater erschöpft „aufgab".
Ein paar Monate lang begann Chris immer wieder dieses Spiel, und jedes Mal seufzte sein Vater dramatisch, hob dann den ganzen Müll auf und räumte ihn wieder in die Recycling-Eimer, woraufhin sein Sohn alles unter lautem Gelächter wieder ausleerte. Die ganze Zeit vertraute der Vater auf das Bedürfnis seines Sohnes, dieses Spiel zu spielen, um dadurch ein Gefühl von Macht und Autonomie zu erlangen. Eines Tages hörte Chris auf, den Müll auf den Boden auszuleeren, und fing nie wieder damit an. Seine Reizbarkeit und seine Stresssymptome nahmen ab, und er schien sich über sein neues Zuhause zu freuen.

Viele Eltern bestärken Kinder intuitiv auf ähnliche Weise, einfach weil sie sie respektieren und an ihrem Spiel teilnehmen möchten. Wenn das Kind zum Beispiel wegrennt, wenn der Vater versucht, seinen Schlafanzug zu schnappen, spielt der Vater mit und liefert sich mit dem Kind eine heiße Verfolgungsjagd. Zwar kommt das Spiel dem Vater vielleicht lange und ermüdend vor, doch irgendwann hat das Kind genug, denn sein Bedürfnis, ein Gefühl der Macht zu spüren, ist erfüllt.

Es ist von entscheidender Bedeutung, dem Kind seine Macht nicht zu nehmen. Wenn Sie derjenige sind, der das Spiel beendet oder seinen Verlauf bestimmt, haben Sie die Macht, und das Kind fühlt sich aufs Neue hilflos. Dies macht den Großteil des emotionalen Nutzens, den das Spiel für das Kind hat, wieder zunichte, und darüber hinaus führt eine solche Unterbrechung zu einem Kampf, so dass es vielleicht sogar länger dauert, die daraus folgende Wut aufzulösen, als ein Weiterspielen, bis das Kind nicht mehr will. Nach einem langen, lustvollen Machtspiel dagegen fühlen sich alle glücklich und einander verbunden.

In Chris' Fall führte das Spiel eine sichtbare Änderung herbei, doch oft können Eltern kein konkretes Ergebnis erkennen. Es ist entscheidend, keine raschen Verhaltensänderungen zu erwarten. Ein emotionaler Nutzen äußert sich meist nicht unmittelbar und sichtbar, sondern zeigt sich langsam und unerwartet. Oft werden sich Eltern erst Monate später bewusst, dass bestimmte schwierige Verhaltensweisen bei ihrem Kind nicht mehr auftreten. Außerdem können wir nie wissen, was auf diese Weise verhütet wurde. Eltern können aber eine allgemeine Zufriedenheit und andere Verbesserungen bemerken. Wir sollten uns nach dem Kind richten, wenn es solche Spiele anfängt, und darauf vertrauen, dass es Nutzen daraus zieht. Zwar weiß es, dass es ein Spiel spielt, doch es zieht einen ebensolchen Nutzen aus dem Drama, als wenn es echt wäre. Das folgende Beispiel zeigt, wie es einem anderen Kind gelungen ist, auf spielerische Weise ein Gefühl der Macht zu erreichen.

Eines Abends hängte Kirk sein Hemd an den Türgriff und ging ins Bade-
zimmer, um sich bettfertig zu machen. Als er wieder herauskam, war sein
Hemd weg. Melanie, seine dreijährige Tochter, stand mit einem schaden-
frohen Grinsen im Gesicht an der Tür. „O nein, wo ist mein Hemd?",
fragte Kirk und tat überrascht, als Melanie fröhlich kicherte.
So begann ein Abendritual. Jeden Abend achtete Kirk darauf, sein Hemd
an diesen Türgriff zu hängen und zu Melanie zu sagen: „Mein Hemd
hängt am Türgriff, versteck es nicht…", und Melanie ging auf diese
Einladung ein, versteckte das Hemd und wartete gespannt darauf, dass
er den Verlust bemerkte. Dies ging jeden Abend so, bis Melanie nach
ein paar Monaten genug hatte, da ihr Bedürfnis, ihr Machtgefühl zu
stärken, erst einmal erfüllt war.

Sie brauchen sich keine Sorgen zu machen, dass Ihr Kind sich ein solches Spiel ausdenkt, um ständig stören oder alles durcheinanderbrin-
gen zu dürfen. Im Gegenteil, Kinder unterscheiden sehr klar zwischen
Spiel und Realität. Indem man ihr Bedürfnis zu spielen unterstützt,
ermöglicht man ihnen ein sicheres Ventil für ihre angestauten Emotionen und beugt schädlichen Ausdrucksformen von Macht vor.

Falls Sie bei sich das Bedürfnis bemerken, Kontrolle über Ihr Kind
auszuüben, haben Sie wahrscheinlich in ihrem eigenen Leben zu viel
Hilflosigkeit erlebt. Vielleicht erleben Sie beim Spielen solcher Spiele
auch einen Heilungsprozess bei sich selbst. Das Bedürfnis, Kontrolle
auszuüben, entzieht sich Ihrer Kontrolle, aber es ist Ihre Entscheidung,
ob Sie danach handeln oder nicht. Sobald Sie erkennen, dass das Bedürfnis nach Kontrolle tatsächlich eine Schwäche ist, werden Sie in
der Lage sein, sich stark zu fühlen, wenn Sie ihm nicht nachgeben. Sie
brauchen emotionale Kraft, um mit Ihrem Kind zu fließen und nicht
Ihren Impulsen zu folgen. Im Umgang mit Kindern beruht Ihre Kraft
darauf, loszulassen und nicht an Ihren Reaktionen festzuhalten.

Machtspiele, wie die oben beschriebenen, haben viele Gesichter, und
als Eltern sollten wir aufmerksam und bereit sein, sie wahrzunehmen
und uns daran zu beteiligen. Es ist leicht, dem Kind zu sagen, es solle

mit dem, was es tut, aufhören; doch meistens, wenn wir den Impuls spüren, „Stopp" zu sagen, fängt das Kind gerade ein Machtspiel an. Es kann darin bestehen, Tofu zu zermatschen, Analausdrücke zu benutzen oder Legosteine auf dem Fußboden zu verstreuen, sobald wir sie weggeräumt haben. Diese Einladungen zu Machtspielen erfordern kooperative Eltern, die Ja sagen, obwohl ihre innere Stimme ihnen zuflüstert, sie sollten Nein sagen. Statt zu sagen, das Kind kooperiere nicht, sehen Sie sich als Schauspieler in seinem Drama (was Sie auch sind) und nehmen Sie seine Einladung an. Wenn ein Erwachsener nicht auf das spielerische Angebot eines Kindes eingeht, wird er bei uns zu Hause als „zu ernst" oder als „verbissener Erwachsener" bezeichnet. Das Kind erlebt den reservierten Erwachsenen als Hindernis für sein kreatives oder therapeutisches Spiel.

Wenn wir lernen, unsere eigenen gedanklichen Reaktionen weniger ernst zu nehmen, lernen unsere Kinder dies auch. Wir brauchen uns nicht nach unseren negierenden Gedanken zu richten. Vielmehr können wir uns dem Fluss des Kindes anschließen und uns von ihm an seinem Spiel beteiligen lassen. Dies zu tun, macht das Leben friedlich und erfüllt. Statt gegen die Bestrebungen des Kindes anzukämpfen, können wir uns seinem Weg freudig anschließen. Hier noch ein Beispiel eines Machtspiels, in dem das Tun des Kindes abgelehnt oder sein Angebot angenommen werden kann, wodurch sein Machtgefühl gestärkt wird:

Als Alex etwa fünf Jahre alt war, wohnte er mit seiner Familie auf dem Land in einem Haus, das keinen Schlüssel hatte. Die Glastür, durch die man das Haus betrat, ließ sich nur von innen mit einem Riegel verschließen.

Eines Tages, als die Familie mit Einkaufstüten beladen die Treppe hinaufging, lief Alex vor seinen Eltern und seiner Schwester hinauf, ging ins Haus und verriegelte die Tür. Seine Eltern sahen, wie seine schönen, großen Augen hinter der Glastür vor Aufregung und Vorfreude leuchteten.

„O nein!", riefen sein Vater und seine Mutter fast gleichzeitig aus. „Was
sollen wir nur tun?" Sie stellten die Einkaufstüten auf der Veranda ab
und fingen zu betteln an: „Oh, lass uns bitte rein, o je, bitte, bitte, die
Lebensmittel werden sonst schlecht." Seine ältere Schwester unterstützte
ihre Eltern aufgeregt dabei, die theatralische Szene zu gestalten.
Alex kicherte vor Freude. Er wusste, dass seine Eltern sein Spiel mit-
spielten, und genoss es. Etwa eine Minute später steigerten sie ihr Flehen
noch: „Wo sollen wir schlafen? Wir werden frieren. O nein, was sollen
wir nur tun?" Sie fingen an, sich Schlafstätten auszusuchen, und taten
frustriert angesichts des Unbehagens, das sie erwartete.
Dann knieten sie sich wieder vor die Tür und flehten, hereingelassen zu
werden. Nach ein paar Minuten öffnete Alex die Tür mit einem siegrei-
chen Grinsen im Gesicht. Seine Eltern und seine Schwester gingen hinein,
brachten ihre Dankbarkeit zum Ausdruck und priesen den glücklichen
Tag, an dem der mächtige Alex sie hereingelassen hatte.
Dieses Spiel wiederholte sich nur ein paar Mal. Danach tat Alex es nie
wieder und schloss auch nie mehr jemandem die Tür vor der Nase zu.
Sein Bedürfnis war erfüllt.

Der dramatische und gleichzeitig spielerische Ausruf „O nein!" kann
signalisieren, dass Sie bei dem Spiel mitmachen. Wenn Tofu in Knete
verwandelt wird, können Sie seufzen: „O nein! Was für eine Schwei-
nerei." Wenn ein Kind mit Ihrem Tafelsilber Trommel spielt, halten
Sie sich die Hände vor die Ohren und sagen Sie: „O nein! Was für
ein Krach!" Wenn Sie die Legosteine zum vierten Mal aufräumen und
Ihr Sohn sie gleich wieder ausschüttet, rufen Sie aus: „O nein! Was
sollen wir jetzt tun?", während Sie spielerisch auf dem Boden zusam-
menbrechen. Immer, wenn Sie nicht aus Sicherheitsgründen eingreifen müssen, ersetzen Sie „Stopp" einfach durch ein dramatisches „O
nein!", und gehen Sie dann auf die Einladung zu spielen ein und machen Sie mit, bis das Kind Sie auffordert aufzuhören. Dies mag einem
vielleicht erschöpfend und zeitraubend vorkommen, doch tatsächlich
braucht man weniger Zeit, zu spielen als gegen das Kind anzukämp-

fen. Natürlich ist der langfristige Gewinn so groß, dass Ihr liebevolles Spiel gewiss Tausende glückliche Augenblicke mit Ihrem Kind wert ist. Außerdem besteht eine wichtige Lektion, die Kinder uns lehren, darin, dass die einzige Zeit das Jetzt ist, also genießen Sie es.

Eine Fallgrube, die Sie vermeiden sollten, wenn Sie beim Machtspiel des Kindes mitmachen, ist die Tendenz, als Eltern kreativ zu sein. „Stehlen" Sie Ihrem Kind nicht die Schau. Folgen Sie seinen Hinweisen und füllen Sie nur die von ihm vorgegebenen Lücken aus. Wenn Sie die Führung übernehmen, indem Sie eine Wendung einführen, die das Spiel des Kindes ändert, nehmen Sie dem Kind die Macht aus den Händen. Heben Sie sich Ihren Einfall für später auf und fangen Sie ein andermal ein neues Spiel an. Selbst wenn Sie ein Spiel anfangen, lassen Sie Ihr Kind die Richtung bestimmen. Spielen Sie die von Ihrem Kind ausgesuchte Rolle vollkommen mit. Solange Sie die Rolle spielen, die Ihr Kind Ihnen gegeben hat, spielen Sie sie ganz: Seien Sie atemlos, ängstlich, verzweifelt und hilflos auf die Weise, die zu der von ihm geschaffenen Szene passt.

Wiederum fürchten manche Eltern vielleicht, ihr Kind könnte sie ausnutzen oder nicht genügend Respekt vor ihnen haben. Doch wenn Sie Ihr Kind respektieren und seinen Hinweisen folgen, wird sein Respekt vor Ihnen wachsen. Ein Kind dagegen, das gehorcht, hat meist keinen Respekt, sondern Angst vor seinen Eltern. Möglicherweise empfindet es sogar Verachtung für sie, doch weil es sie auch liebt, fühlt es sich vielleicht verwirrt und schämt sich. Es lernt, Kontrolle über andere auszuüben und sie als entweder über oder unter sich stehend anzusehen. Ja, Fügsamkeit ist oft kein Zeichen von Respekt, sondern von Furcht und Machtlosigkeit. Wenn Sie dagegen mit Ihrem Kind kooperieren, lernt es zu kooperieren und auf die Bedürfnisse anderer einzugehen. Kinder verlassen sich darauf, dass wir ihre Bedürfnisse erfüllen, und es braucht viele Jahre und Wiederholungen, bis sie alles zurückgeben. Wie bei jemandem, der ein Musikinstrument oder Tanzen lernt, können wir nach wenigen Lektionen noch keine perfekte Leistung erwarten.

Malen und andere künstlerische Ausdrucksformen sind gut geeignet, um Hilflosigkeit auszudrücken:

Ich erinnere mich an meine Beratungsgespräche mit der achtjährigen Georgia. Sie zeichnete ständig ihre Nachbarin, die sie nicht mochte und vor der sie Angst hatte. Sie nannte ihre Bildergeschichten „Valentinas Unglückstag". Die Geschichte erstreckte sich über sieben oder acht Seiten, schilderte eine Katastrophe nach der anderen und gipfelte darin, dass die Nachbarin bei einem Brand ums Leben kam. Georgia zeichnete diese Geschichte nicht nur, sondern erläuterte sie mir dann auch unter großem Gelächter und ließ so ihre angestauten Gefühle heraus.

Ich schlug vor, dass sie ihrem Bruder und ihren Eltern weiterhin, so oft sie wollte, von „Valentinas Unglückstag" erzählte.

Nach etwa einer Woche verlor Georgia das Interesse an ihren Zeichnungen. Zur Überraschung ihrer Mutter ging sie hinüber zu Valentina, die im Garten arbeitete, und fragte, ob sie ihr helfen könne.

Als Georgia wieder nach Hause kam, sagte sie: „Mama, ich habe Valentina geholfen, Blumen zu pflanzen. Sie ist wirklich nett, weißt du?"

Georgia wurde entspannter – nicht nur gegenüber Valentina, sondern auch in ihren Beziehungen zu anderen Menschen.

Die Erfolge dieser Maltherapie zeigten sich direkt in der betreffenden Beziehung. Oft ist dies nicht der Fall. Manchmal verabscheut ein Kind einen Nachbarn, aber sein „Hass" ist eigentlich eine Manifestation seiner Ängste in Bezug auf sich selbst oder ein Familienmitglied. Die vom Kind selbst gestaltete Therapie ändert vielleicht gar nichts an der Beziehung zu dem Nachbarn, jedoch sind viele andere positive Veränderungen in den Beziehungen des Kindes, in seiner Selbstsicherheit und in anderen Aspekten seines Lebens zu beobachten. Kinder benutzen Kunst, Poesie, Musik und viele Rollenspiele, um sich selbst Macht zu verschaffen. Freuen Sie sich über ihre kreativen Heilmethoden und sehen Sie, wie Ihr Kind aufblüht.

Vorbeugung von Schwierigkeiten außer Haus

Wenn man auf das Bedürfnis eines Kindes, ein Gefühl der Macht zu spüren, eingeht, hat das zusätzlich den Vorteil, Problemen vorzubeugen, die außerhalb von zu Hause und im Umgang mit anderen Menschen auftreten könnten. Neulich erlebte ich, wie eine Familie mitten beim Abendessen das Restaurant verließ, weil das Kleinkind beschlossen hatte, das Tafelsilber und andere Dinge vom Tisch auf den Boden zu werfen und vor Vergnügen zu kreischen. Das Kind ließ sein Bedürfnis, Macht zu spüren und zu spielen, an einem denkbar unangenehmen Ort für die Eltern heraus.

Kinder, deren Bedürfnis, zu bestimmen und Macht zu spüren, zu Hause erfüllt wird, können an Aktivitäten in der Öffentlichkeit besser teilnehmen und sie auch genießen. Machen Sie Ihr Zuhause zu dem Ort, wo man alles herauslassen kann, dann hat es ihr Kind nicht nötig, Ihre Verwundbarkeit in der Öffentlichkeit auszunutzen, um sich Macht zu verschaffen. Gleichzeitig sollten Sie jedoch auch auf die Beschränkungen Ihres Kindes, was seine Selbstbeherrschung betrifft, Rücksicht nehmen. Vor einem Konzert, einem Restaurantbesuch oder einer langen Autofahrt kann man zwar Machtspiele spielen. Doch selbst wenn sie die Gelegenheit hatten, Energie loszuwerden und das Gefühl von Macht zu haben, ist ein Restaurant für manche Kinder der falsche Ort, während es für andere ganz in Ordnung ist. Sogar eine Spielgruppe kann für ein Kind spannend, für ein anderes dagegen, das sich vielleicht hilflos fühlt und den Eindruck hat, in einem solchen Umfeld zu versagen, eine unzumutbare Anforderung sein. Respekt für die Bedürfnisse und Neigungen des Individuums kann viel dazu beitragen, dem Gefühl von Hilflosigkeit und daraus hervorgehendem Trotz vorzubeugen.

Auch die Interaktion von Kindern untereinander wird oft von Gefühlen der Macht oder der Hilflosigkeit beeinflusst. Ein Kind, das sich oft hilflos fühlt, folgt entweder den anderen, ohne sich selbst durchzusetzen, oder es lässt seinem Bedürfnis nach Macht freien Lauf, indem es über andere Kinder bestimmt und ihnen keine Ruhe lässt. Geben Sie ihm Gelegenheit, zu Hause ein Gefühl von Macht zu erleben, dann kann es das Zusammensein mit seinen Freunden unbeeinträchtigt genießen.

Neben dem Spielen von Machtspielen gewinnen Kinder auch dann ein Gefühl von Macht, wenn sie selbst entscheiden und Verantwortung für sich selbst übernehmen können. Bisweilen empfinden sie ein Gefühl von Macht, wenn sie im Haushalt helfen können, jedoch nur, wenn es von ihnen weder verlangt noch erwartet wird. Wenn Ihr Kind derartige Hilfe anbietet, bringen Sie Ihre Dankbarkeit zum Ausdruck, erwarten Sie aber nicht mehr.

Wenn man Kindern zum einen ermöglicht, Dinge selbst zu bestimmen, und ihnen zum anderen sichere Möglichkeiten anbietet, ein Durcheinander oder Lärm zu machen, sind Zufriedenheit und gesunde Beziehungen die Folge. Das Leben mit Kindern bleibt im Fluss, wenn wir einfach ihren Hinweisen folgen und ihre Entscheidungen respektieren, statt uns das Hirn mit Überlegungen darüber, was für sie richtig sein mag, zu zermartern.

Damit, dass man Kindern nicht ihre Macht wegnehmen soll, meine ich nicht, dass man ihnen einen Freibrief geben soll, alles zu tun, was sie wollen. Ebenso wie Erwachsene leben auch Kinder in einer Welt, die ihnen physische und soziale Grenzen setzt. Wir müssen Kindern gegenüber authentisch sein – sie sollten ein echtes Leben leben, kein Fantasieleben, in dem all ihre Wünsche sofort erfüllt werden. Natürliche Frustrationen, die nicht von irgendwem auferlegt werden, gehören zum Aufwachsen dazu, und Sie brauchen nur Verständnis und Wertschätzung für die Gefühle des Kindes zu bekunden und ihm zuzuhören.

Ein Baby versteht nichts von Schwerkraft, doch es reagiert auf die Beschränkungen, die sie ihm auferlegt; seine Stürze dienen nicht nur als Training für das Laufenlernen, sondern auch im Hinblick auf den Umgang mit Schwierigkeiten und Fehlern. Ebenso nimmt ein Baby sehr wenig Rücksicht auf die Bedürfnisse anderer Menschen, und so sollte es auch sein. Seine Achtsamkeit und Empfänglichkeit für andere wächst im Lauf vieler Jahre, in denen es auf liebevolle und großzügige Weise umsorgt wird, nicht, indem es auf Kosten anderer alles bekommt, was es will. Wir machen dem Kind immer mehr gesellschaftliche Normen deutlich, wenn es so weit ist, dass es sie verstehen und sich daran beteiligen kann. Zu einem Baby können Sie nicht sagen: „Ich bin zu müde, um dich jetzt zu stillen", und es weinen lassen. Doch ein paar Jahre später können Sie sagen: „Bist du ungeduldig, weil du das Eis jetzt haben willst? Nach dem Abendessen essen wir mit unseren Gästen Eis."

Die Tendenz liebevoller Eltern, das Kind um jeden Preis „glücklich machen" zu wollen, stärkt die Autonomie und emotionale Kraft des Kindes nicht, sondern schwächt sie. Lieben und umsorgen Sie Ihr Kind und sagen Sie Ja zu seinen autonomen Entscheidungen, doch vermeiden Sie es, es vor ungefährlichen natürlichen und gesellschaftlichen Lektionen zu bewahren.

Körperliches Spiel

Körperliches Spiel kann Freude machen und eine wirksame Therapie sein, es kann jedoch auch das Gefühl von Hilflosigkeit bei einem Kind verstärken. Meistens scheinen Kinder raues Spielen zu genießen und dadurch an körperlicher und emotionaler Kompetenz zu gewinnen. Wenn Sie Kindern beim Spielen zuhören, werden Sie manchmal Schreie, gefolgt von immer lauter werdendem Kichern, hören. Meistens brauchen die Kinder Sie in solchen Situationen nicht, und falls Sie beunruhigt sind, können Sie schnell nach dem Rechten sehen, ohne dass die Kinder Sie überhaupt bemerken. Sollten Sie Zweifel haben, können Sie eine Frage stellen, um Informationen zu bekommen. In den meisten Fällen wird das Kind, dem Ihre Sorge gilt, etwas sagen wie: „Es ist nur ein Spiel, Mama. Wir haben Spaß." Sie können ein schwächeres Kind auch daran erinnern, dass Sie zur Verfügung stehen, falls es bei dem Spiel kein gutes Gefühl mehr haben sollte. Wenn Ihre Beziehung zu Ihren Kindern von Vertrauen geprägt ist, können Sie sicher sein, dass das Kind Sie bei Bedarf rufen wird.

Doch falls Sie sich bei irgendeiner Situation mit mehreren Kindern Sorgen um die Sicherheit eines bestimmten Kindes machen, folgen Sie Ihrer Intuition und sehen Sie nach dem Rechten. Bei emotional gesunden Kindern ist die Wahrscheinlichkeit hoch, dass sie gefahrlos und rücksichtsvoll spielen; dennoch kommt Unterdrückung unter Kindern vor. Ich habe Erwachsene therapiert, die in ihrer Kindheit von ihren Geschwistern eingeschüchtert, misshandelt und missbraucht wurden und keine Ahnung haben, warum ihre Eltern das nie herausfanden.

Eine Mutter rief mich einmal an, weil sie beunruhigt war, als sie herausfand, dass ihr sechsjähriger Sohn von einem neuen Freund im Kleiderschrank eingesperrt worden war, während sich die Eltern in einem anderen Zimmer unterhielten. In dem fremden Haus war der Junge zu eingeschüchtert, um seine Angst zu äußern, doch da er sich bei seiner Mutter sicher fühlte, erzählte er ihr hinterher davon.

Ein Kind, das sich stark fühlt, hat es nicht nötig, sich destruktiv zu verhalten oder andere zu schikanieren, doch bei einem Kind, das sich inkompetent oder hilflos fühlt, kann das leicht geschehen, vor allem, wenn es keine Möglichkeit hat, sich gefahrlos auszudrücken. Bisweilen stellen wir überrascht fest, dass unser friedliches, geliebtes Kind die körperlichen Rechte eines Geschwisterkindes oder Freundes verletzt:

Eines Tages fing der neunjährige Jeremy ganz unvermittelt und für ihn ganz untypisch an, seinen jüngeren Bruder auf den Boden zu zwingen und festzuhalten. Er tat dies nun täglich, obwohl es seinem Bruder ganz offensichtlich nicht gefiel. Seine Mutter Maria stand vor einem Rätsel – Jeremy war so ein sanfter Junge. Sie hatte keine Ahnung, was die Ursache sein könnte, da sie und ihr Mann noch nie Macht über Jeremy ausgeübt hatten. Sie setzte sich jeden Tag mit ihm hin, um darüber zu sprechen und zu versuchen, seine Motivation zu verstehen.

*„Bekommst du ein Gefühl von Macht, wenn du deinen Bruder fest-
hältst?", fragte Martha ihn bei einem ihrer Gespräche.*
*„Ich weiß nicht", antwortete Jeremy. „Ich kann mich einfach nicht be-
herrschen."*
*„Ich weiß. Aber was hast du davon? Inwiefern verschafft es dir ein gu-
tes Gefühl?"*
*Jeremy verstummte und schien in Gedanken verloren zu sein. Als er wie-
der aufblickte, lächelte er triumphierend und verkündete: „Ich hab's!" Er
erzählte seiner Mutter, ein größerer Junge habe ihn bei einem Zeltlager
gewaltsam auf dem Boden festgehalten, und an dem Tag entstand bei
ihm der Drang, seinen Bruder zu zwingen, unter ihm zu liegen. Jeremys
Selbstanalyse war klar genug, dass er selbst einsehen und bereuen konnte,
was er seinem Bruder angetan hatte. Als er von dem Zwischenfall beim
Zeltlager erzählte, wurde deutlich, wie sehr er sich gefürchtet hatte.*
*„Ich hab solche Angst gehabt, Mama", sagte er, „und ich hab mich ge-
schämt, so schwach zu sein."*
*„War der Junge, der dich auf dem Boden festgehalten hat, größer als
du?", fragte Martha mit viel Liebe in der Stimme.*
„Ja. Er war groß, und ich bin mir so klein vorgekommen."
*Martha hörte ihm weiter zu und brachte ihr Verständnis zum Aus-
druck.*
*Nachdem Jeremy über seine Gefühle gesprochen und Aufmerksamkeit
und Wertschätzung von seiner Mutter bekommen hatte, hatte er nicht
mehr das Bedürfnis, seinen Bruder auf den Boden zu zwingen.*

Wenn Ihr Kind anfangen sollte, ein jüngeres Kind zu schikanieren,
überlegen Sie, ob es vielleicht infolge von Erfahrungen zu Hause oder
anderswo Angst empfinden könnte. Wenn einem Kind Angst gemacht
oder Kontrolle über es ausgeübt wird, kann es sein, dass es aggressive
Verhaltensweisen zeigt, um sich etwas Macht oder Selbstrespekt zu
verschaffen. Um schädliche körperliche Machtbekundungen zu vermeiden, sollten Sie Ihr Kind gut beobachten; bekunden Sie Interesse
für sein Leben außer Haus sowie zu Hause im Umgang mit Besuchern

und anderen Familienmitgliedern. Hören Sie ihm aufmerksam zu. Helfen Sie ihm, seine Gefühle auszudrücken, indem Sie wertschätzende Fragen stellen, etwa: „Würdest du die Kleider deiner Schwester gern immer anziehen können, wenn du willst?", „Willst du mit ihr auf deine Weise spielen?", „Hattest du Angst, als sie dir gedroht hat?" Sorgen Sie dafür, dass Ihr Kind seine Lage beeinflussen kann, spielen Sie Machtspiele mit ihm, wenn es noch jünger ist, und geben Sie ihm, wenn es älter ist, Gelegenheit, seine Gefühle mitzuteilen und über etwas zu bestimmen.

Erwachsenen fällt es oft schwer, miteinander auszukommen; das ist bei Kindern nicht anders. Erwarten Sie von Ihren Kindern nicht, länger miteinander auszukommen, als sie können. Um der Rivalität zwischen Ihren Kindern etwas vorzubeugen, erfüllen Sie das Bedürfnis jedes Kindes nach Aufmerksamkeit, Nahrung und Aktivitäten, in denen es ganz aufgeht. Ein Kind, das sich anderen Kindern gegenüber aggressiv verhält oder sie ärgert, fühlt sich innerlich hilflos oder sehnt sich nach Macht; es wäre gut, wenn Sie ihm Ihre Aufmerksamkeit anbieten würden. Sie können ihm ein Buch vorlesen, ein Machtspiel mit ihm spielen, mit allen Kindern gemeinsam spazieren gehen oder bei ihrem Spiel mitspielen.

Kindern zu vertrauen, heißt nicht, sie zu vernachlässigen. Solange wir es vermeiden, Partei zu ergreifen und ihnen Macht zu nehmen, können wir bei Bedarf einen Beitrag leisten und unsere Fürsorge anbieten. Wenn Eltern mir (bei privaten Gesprächen und bei Workshops) erzählen, wie sie als Kinder von ihren Geschwistern gequält, gekitzelt und erniedrigt wurden, sagen sie immer, sie wünschten sich, ihre Eltern hätten eingegriffen. Es kommt manchmal vor, dass Kinder einander ernsthaft Schaden zufügen; dem können wir am ehesten vorbeugen, wenn wir die grundlegenden emotionalen Bedürfnisse jedes Kindes erfüllen und wenn wir in ihrem Leben präsent sind.

Wir sollten die emotionale Kraft von Kindern nicht auf die Probe stellen, indem wir sie miteinander spielen lassen, obwohl es offensichtlich ihre Fähigkeiten übersteigt. Sie hätten es auch nicht gern, wenn ein „Freund" Sie überwältigen würde, während Ihr liebender Partner im Nebenzimmer säße und nichts täte. Kinder verdienen unseren Schutz und verlassen sich darauf, dass wir ihn auch bieten. Wenn wir nichts unternehmen, gehen sie davon aus, dass dies bedeutet, die Art, wie sie behandelt werden, sei richtig. Vermeiden Sie soziale Konstellationen, die nicht funktionieren, und erfüllen Sie das Bedürfnis jedes Kindes nach Aufmerksamkeit und Aktivitäten, in denen es ganz aufgeht – dann ist das gemeinsame Spiel keine Überforderung, sondern macht allen Spaß.

Kitzeln

Kitzeln ist etwas, womit typischerweise Erwachsene anfangen; doch die meisten Menschen werden nicht gern gekitzelt, und wir würden gewiss keinen anderen Erwachsenen kitzeln. Warum glauben wir dann, Kinder hätten Spaß daran? In Wirklichkeit hassen es Kinder, gekitzelt zu werden, es sei denn, sie haben die Macht über das Kitzelspiel, das heißt, sie wünschen es sich und bestimmen, wie es abläuft und wie lange es dauert. Wenn ein Erwachsener kitzelt und das Kind dabei nichts zu sagen hat, wird es dem Kind nicht gefallen. Seinem Körper wird auf diese Weise Gewalt angetan, wie bei jedem körperlichen Schmerz, dem Schlagen nicht unähnlich. Das unkontrollierbare Gelächter, das durch das Kitzeln ausgelöst wird, ist kein Ausdruck von Freude. Ja, wenn das Kind Luft holen könnte, würde es zwischendurch „Hör auf!", „Nein!" oder „Genug!" schreien. Manchmal macht Kitzeln ein Kind so hilflos, dass es kein Wort herausbekommt. Und wie bereits erläutert, kann das Gefühl von Hilflosigkeit das Kind dazu bewegen, seinen Schmerz in Form von Aggression oder auf andere destruktive Weise zum Ausdruck zu bringen. Neben dem Schmerz des Gekitzeltwerdens lernt das Kind außerdem aus dieser Erfahrung, dem Körper anderer Menschen Gewalt anzutun und sich zu fügen, wenn mit ihm dasselbe getan wird.

Wenn sie die Wahl haben, wollen die meisten Kinder zwar nicht gekitzelt werden, doch es kommt auch vor, dass ein Kind ein Kitzelspiel
genießt, aber nur, wenn es dabei seine Macht nicht verliert. Ich habe
nur einmal Freude bei einem Kitzelspiel beobachtet: Ein dreijähriges
Mädchen bat seine Mutter, es unter dem Arm zu berühren. Dann hob
das Mädchen die Ellbogen, und die Mutter streifte mit der Außen-
seite ihres Fingers für eine Sekunde sanft über die Achselhöhle ihrer
Tochter und hörte sofort auf, als das Kind zurückwich. Kichernd bat
das Mädchen seine Mutter, es noch mal zu tun. Das Mädchen konnte
lachen, weil es über das Spiel bestimmen konnte und seine Mutter auf
es einging. Das ist bei den meisten Kitzelspielen anders, die das Kind
oft hilflos machen und die man besser vermeiden sollte.

Ein einziges Mal erzählte mir ein Junge von einem Kitzelspiel, das
ihm gefiel. Er und seine beiden Brüder waren dabei auf dem Bett und
schubsten sich gegenseitig herunter, indem sie sich kitzelten. Wie bei
dem von mir beobachteten Spiel zwischen Mutter und Tochter hatten
auch hier alle Spieler gleich viel Macht und Kontrolle über das Spiel und
konnten sich nach Belieben zurückziehen; außerdem waren sie gleichzeitig diejenigen, die kitzelten, und diejenigen, die gekitzelt wurden.

Ringkämpfe

Ringkämpfe zwischen Eltern und Kindern lehren die Kinder nicht,
Gewalt anzuwenden, solange ihnen keine Gewalt angetan wird. Wenn
die Mutter oder der Vater die Rolle des Unterlegenen spielen, wird auf
diese Weise das Bedürfnis des Kindes, Macht zu spüren, befriedigt.
Ja, es ist dann ein heilendes Machtspiel. Doch wenn ein Elternteil ein
Kind überwältigt und auf dem Boden festhält, es gegen seinen Willen
hochhebt, kitzelt, über es bestimmt oder auf andere Weise Gefühle der
Hilflosigkeit auslöst, wird das Kind dazu neigen, seine Frustration auszudrücken, indem es das Verhalten des Elternteils nachahmt und ein
jüngeres Kind überwältigt oder andere Stresssymptome zeigt.

Das Leben bietet Kindern genügend Erfahrungen, bei denen sie sich hilflos fühlen, und wir brauchen nicht noch künstlich solche Erfahrungen hinzuzufügen. Ihre Aufgabe ist es, dem Kind die Chance zu geben, sich autonom zu fühlen und bei Ihnen zu erleben, wie ein starker Mensch rücksichtsvoll mit einem schwächeren umgeht.

Das fügsame Kind

Nicht alle Kinder drücken ihre Gefühle von Hilflosigkeit durch Machtspiele und Aggression aus. Manche neigen dazu, fügsamer zu sein, in der Hoffnung, die Anerkennung ihrer Eltern zu gewinnen und ihren Ärger abzuwenden. Sie verinnerlichen ihr Gefühl von Machtlosigkeit, das sich dann in Form von Depressionen, Lernschwierigkeiten, Krankheiten und anderen körperlichen, emotionalen oder Verhaltensproblemen manifestieren kann. Einem gehorsamen Kind sollte man daher unbedingt Gelegenheiten geben, eigene Macht und Autonomie zu spüren. Es wird auf Machtspiele ebenso gut eingehen, wenn es darauf vertrauen kann, Ihre Anerkennung nicht zu verlieren.

Weil ein Kind, das danach strebt, anderen zu gefallen, wahrscheinlich unsicher ist und Angst hat, seine Frustrationen zu äußern, braucht es die Erfahrung, auch dann geliebt zu werden, wenn es nicht das tut, was andere von ihm erwarten. Es muss die Freiheit wiedergewinnen, aus eigenem Willen heraus etwas zu tun, was Ihnen gefällt – nicht aus Angst, Ihre Anerkennung zu verlieren, sondern aus seinem authentischen Wunsch heraus. Um diese Freiheit zu gewinnen, muss sich das fügsame Kind nicht nur dann als wertvoll und fähig erleben, wenn es etwas tut, was Ihnen gefällt, sondern vor allem, wenn es einfach es selbst ist, und wenn es sich gegen Sie auflehnt.

Die zehnjährige Miranda hatte die Angewohnheit, Ja zu sagen, auch wenn sie eigentlich Nein sagen wollte. Nach einem Beratungsgespräch mit mir wurde ihren Eltern klar, dass ihr Lob für ihre Kooperations-

bereitschaft und ihre hohen Erwartungen dazu führten, dass sie sich unsicher fühlte und zu schüchtern war, um sich durchzusetzen. Sie machten sich Sorgen und wollten sie ermutigen, ihre eigene Macht zu spüren und sich zu behaupten. Daher erzählten sie Miranda von ihren eigenen Momenten der Hilflosigkeit, damit sie sich mit ihren Gefühlen nicht einsam fühlte. Sie achteten auch verstärkt auf unterschwellige Zeichen von Auflehnung bei Miranda.

Als sie einmal mit Einkaufstüten beladen vom Supermarkt zurückkamen, fragte Mirandas Vater sie, ob sie beim Einräumen helfen würde. Sie seufzte und sagte dann: „Ja, ist gut.“

Ihr Vater ergriff die Gelegenheit und sagte: „Du hast gezögert; willst du wirklich helfen?“

„Ist schon in Ordnung. Ihr braucht meine Hilfe.“

„Wir können es auch ohne dich schaffen, wenn du im Moment lieber etwas anderes machen würdest.“

„Okay, dann will ich jetzt spielen gehen.“ Miranda sah ihren Vater schüchtern an, und er lächelte. „Gut. Geh spielen“, sagte er, und sie ging in ihr Zimmer.

Bei fügsamen Kindern äußert sich eine typische Art, Hilflosigkeit auszudrücken, in ihrem Zögern, Nein zu sagen. Am besten bitten Sie Ihr Kind nicht, etwas zu tun, was es wahrscheinlich nicht gerne tut. Wenn Sie wirklich seine Hilfe brauchen, sagen Sie ihm, was Sie brauchen, oder bitten Sie es, Ihnen zur Hand zu gehen, aber akzeptieren Sie es auch, wenn Ihr Kind Nein sagt. Falls Sie merken, dass sein Ja nicht authentisch ist, versichern Sie Ihrem Kind, dass Sie keine Erwartungen an es stellen, damit es sich frei fühlen kann, Ihnen gegenüber ehrlich zu sein und sich zu behaupten. Vielleicht hilft Ihr Kind Ihnen dann nur sehr wenig, doch wenn es das tut, ist es eine authentische Entscheidung, die sein positives Selbstgefühl stärkt. Wenn seine Hilfe auf seiner freien Entscheidung beruht, wird es sich stark fühlen, statt schwach und unwillig und wird daher das Helfen positiv in Erinnerung behalten. Falls Sie sich Sorgen machen, es würde nie lernen, etwas zu tun, was keinen Spaß macht, denken Sie daran, dass alles eine Freude wird, wenn es auf einer freien Entscheidung beruht, und umgekehrt. Die Tatsache, dass man Kinder gegen ihren Willen zur Hausarbeit zwingt, ist vielleicht der Grund, weshalb so viele Erwachsene Hausarbeit nicht leiden können.

Wenn wir Kinder dabei unterstützen, ihr Bedürfnis, sich stark und fähig zu fühlen, zu erfüllen, sollten wir sowohl auf extrovertierte (Wut, Aggression) als auch auf introvertierte Manifestationen von Hilflosigkeit (Gehorsam, Apathie, ständig gutes Benehmen) achten. Ein Kind, das sich behauptet und sich gegen Sie auflehnt, um seine Bedürfnisse zu erfüllen, bringt Sie von selbst dazu, Ihre Aufmerksamkeit auf es zu richten. Bei einem Kind dagegen, das seine Gefühle für sich behält, ist es nötig, dass Sie auf es zugehen, mit ihm sprechen, Wertschätzung bekunden und eine Verbindung zu ihm schaffen, die ihm den Weg zur Selbstbehauptung bereitet.

Auch sollten Sie sich bemühen herauszufinden, wie Sie Ihrem Kind die Botschaft vermittelt haben, es könnte Ihre Anerkennung nur durch Fügsamkeit erreichen und es sei mit Risiken verbunden, sich zu behaupten. Verzeihen Sie sich selbst; Sie haben Ihr Bestes getan, und Sie lernen noch. Falls Sie Lob, Belohnungen, Drohungen und/ oder Missbilligung verwendet haben, lassen Sie Ihr Kind wissen, dass Sie Ihren Fehler erkannt haben und es nicht mehr manipulieren wollen. Machen Sie ihm klar, dass Ihnen seine Autonomie und Freiheit wichtig sind. Zeigen Sie ihm stets Ihre bedingungslose, verlässliche Liebe, auch dann, wenn es wagt, sich außerhalb Ihrer Erwartungen zu bewegen.

Die Entwicklung von Selbstvertrauen

Ein Kind fühlt sich stark, wenn es seine eigenen Erfahrungen machen kann. Wenn wir es vor gewissen Erfahrungen, die wir als „Misserfolg" ansehen, „schützen", berauben wir es seiner Macht. Stehen Sie Ihrem

Kind nicht im Weg, damit es die Dinge selbst in die Hand nehmen kann. Vielleicht muss es viele Versuche machen, bis es das bekommt, was es will, doch auf diese Weise wird es Selbstvertrauen und Zutrauen in die eigenen Fähigkeiten gewinnen. Stärke ist nicht das Ergebnis ständigen Erfolges, sondern der Fähigkeit, Misserfolg auszuhalten und immer wieder nach vorne zu blicken.

Viele Eltern fühlen sich unbehaglich, wenn sie sehen, wie ihre Kinder Frustrationen erleben, oder wenn sie ihre Kinder eigene, anscheinend unkluge Entscheidungen treffen lassen. Sie denken, dass sie, indem sie dem Kind helfen, einen Erfolg zu erreichen, sein Selbstvertrauen stärken und zu einem positiven Gefühl beitragen würden. Doch Selbstvertrauen rührt vom Selbst und nicht von anderen her. Ungebetene Hilfe verletzt und beschädigt daher das Machtgefühl des Kindes und die Entwicklung seines Selbstvertrauens.

Wenn Kinder je lernen sollen, verantwortliche Entscheidungen zu treffen, brauchen sie Übung. Das bedeutet nicht, dass Sie zusehen müssen, wie Ihr Kind seinen eigenen Traum, sein Projekt oder seine Gesundheit zerstört. Sie können ihm respektvoll Informationen geben, vorausgesetzt, dass Sie auf die Frage des Kindes eingehen und sein Projekt nicht selbst in die Hand nehmen. Wenn das Kind die Informationen hat oder weiß, wie es sie bekommen kann, muss seine Macht zum Tragen kommen können, indem es seinen Weg selbst wählt. Die Versuche und Irrtümer gehören ihm und sind kein Grund, irgendwem Vorwürfe zu machen oder sich als Opfer zu fühlen; ebenso steht auch sein Triumph ihm allein zu.

Von der Zeit an, in der Ihr Kind noch ein Baby ist, können Sie sich immer wieder ins Gedächtnis rufen: Vermeiden Sie es, Ihrem Kind zu helfen, wenn es Sie nicht darum bittet. Vielleicht fällt der Turm aus Bauklötzen um, wenn Ihr Kind noch einen Baustein darauf stellt; vielleicht endet eine Freundschaft, wenn Ihr Kind darauf besteht, einen verrückten Plan durchzuziehen; vielleicht wird das Projekt Ihres Kindes bei der Naturwissenschaftsausstellung nicht gezeigt, wenn Sie ihm nicht dabei helfen. Wenn Ihr Kind nicht ausdrücklich um Ihre

Hilfe bittet, ist es am besten, nicht zu verhindern, dass der Turm umfällt, dass die Freundschaft endet, und nicht dafür zu sorgen, dass das Naturwissenschaftsprojekt ein Erfolg wird. Und wenn Ihr Kind Sie fragt, antworten Sie nur auf das, was es wissen will. Es ist besser, keinen neuen Turm für es zu bauen, nicht vorzuschlagen, wie es die Freundschaft retten könnte, und das Naturwissenschaftsprojekt nicht selbst in die Hände zu nehmen. Sie können Ihre Gefühle äußern, aber tun Sie, worum Ihr Kind Sie bittet, und nicht mehr. Selbst wenn man seine Hilfe anbietet und dies als Frage formuliert – „Möchtest du etwas darüber wissen, wie es funktioniert?" –, kann das von manchen Kindern als Kränkung empfunden werden. Sie können Informationen anbieten, wenn Sie wissen, dass Ihr Kind nicht zögern würde, sie zurückzuweisen, wenn es das möchte.

Zwar sind wir Erwachsenen schon länger auf der Welt, doch ein junger Mensch verdient es, seinen eigenen Weg zu gehen. Unsere Erfahrung kann nicht dazu führen, dass er seine eigene Reise überspringt. Wir brauchen keine Informationen zurückzuhalten, wenn wir danach gefragt werden, aber wir müssen es dem Kind überlassen, ob es Gebrauch von ihnen macht oder nicht. Wenn seine Fehler zu Enttäuschungen oder Schmerzen führen, ist Ihr Vertrauen in seine emotionale Stabilität die größte Unterstützung, die Sie ihm bieten können, wie Mary es beim zweijährigen Rhys tat:

Mary erinnerte sich an Rhys' Gesichtsausdruck, als er beim Rennen hingefallen war. Sie ging nicht hin, um ihn hochzuheben; sie sagte kein Wort. Er blickte zu ihr auf, und sie lächelte ruhig und sagte nichts. Daraufhin lächelte er, stand auf und rannte weiter.
Ein Jahr später fiel Rhys von seinem Dreirad. Mary sah es vom Fenster aus; das Dreirad landete auf ihm, und er schrie laut los. Sie machte einen Satz zur Glastür, blieb aber im Haus, ohne von ihm bemerkt zu werden, und beobachtete aufmerksam, ob er sie brauchte. Nach ein paar Sekunden war er mit Weinen fertig, stand auf, zog das Dreirad wieder hoch und fuhr weg.

Ein Kind kann sich frei fühlen, seine eigenen Gefühle zu erleben, wenn wir es nicht ständig durch unsere Gefühle beeinflussen. Auch wenn wir mögliche Folgen vorhersagen, nehmen wir dem Kind etwas von seiner Macht. Gutgemeinte Warnungen wie „Pass auf, du könntest hinfallen", „Das könnte gefährlich sein", „Vielleicht klappt es nicht" oder „Ich glaub nicht, dass dir das gefällt" entmutigen Ihr Kind möglicherweise, etwas zu riskieren und sich etwas zuzutrauen. Sie können Sachinformationen geben, etwa „Das Eis ist rutschig", „Das ist heiß und schwer", oder „Ich bin mir nicht sicher, ob nackte Füße im Restaurant erlaubt sind", doch solange sein Wohlbefinden nicht gefährdet ist, lassen Sie Ihr Kind seine eigenen Entscheidungen treffen.

Oft wählen Kinder den Weg des größten Widerstands, um sich selbst auf die Probe zu stellen und mehr zu leisten. Lassen Sie Ihr Kind die Erfahrung machen, dass es in der Lage ist, im Leben zurechtzukommen, ganz gleich, wie die Umstände auch sein mögen. Lassen Sie es aus seinen eigenen Erfahrungen etwas über das Leben lernen.

Kapitel Sechs

Selbstwertgefühl

Sie sind der Spiegel, in dem Ihr Kind seinen eigenen Wert sieht

Trotz unseres Bemühens, all ihre Bedürfnisse zu erfüllen, fühlen sich Kinder bisweilen unsicher im Hinblick auf unsere Liebe und ihren eigenen Wert. Um diese Unsicherheit zu verstehen, ist es vielleicht sinnvoll, zu überlegen, wann Sie sich selbst eingeschüchtert fühlen, etwa wenn Sie sich nicht trauen, jemanden anzusprechen, wenn Sie Ihrer Neigung, etwas Bestimmtes zu tun, nicht folgen, oder wenn der Tonfall oder die Wortwahl eines Menschen dazu führt, dass Sie an sich zweifeln. Welches innere Gespräch hören Sie in solchen Augenblicken im Geiste? Und was sagt Ihre innere Stimme, wenn Sie bewertet oder in Verlegenheit gebracht werden? Ziemlich verbreitet sind Sätze wie: „Ich kann das nicht", „Ich bin so dumm", „Ich mach mich bestimmt lächerlich", „Sie mag mich bestimmt nicht", oder „Ich bin einfach nicht gut genug". Dazu kommen weitere Worte und Phrasen, die Ihr Vertrauen in sich selbst untergraben. Diese Sätze sind wahrscheinlich Schlussfolgerungen, die Sie als Kind in Reaktion auf Ihre Eltern gezogen haben, oder es sind die tatsächlichen Worte Ihrer Eltern oder Geschwister, die Ihr Gedächtnis über Jahre hinweg gespeichert hat. Diese alten Phrasen tauchen automatisch in Ihrem Kopf auf und führen zu Selbstzweifeln in der Gegenwart.

Wenn Ihr Vater etwa stets Ihre Schwächen aufgezeigt hat, kann es gut sein, dass Sie einen Satz verinnerlichen, der Ihr Gefühl, „nicht gut genug" zu sein, widerspiegelt. Wenn Ihre Mutter früher sagte: „Das ist ja unglaublich, dass du das gemacht hast", haben Sie das vielleicht aufgefasst wie: „Ich kann nichts richtig machen." Wenn diese Worte in Ihrem Inneren auftauchen, folgt automatisch eine Reihe von Gefühlen.

Die andere Seite solcher Aussagen äußert sich in Sätzen, die auf dieselbe geringe Meinung von sich selbst schließen lassen, indem zur Selbstverteidigung mit dem Finger auf andere gezeigt wird: „Irgendwas stimmt mit ihm nicht", „Er ist so ein Trottel", oder „Warum kann sie nie mal was richtig machen?" Solche Ausdrücke mildern das Gefühl der eigenen Unzulänglichkeit dadurch ab, dass der Blick auf die „Fehler" eines anderen gerichtet wird.

Sie haben Ihr eigenes Selbstbild aus den Worten Ihrer Eltern, ihren Gesichtsausdrücken und der Art, wie Sie mit Ihnen umgegangen sind, konstruiert. Wenn Ihre Eltern Sie so schätzten, wie Sie waren, sahen Sie sich selbst als wertvoll an; wenn Sie auf Ihre Fähigkeiten und Ihren Weg vertrauten, sahen Sie sich als fähig und selbstsicher an; doch falls Ihre Eltern Sie kritisierten und Kontrolle über Sie ausübten, haben Sie sich vielleicht gefragt, ob Sie ihre Fürsorge und Liebe wirklich verdienten.

Die inneren Botschaften Ihres Kindes über seinen Selbstwert beruhen größtenteils auf Ihrer Beziehung zu ihm. Wenn Sie alte, von Selbstzweifeln geprägte Stimmen in Ihrem Kopf haben, können diese alten Phrasen, die Ihnen wehtun, Ihnen im Umgang mit Ihrem Kind herausrutschen und ähnliche Gefühle hervorrufen.

Der Aufbau des Selbstwertgefühls beginnt im Mutterleib. Das Kind zu wollen und dies immer wieder zum Ausdruck zu bringen, ist das Fundament des Selbstwertgefühls. Das Baby geht davon aus, dass es Ihre Liebe und Fürsorge wert ist. Es scheint dies für selbstverständlich zu halten, was deutlich wird, wenn man sieht, wie energisch es sein kann und wie bestürzt und wütend, wenn Sie sich auch nur einen

Augenblick nicht um es kümmern. Um dieses Selbstwertgefühl zu bewahren, gehen Sie prompt und freudig auf die Bedürfnisse Ihres Babys
ein. Eine Verweigerung der Bedürfnisse, die es zum Ausdruck bringt,
kann den Grundstein zu Selbstzweifeln legen, während Ihre Freude
und Ihr Entgegenkommen sein Selbstwertgefühl stärken. Wenn Sie
mit sichtbarer Freude und Zuneigung auf seinen Wunsch, zu stillen,
sich zu bewegen, sich auszuruhen, zu schlafen oder zu spielen, eingehen, wird es selbstbewusst den nächsten Entwicklungsschritt tun.
Wenn es den Funken von Aufregung in Ihren Augen sieht, weil Sie
sich über sein Dasein freuen und gerne für es sorgen, wird es daraus
schließen: „Ich bin wertvoll."

Weil sich seine Möglichkeiten, an der Welt teilzunehmen, dramatisch erweitern, braucht das Kleinkind ganz besonders Ihr Vertrauen
als Unterstützung für seine kühnen Experimente. Das Kind fühlt sich
dann selbstsicher, weil Sie Vertrauen in seine Entscheidungen haben
und nicht, weil ihm alles gelingt. Seien Sie präsent und nehmen Sie
an seinen Freuden und Sorgen teil, so dass es lernt, mit den vielen Erfahrungen des Lebens umzugehen. Es wird keine Angst haben, sich zu
behaupten und neue Dinge auszuprobieren, wenn es mit Misserfolg
ebenso gut umgehen kann wie mit Erfolg. Statt Lob und andere Ma-
nipulationen zu verwenden, nehmen Sie seinen Weg voller Neugier
und Freude an. Denken Sie jedoch daran, dass es keine lebenslange
Garantie für das Selbstwertgefühl gibt. Selbst wenn wir in den ersten
Lebensjahren eines Kindes seine seelischen und körperlichen Bedürfnisse ganz erfüllen, können phasenweise Zeichen von Unsicherheit
auftreten, die unsere Aufmerksamkeit erfordern.

Die Bausteine des Selbstwertgefühls

Die Seele eines Kindes kann verkümmern, auch wenn niemand Beleidigungen ausspricht; denn oft entgehen die subtileren Arten, das
Selbstgefühl des Kindes zu schmälern, unserem Blick. Die folgenden

allgemeinen Leitlinien können Ihnen helfen, das Selbstvertrauen und das Selbstwertgefühl Ihres Kindes zu stärken:

• Helfen Sie Ihrem Kind nur, wenn es Sie darum bittet, und nur so viel, wie es möchte. Bei ungebetener Hilfe wird es schlussfolgern, es sei unfähig, weil Sie ihm die unausgesprochene Botschaft vermitteln: „Ich glaube nicht, dass du das alleine schaffen kannst. Du brauchst meine Hilfe. Du bist unfähig."
• Geben Sie Ihrem Kind die Freiheit, Dinge selbst auszuprobieren, selbst wenn Sie wissen, dass es das nicht schaffen kann (solange keine Gefahr besteht, und wenn doch, bieten Sie eine Alternative an). Gestehen Sie ihm zu, zu scheitern oder sich zu irren. Aus solchen Erfahrungen wird es lernen, dass es angesichts von Schwierigkeiten stark und fähig ist und sich auf sich selbst verlassen kann. Erfolgreiche Menschen sind nicht die, die nie fallen, sondern die, die nach einem Sturz stets wieder aufstehen; statt Angst zu haben, können sie mit Niederlagen gut umgehen und fühlen sich ermutigt, weiterzumachen.
• Unterstützen Sie die Entscheidungen Ihres Kindes, ohne bestimmte Ergebnisse zu erwarten. Nehmen Sie die Folgen neutral auf und reagieren Sie respekt- und liebevoll auf den Ausdruck von Gefühlen. Sie können Verständnis und Wertschätzung für seine Frustration, Freude oder Enttäuschung bekunden, aber behalten Sie Ihre Meinung über das, was es tut, für sich, oder äußern Sie sie nur so, dass sie Ihr Kind nicht von seinen eigenen Überzeugungen abbringt: „Ich sehe das anders, aber ich freue mich, dass du deinen eigenen Weg gehst."
• Zeigen Sie Dankbarkeit und vermeiden Sie es, das, was Ihr Kind tut, zu verbessern oder zu kritisieren. Wenn Ihr Kind zum Beispiel anbietet, den Boden zu fegen, und Sie danach noch einmal fegen, wird es wahrscheinlich seine Hilfe nicht mehr anbieten und sich für unfähig oder gar unbeholfen halten. Wenn es den Rasen gemäht hat und der Vater Unzufriedenheit äußert, weil das Ergebnis ein bisschen

ungleichmäßig ist, oder wenn es auf seine Rechtschreib- oder Lese-
fehler hingewiesen wird, ohne darum gebeten zu haben, werden das
Selbstwertgefühl und die Entwicklung des Kindes Schaden nehmen.
Einem Kind, das sich zu helfen bemüht, sollte man Dankbarkeit
zeigen, statt sein Tun zu bewerten, und eines, das neue Fertigkeiten
lernt, braucht Vertrauen und manchmal Anerkennung, aber keine
Kritik. Seine Fähigkeiten werden sich im Lauf der Zeit verbessern,
vorausgesetzt, es hat ein gutes Selbstgefühl und bekommt die Lern-
hilfen, die es möchte (Unterricht, Bücher, Hilfsmittel, Feedback
usw.).

- Vermeiden Sie Lob, und spiegeln Sie stattdessen die Gefühle, die
Ihr Kind zum Ausdruck bringt, und freuen Sie sich mit ihm. Kin-
der wegen ihres Verhaltens („Du bist so hilfsbereit, Johnny!") und
ihrer Leistungen („Ich bin so stolz, dass du den ersten Platz beim
Pfadfinderwettbewerb erreicht hast!") zu loben, bewegt sie dazu,
Dinge um des Ansehens willen, statt um ihrer selbst willen zu tun.
Ein Kind tut vielleicht alles, um von Ihnen gelobt zu werden, und
wird so möglicherweise abhängig davon, Anerkennung von außen
zu bekommen und aufgrund seiner Leistung akzeptiert zu werden.
Daher können Lob und Belohnungen paradoxerweise das Selbstwertgefühl eines Kindes ebenso schwächen wie Kritik.[4]

- Lösen Sie sich von Ihren Plänen für Ihr Kind, und freuen Sie sich
darüber, wie es ist. Erwartungen auszudrücken, wie zum Beispiel
bei „Sag Tante Judy guten Tag", kann dazu führen, dass sich das
Kind unzulänglich fühlt, vor allem, wenn es sich dazu zwingt, Ihren
Wünschen zu entsprechen. Auch Leistungen müssen im Einklang
mit den Plänen Ihres Kindes sein, nicht mit Ihren. Wenn Sie sagen:
„Du wirst bestimmt eine tolle Sportlerin", kann es sein, dass Ihr
Kind befürchtet, Ihren Maßstäben nicht zu genügen, und aufgibt,
oder dass es sich ganz dem Sport verschreibt, um Ihnen zu gefallen.
Vielleicht verliert es dadurch seine authentische Motivation oder
seine Leidenschaft für den Sport. Daher sollten Sie es vermeiden, im
Hinblick auf Leistungen Vorschläge zu machen oder Erwartungen

aufzustellen. Ihre Freude darüber, wie das Kind ist und wie es die
Dinge sieht, ist ein Vertrauensvotum, das viel eher dazu beitragen
kann, sein natürliches Streben nach Leistung zu bewahren. (Dies ist
etwas anderes als bei der Beziehung zwischen Schüler und Lehrer.
Der Lehrer inspiriert den Schüler auf einem von diesem gewählten
Gebiet zu hohen Leistungen, und der Schüler wählt den Lehrer aus,
um von ihm angeleitet zu werden.)

- Vermeiden Sie es soweit wie möglich, die Ausdrucksformen und Entscheidungen Ihres Kindes abzulehnen. Allzu oft Nein zu sagen oder
den Ideen des Kindes zu widersprechen, kann seine Selbstsicherheit
schwächen, weil es vielleicht schlussfolgert: „Meine Entscheidungen
sind offenbar verkehrt. Ich kann mich nicht auf mich verlassen."
Selbst wenn Ihr Kind nicht das haben kann, was es will, hat seine
Entscheidung trotzdem ihren Wert und verdient, dass man darüber
nachdenkt.

- Vermeiden Sie es, Ihr Kind mit irgendeinem anderen zu vergleichen.
Der Vergleich mit anderen erzeugt ein Gefühl des Wettbewerbs und
Angst, zu verlieren, unabhängig davon, wie das Kind bei dem Ver-
gleich abschneidet.

- Gestehen Sie Ihrem Kind die Last der Verantwortung zu, abhängig
von seiner Bereitschaft und seinen Interessen. Wenn Sie alles für es
tun, aussuchen, was es anziehen soll, vorschlagen, was es tun soll, oder
es an Aufgaben und Verpflichtungen erinnern (wenn Sie nicht darum
gebeten werden), untergraben Sie sein Verantwortungsgefühl und leisten einem Verlust an Selbstvertrauen Vorschub. Wenn Ihr Kind für
seine Entscheidungen und Handlungen selbst verantwortlich ist, wird
es das Gefühl entwickeln, sich auf sich selbst verlassen zu können.

- Hören Sie Ihrem Kind zu und bekunden Sie Wertschätzung für den
Ausdruck seiner Gefühle. Die Erfahrung, dass seine Gefühle und
die Art, wie es sie ausdrückt, geschätzt werden, wird sein Selbstwertgefühl stärken.

- Respektieren Sie das Wissen und die Weisheit Ihres Kindes. Wenn
es eine Frage stellt, machen Sie aus Ihrer Antwort keine Lehrstunde

und keinen Test. Wenn eine Bitte um Information zu einem Test oder einer Lehrstunde wird, fühlt sich das Kind oft gedemütigt oder gelangweilt und wird Sie nicht gerne noch einmal etwas fragen. Es wird Ihnen eher etwas von seinem Wissen mitteilen und Interesse für etwas bekunden, wenn Sie es nicht testen und nicht belehren.

• Behandeln Sie Ihr Kind als Ihresgleichen, was es auch ist. „Als Ihresgleichen" bedeutet nicht „gleich". Sein Erfahrungsschatz ist geringer, und es ist es wert, dass Sie seine Beschränkungen respektieren und Freude daran haben. Später als ein anderer ins Leben getreten zu sein, macht niemanden weniger wertvoll oder weniger würdig, ganz respektiert zu werden. Ihr Kind tut stets sein Bestes, ebenso wie Sie.

• Ein Missgeschick ist keine Aufforderung zur Kritik, sondern zur Hilfe, es wieder in Ordnung zu bringen. Wenn Ihr Kind einen Fehler macht, bleiben Sie neutral oder helfen Sie ihm. Denken Sie an das S von S.A.L.V.E. und sondern Sie Ihr inneres Selbstgespräch vom aktuellen Geschehnis ab, damit Sie sich auf das, was jetzt nötig ist, konzentrieren können (Sie können Ihren Gedanken später auf den Grund gehen, sich selbst zuliebe). Wenn Ihr Kind die Fassung verloren hat, hören Sie ihm zu, bekunden Sie Verständnis und Wertschätzung und versichern Sie es Ihrer Liebe und Achtung. Falls es etwas tut, was Ihnen dumm oder ungeschickt vorkommt, behalten Sie die Kritik für sich (sie dient als Material für Ihre eigene Selbsterforschung) oder spiegeln Sie seine Gefühle; vielleicht ist es zufrieden mit sich selbst, vielleicht fühlt es sich aber auch verlegen, wütend oder verwirrt. Wenn es Selbstzweifel äußert, können Sie Verständnis und Wertschätzung bekunden und ihm von dummen oder ungeschickten Dingen erzählen, die Sie getan haben, damit es weiß, dass so etwas jedem passieren kann und zum Leben dazugehört.

• Schenken Sie Ihrem Kind Zeit. Wenn es noch zu jung ist, um Warten aushalten zu können, unterbrechen Sie das, was Sie tun, und freuen Sie sich darüber, mit Ihrem Kind zusammen zu sein. Wenn es alt genug zum Warten ist und Sie keine Zeit mit ihm verbringen können, wenn es Sie darum bittet, teilen Sie ihm mit, wann Sie sich mit ihm beschäftigen können. Kommen Sie dann zum vereinbarten Zeitpunkt zu ihm und konzentrieren Sie sich auf ihr Kind. Falls Sie ihm immer wieder sagen: „Ich habe keine Zeit, das mit dir zu machen", oder „Ich werde später mit dir spielen", wird es sich selbst für unwichtig halten.

- Wenn Sie mit Ihrem Kind zusammen sind, lassen Sie sich von ihm lenken und nehmen Sie respektvoll an seiner Welt teil. Sie können die Führung übernehmen, wenn es Sie darum bittet. Sorgen Sie dafür, dass Ihr Kind weiß, wie glücklich Sie sind, mit ihm zusammen zu sein.
- Wenn Ihr Kind um Hilfe bittet, gehen Sie, so schnell Sie können, mit einer freudigen Haltung darauf ein. Falls es immer wieder einen ungeduldigen Gesichtsausdruck bei Ihnen sieht oder Sie in einem gereizten Ton mit ihm sprechen, schließt es daraus vielleicht, es sei ihnen lästig.

Die obigen Vorschläge lassen sich auf jede Beziehung in jedem Alter anwenden. Wahrscheinlich brauchen Sie diese Ratschläge für Ihre Beziehungen zu Freunden und Kollegen nicht, weil Sie ohnehin so mit ihnen umgehen. Doch in unserer Kultur sind viele der respektvollen Umgangsformen, derer wir uns gegenüber Erwachsenen bedienen, gegenüber Kindern offenbar nicht üblich. Wenn Sie manche der Leitlinien nicht mehr im Kopf haben, können Sie sich immer fragen: „Wie würde ich in dieser Situation reagieren, wenn es um einen Erwachsenen ginge, den ich schätze?"

Sorgen wie „Wie wird sie das je lernen?" oder „Er wird mich ausnutzen" kommen aus unserer Vergangenheit und werden als Angst in die Zukunft projiziert. Sie sind Material für unsere persönliche Entwicklung (erforschen Sie diese Gedanken später mit Hilfe von s.a.l.v.e.) und haben nichts mit dem Kind zu tun. Seien Sie hier und jetzt bei Ihrem Kind, dann werden Sie es so zu schätzen wissen, wie es ist, und den Augenblick mit ihm genießen. Hören Sie Ihrem Kind zu, wie es ist, statt auf Stimmen aus Ihrer Vergangenheit und Druck von Freunden und Familie zu hören. Ihre Freude an Ihrem Kind wird sein Selbstwertgefühl stärken.

Was Selbstsicherheit ist und was nicht

Manchmal verwechseln Menschen Selbstsicherheit mit Extrovertiertheit. Kinder können selbstsicher sein, ohne aus sich herauszugehen. Es ist sehr wichtig, zwischen unseren emotionalen Deutungen und dem tatsächlichen Selbstwertgefühl des Kindes zu unterscheiden. Ein introvertiertes Kind, das gerne für sich ist und sich weigert, sich mit Erwachsenen über sein Alter und seine Kenntnisse zu unterhalten, muss nicht unsicher sein. Im Gegenteil, es kann sein, dass es sich durch das, was es tut, behauptet; es hat keinerlei Bedürfnis, den Erwachsenen zu beschwichtigen, indem es seiner inneren Stimme zuwiderhandelt. Obwohl Erwachsene andere Erwachsene nicht mit solchen herablassenden Fragen ansprechen, sind sie oft überrascht, wenn ein Kind selbstbewusst genug ist, um ihnen ihre ungebetenen Ermittlungen zu verwehren. Ebenso beweist ein Kind, das nicht gerne in einer Gruppe von Kindern ist, sondern eine enge Freundschaft mit einem oder zwei Kindern vorzieht, Selbstbewusstsein, wenn es sich weigert, bei einem Gruppenspiel mitzumachen. Es ist dann authentisch und lässt sich nicht von irgendwelchen Erwartungen einschüchtern.

Als eins meiner Kinder viereinhalb Jahre alt war, ging ich mit ihm zu einem Spieltag. Mehrere Kinder und Eltern spielten dort zusammen. Mein Sohn saß daneben und schaute zu. Ich setzte mich zu ihm und nahm an, dass ich entweder die ganze Zeit bei ihm sitzen oder mit ihm nach Hause gehen würde, falls er mich darum bat.

Die Organisatorin wollte meinen Sohn in das Spiel einbeziehen. Sie kam ein paar Mal herüber und versuchte, ihn zu locken und zum Spielen zu überreden. Er sah ihr in die Augen und schüttelte den Kopf, um Nein zu sagen. Dieser Junge hat schon immer gewusst, was er wollte, und weicht nie einen Millimeter davon ab.

Auf der anderen Seite des Persönlichkeitsspektrums stehen Kinder, deren Selbstsicherheit sich auf klare, extrovertierte Weise äußert, etwa indem sie gern Führungsrollen einnehmen oder auf der Bühne stehen wollen. Doch nicht jedes extrovertierte Kind ist selbstsicher. Manchmal dient das „Ich, ich!" nur dazu, eine tiefer liegende Unsicherheit zu verdecken. Ja, sogar hinter einem betont extravaganten Auftreten kann sich Unsicherheit oder das Bemühen, Erwartungen zu erfüllen, verbergen. Konzentrieren Sie sich bei Ihrem Kind daher nicht auf äußerliche Zeichen von Selbstsicherheit; fragen Sie sich vielmehr, ob es sich selbst treu ist. Wenn es gern auf der Bühne steht, ein geborener Anführer, laut ist und andere gern unterhält, dann ist ein solches Verhalten ein authentischer Ausdruck seiner Selbst. Doch falls es sich nur so verhält, um Ihren Ambitionen gerecht zu werden, ist das kein Zeichen von Selbstsicherheit, sondern von Unsicherheit. Vielleicht braucht es Ermutigung, sich nach seinen eigenen Leidenschaften und Ideen zu richten. Die zehnjährige Iris war ein unsicheres Kind, das laut war und immer den ersten Platz haben wollte:

Wenn in der Theatergruppe irgendetwas anfing, rief Iris immer: „Ich zuerst!" Sie sprang dann auf und stellte sich immer ganz vorne hin. Sie wirkte sehr glücklich, wenn sie bemerkt wurde und die Erste sein durfte, aber sie geriet leicht aus der Fassung, wenn es nicht klappte.

Eines Tages, als Iris von der Theatergruppe zurückkam, verhielt sie sich aggressiv gegenüber ihrer Schwester Andrea und wirkte allgemein gereizt. Ihre Mutter war verwirrt. „Becky hat gesagt, du hättest heute so viel Spaß bei der Theatergruppe gehabt, aber seit du nach Hause gekommen bist, wirkst du verärgert."

„Es hat mir heute keinen Spaß gemacht. Sie nimmt mich nie dran. Ich hasse sie", sagte Iris.

Ihre Mutter schwieg. Als sie später mit Andrea am Klavier saß, kam Iris und sagte im Vorübergehen: „Oh, kleines Genie Andrea, das Musterkind."

Was wie Selbstsicherheit und Überschwang aussieht, ist bei Iris hier tatsächlich Verzweiflung und Unsicherheit. Sie ist zu Hause eifersüchtig, und in ihrem Schmerz versucht sie, ihre Selbstzweifel zu verleugnen, indem sie überall auf Anerkennung aus ist.

Hier einige Beispiele für selbstsicheres Verhalten bei relativ stillen und schüchternen Kindern:

Als mein ältester Sohn Yonatan sechs Jahre alt war, entschied er sich, an einem Ferienmalkurs teilzunehmen. Als ich ihn am Ende der Stunde abholen wollte, stellte ich fest, dass Yonatan nicht im Kursraum war. Zu meinem Erstaunen sagte die Lehrerin, Yonatan habe gestört, woraufhin sie ihn nach oben ins Büro der Sekretärin geschickt habe.

Schon als ich auf die Treppe zuging, hörte ich die fröhliche Stimme meines Sohnes, der gerade herunterkam und munter mit der Sekretärin plauderte. Als Yonatan mich sah, sagte er: „Es hat mir viel Spaß gemacht, Mama. Ich hab im Büro mit Tina gespielt."

„Warum bist du ins Büro gegangen?", fragte ich.

„Ich war dabei, ein Bild zu malen, aber die Lehrerin hat mich gestört. Sie wollte, dass ich aufhöre und bei einer Geschichte zuhöre, und sie hat gesagt, nach der Geschichte sollte ich ein anderes Bild malen. Ich wollte aber an dem ersten Bild weitermalen, also hat sie gesagt, ich sollte ins Büro gehen. Ich will nicht wieder zu dem Malkurs gehen. Ich kann zu Hause malen, ohne dass mich jemand dabei stört."

Selbstsicherheit ist die Folge des Gefühls, wichtig zu sein und das Beste zu verdienen. Manchmal sehen Erwachsene selbstsicheres Verhalten bei Kindern als unhöflich an und verpassen die Gelegenheit, es zu würdigen, wie das Kind sich selbst behauptet. Wenn wir den Mut des Kindes, seinen Willen durchzusetzen, erkennen, können wir auf seiner Seite sein und seine wachsende Selbstsicherheit stärken. Hier ist eine weitere Geschichte über Yonatan, die veranschaulicht, wie Selbstsicherheit darauf beruht, dass man sich selbst als wertvoll ansieht:

Der achtjährige Yonatan war damit beschäftigt, draußen mit einem Wasserschlauch zu spielen. Sein Vater machte sich Gedanken wegen der Wasserverschwendung und rief ihm von drinnen zu: „Bitte stell das Wasser ab. Sonst ist bald kein Wasser mehr im Brunnen."
Doch Yonatan hörte seinen Vater nicht und spielte weiter, woraufhin sein Vater wütend wurde. Er ging zum Fenster und rief: „Stell das Wasser jetzt sofort ab!"
Erschrocken stellte Yonatan schnell den Hahn ab und rannte ins Haus. Als er zu seinem Vater kam, hatte er Tränen in den Augen und sein Gesicht war rot vor Wut.
„Wenn ich dich anbrüllen würde: ‚Mach jetzt sofort die Tür von deinem Auto zu!', wie würdest du dich dann fühlen?", fragte er.
„Ich wäre gekränkt", antwortete sein Vater und entschuldigte sich. Sie klärten ihr Missverständnis und sprachen darüber, wie sie solche Kränkungen in Zukunft vermeiden könnten.

Manche Menschen wären angesichts dessen, was der Junge zu seinem Vater gesagt hat, vielleicht schockiert gewesen. Doch seine Äußerung zeigte, dass er sich selbstbewusst und sicher fühlte. Derartige Offenheit beruht auf dem Gefühl, in Sicherheit zu sein. Yonatan dachte über seinen Eindruck nach: „Wie kannst du mich so behandeln? Ich bin es wert, gut behandelt zu werden, genau wie du." Kinder, die sich sicher fühlen, sind frei, ihre Gefühle auszudrücken, und haben ein Gefühl für ihren eigenen, bedingungslosen Wert.

Durch Yonatans Freiheit, sich auszudrücken, verbunden mit dem Respekt seines Vaters, löste sich seine Wut spontan auf. Wenn sein Vater ihm eine Predigt gehalten oder seinen Selbstausdruck unterbunden hätte, wäre der Junge vielleicht noch wütender geworden und das Gespräch wäre auf unangenehme Weise eskaliert. Daraufhin hätte sich der Groll des Jungen vielleicht noch vertieft, und wenn das nächste Mal etwas Ähnliches passiert wäre, hätte er vielleicht gelogen oder seine Gefühle unterdrückt. Doch dadurch, dass sein Vater Respekt und Empathie bewies, gab er sich selbst und seinem Sohn die Chance, Heilung zu finden und zu vergeben.

Eine solche Interaktion in der Familie ist nur möglich, wenn das Kind in den täglichen Beziehungen keinerlei Angst hat. Unser Sohn Yonatan weiß, dass seine Gefühle und Gedanken, wie sie auch sein mögen, ernst genommen werden. Er hat stets das Gefühl, den Respekt, die Zeit und Aufmerksamkeit, die er bekommt, auch wert zu sein. Yonatan ist jetzt ein junger Mann, der zuhören kann, wenn jemand wütend ist, der Verständnis und Wertschätzung für dessen Gefühle äußern und dabei vollkommen ruhig und bei sich bleiben kann.

Das Paradoxe ist, dass wir uns oft Sorgen machen, mit einem selbstsicheren Kind müsse irgendetwas verkehrt sein. Wir wollen, dass es sich selbst behauptet und Sicherheit beweist, aber wenn es das tut, werden wir möglicherweise nervös und wollen seinen Willen etwas dämpfen. Wenn Ihr Kind herablassendem Verhalten von Erwachsenen die Stirn bietet, haben Sie Grund zu feiern, auch wenn Sie selbst dieser Erwachsene sind.

Selbstwertgefühl und Geschwister

Die Ankunft eines neuen Geschwisterchens kann eine Erfahrung sein, die für die Gefühle eines jungen Kindes sehr belastend ist und sein Vertrauen in seinen eigenen Wert erschüttert. Vielleicht reagiert es aufgeregt und liebevoll, ist aber gleichzeitig schockiert und verzweifelt. Eine Mutter, die ich beraten habe, gestand mir, dass in ihrer Erinnerung die Ankunft ihrer kleinen Schwester das traumatischste Ereignis ihres Lebens war. Sie war damals vier Jahre alt; sie hatte das Gefühl, ihr Leben nehme ein tragisches Ende. Sie glaubte, „den

Kampf verloren" zu haben und durch jemand Besseren ersetzt zu werden. Mein ältester Sohn Yonatan drückte es klar aus, als ich mit unserem zweiten Kind schwanger war: „Warum wollt ihr noch einen Yonatan?", fragte er.

Alle von den Eltern getroffenen Vorkehrungen scheinen im Licht der Realität eines neuen Geschwisterchens gegenstandslos zu werden. Vielleicht wünscht sich Ihr Kind in die Zeit zurück, als es noch Ihr einziges oder Ihr jüngstes Kind war. Um wirklich zu begreifen, was ein Kind empfinden mag, wenn ein Geschwisterchen geboren wird, versetzen Sie sich in seine Lage. Stellen Sie sich vor, Ihr Partner oder Ihre Partnerin brächte mit offensichtlicher Freude eine neue Partnerin oder einen neuen Partner ins Haus. Die Erklärung ist logisch: Sie beide sind so glücklich zusammen, und Sie sind so wunderbar, warum sollte man nicht mit einem weiteren Partner noch mehr Glück erleben?[5]

Malen Sie sich dieses Bild über den anfänglichen Schock hinaus aus und stellen Sie es sich so weit wie möglich als Teil des Alltags vor: Wie sie sich abwechseln, zusehen, wie der, den Sie lieben, Spaß mit der anderen Partnerin oder dem anderen Partner hat, wie von Ihnen erwartet wird, bereitwillig zu teilen und für diejenige (denjenigen), die (der) neu in die Beziehung gekommen ist, eine gute, liebevolle Freundin (ein guter, liebevoller Freund) zu sein. Stellen Sie sich die neue Partnerin (den neuen Partner) beim Abendessen, im Bett, im Urlaub vor; malen Sie sich aus, wie diese Person wandert, kocht, schmust, Zuneigung zeigt und an Ihren ganz besonderen Augenblicken teilnimmt. Ich bin mir sicher, dass dies (falls Sie nicht eine seltene Ausnahme darstellen) äußerst unangenehme Gefühle bei Ihnen hervorruft. Wenn Sie sich ganz und gar hineinversetzen, kann es sein, dass Ihnen übel wird und Sie das Gefühl haben, überfallen worden zu sein. Vielleicht fühlen Sie sich hilflos und fürchten, es gäbe keine andere Lösung für die Situation als die, den „Eindringling" loszuwerden – das ist, was Kinder im Hinblick auf Geschwister oft empfinden und phantasieren.

Viele Kinder reagieren liebevoll, wenn das Geschwisterkind noch ein Säugling ist; doch sobald es sich wie sie bewegen kann, setzt der verspätete Schock ein und sie beginnen, Stresssymptome zu zeigen. Ihnen wird bewusst, dass es nicht nur ein Baby ist, nicht einfach ein neues „Spielzeug" für sie, sondern ein ganzer neuer Mensch. Nun müssen sie Spielsachen, Eis und die Aufmerksamkeit der Eltern mit ihrem „Rivalen" teilen.

Wie ein Kind auf die Ankunft eines Geschwisterchens reagiert, ist von Kind zu Kind sehr unterschiedlich und hängt auch vom Alter ab. Ältere Kinder, etwa ab sieben Jahre, reagieren oft positiv auf ein neues Geschwisterchen, doch wenn ein Kind noch so jung ist, dass es noch ähnliche Aufmerksamkeit braucht wie die, die das Baby bekommt, fällt es ihm wahrscheinlich schwer, den Neuankömmling zu akzeptieren. Ein sehr junges Kind fürchtet, es sei nicht mehr wertvoll und das Baby würde an seine Stelle treten, während sich ein älteres Kind darauf freut, sich um den Neuankömmling zu kümmern.

In der Kernfamilie sind nur zwei Eltern vorhanden. Sobald ein weiteres Kind da ist, erzeugt der Mangel an Erwachsenen, die für die Kinder sorgen, oft Spannungen. Wettbewerb und Selbstzweifel schleichen sich ein, als gehörten sie zu dem Neuankömmling dazu. Wer besser ist und wer mehr Aufmerksamkeit und Liebe bekommt, wird zum Maßstab für den eigenen Wert. Die Herausforderung, vor die Geschwisterrivalitäten einen stellen, ist nichts Schlimmes, das man vermeiden müsste, lediglich etwas, dessen man sich bewusst sein sollte, damit es Gelegenheit bieten kann, zu wachsen, statt zu verkümmern. Die Voraussetzung, um Ihr Kind angesichts eines neuen Geschwisterchens bestärken zu können, ist Ihr Bewusstsein der Erfahrung, die es möglicherweise macht, und Ihre Fähigkeit, die Verbundenheit zu ihm und die Freude an ihm zu bewahren.

Manche Eltern glauben, diese Spannungen zwischen Geschwistern verhindern zu können. Mit der Hilfe von Großeltern oder anderen können sie das vielleicht bis zu einem gewissen Grad schaffen. Doch in den meisten Familien lässt sich dieser Prozess nicht vermeiden. Meistens unternehmen die Eltern erst etwas, wenn das ältere Kind bereits Symptome von Stress und schwindendem Selbstwertgefühl zeigt, weil diese Anzeichen ganz plötzlich aufzutauchen scheinen. Oft sagen Eltern zu mir: „Wir haben keine solchen Probleme. Unsere Kinder lieben sich." Doch oft fängt ein Kind eines Tages an, dem anderen wehzutun, und die überraschten Eltern fragen mich um Rat.

Wenn ein Kind gegen seine Schwester oder seinen Bruder oder auch gegen Sie aggressiv wird, wenn es quengelt, klammert, Wutanfälle bekommt oder regressives Verhalten zeigt oder wenn irgendwelche anderen Stresssymptome auftreten, von denen Sie glauben, dass sie mit dem Geschwisterkind zusammenhängen, dann fühlt sich das Kind schon verzweifelt. Es macht sich Sorgen, Sie liebten es nicht mehr und es sei nun möglicherweise wertlos. Wenn Sie versuchen, seinen Ausdruck von Schmerz zu unterbinden, zieht es daraus den Schluss, es sei tatsächlich böse und wertlos. „Mama hindert mich daran, dem Baby wehzutun. Sie beschützt das Baby. Das Baby ist gut. Also muss ich böse sein." Sein Groll gegen das Baby steigert sich dann dramatisch. Je mehr Sie sich bemühen, ihm sanft zu vermitteln, es solle Rücksicht nehmen und liebevoll sein, umso einsamer wird es in seinem Schmerz, der sich gar nicht sanft und liebevoll anfühlt. Vielleicht wünscht es sich, sein Schicksal zu wenden, und entwickelt Phantasievorstellungen, wie es das Geschwisterchen loswerden könnte. Doch dann fühlt es sich schuldig und wertlos, und so kann der Teufelskreis sehr schmerzlich werden, und das Verhalten des Kindes wird immer schlimmer, in dem Maße, wie sich sein Selbstbild verschlechtert und sein Leiden wächst.

Um einem Kind in einer derart herausfordernden Phase zu helfen, vermeiden Sie Tadel und bekunden Sie stattdessen Verständnis und Wertschätzung für seine Gefühle. Meinem mittleren Kind Lennon fiel es schwer, seinen jüngeren Bruder zu akzeptieren. Hier ist seine Geschichte:

Der fünfjährige Lennon war mit seinem einjährigen Bruder immer liebevoll und sanft umgegangen. Eines Tages fing er ganz unvermittelt an, seinem kleinen Bruder Spielsachen aus der Hand zu reißen, und er wirkte zufrieden, wenn Oliver, das Baby, weinte. Anfangs versuchten wir Lennon dazu zu bewegen, sanft zu sein, und ihm zu erklären, dass das, was er tat, Oliver nicht gefiel. Doch Lennon wurde nur noch aggressiver. Mir wurde klar, dass Lennon mehr brauchte als sanfte Erinnerungen.

Beim nächsten Mal, als so etwas passierte, bat ich Lennon nicht wie sonst aufzuhören, sondern nahm ihn in die Arme und sagte: „Wünschst du dir, nur du und ich wären jetzt hier, ohne Oliver, so wie es früher war?"

Lennon wirkte unbehaglich und sagte nichts. Er rechnete mit einer Predigt, die seinem Selbstbild des „bösen" Sohnes entsprach.

„Ich vermisse unsere Zeit zu zweit auch", sagte ich.

„Nein, tust du nicht", flüsterte Lennon.

„Wenn du siehst, wie ich dauernd das Baby im Arm halte, fühlst du dich dann einsam?"

Lennon nickte.

„Und dann sagst du dir, du wärst der Mama nicht mehr wichtig?"

Ich nahm ihn in die Arme und sagte: „Ich vermisse es so sehr, nur mit dir zusammen zu sein. Ich hab dich immer lieb. Wenn ich Oliver im Arm halte, liebe ich dich."

Lennon senkte den Blick, und ich spürte, dass er sich schuldig und meiner Liebe nicht würdig fühlte, weil er vielleicht Gewaltphantasien im Hinblick auf seinen Bruder hegte.

„Würdest du deinen Bruder gerne in den Müll werfen?", fragte ich.

Lennon hob den Kopf. „Ja", sagte er, und wir brachten ein imaginäres Baby in den Müll.

„Möchtest du mir zeigen, was du sonst noch mit Oliver machen willst? Hier ist eine Puppe." (Der Vater war mit Oliver und Yonatan im Nebenzimmer; sie waren also nicht dem Phantasiespiel des Bruders ausgesetzt.)

Nachdem Lennon ein paar seiner Phantasien im Spiel ausgelebt hatte, sagte ich zu ihm: „Ich weiß, wie du dich fühlst. Es ist in Ordnung, sol-

che Gedanken zu haben. Beim nächsten Mal, wenn du solche Gefühle hast, komm und zeig mir, was du mit Oliver machen willst. Ich bin froh, wenn ich weiß, wie du dich fühlst und was du dir vorstellst, und du kannst es mir immer mit der Puppe zeigen."

Beim nächsten Mal, als Lennon seinen Bruder ärgerte, bot ich ihm wieder an, mir (im Nebenzimmer) an der Puppe zu zeigen, was er mit Oliver tun wollte. Er ging auf das Angebot ein, und wir führten das nach Bedarf fort. Drei Tage später kam Lennon von sich aus zu mir, als er seinen Bruder ärgern wollte. Statt ihn tatsächlich zu ärgern, sagte er: „Mama, ich will dir zeigen, was ich mit Oliver gern machen würde." Er ging mit mir ins Nebenzimmer und zeigte es mir, und dadurch konnte er es vermeiden, dem echten Oliver wehzutun. Er führte diese Praxis fort. Zwei Wochen später bat er mich, mitzukommen, damit er seine Phantasien an der Puppe ausleben könnte, doch statt seine Phantasie, Oliver wehzutun, zu spielen, wollte er die Puppe nehmen und mit ihr Dinge tun, die Oliver zum Lachen brachten und die er gerne hatte. Damit war die Aggression gegen seinen Bruder beendet.

Indem ich Verständnis und Wertschätzung bekundete und das Puppenspiel mitspielte, dramatisierte ich Lennons Geschichte nicht und behauptete auch nicht, sie sei real. Ich tat genau das Gegenteil: Ich ließ ihn wissen, dass ich ihn liebte, unabhängig davon, wen ich in den Armen hätte, dass ich Zeit alleine mit ihm vermisste und dass meine Liebe immer größer würde. Durch meine Haltung und meine Zuversicht ließ ich ihn wissen, dass ich seiner inneren Kraft, diese schmerzliche Phase zu überwinden, vertraute. Wir sprachen offen darüber. Er war deprimiert und fragte mich, ob es ein homöopathisches Mittel gäbe, das seinen Drang, seinem Bruder wehzutun, heilen könne. Lennon wollte Oliver wirklich nicht wehtun; er wünschte sich sehr, seinen Frieden und sein Selbstwertgefühl wiederzufinden – und das gelang ihm auch.

Neben der Kraft, die von Wertschätzung und Akzeptanz ausgeht, ist es sehr wichtig, dass jedes Kind Zeit alleine mit Mama oder Papa verbringen kann. Die Kernfamilie macht Mama und Papa zu knappen Gütern, um die konkurriert wird. Wenn das Bedürfnis jedes Kindes nach Aufmerksamkeit erfüllt wird, gibt es weniger Rivalität und Spannungen.

Ganz gleich, wie gut Ihnen dieser akrobatische Tanz, die Bedürfnisse Ihrer Kinder zu erfüllen, gelingt –, sicher entspannen Sie sich, wenn es gut läuft, doch Sie müssen auch immer wieder Feuer löschen. Spannungen zwischen Geschwistern kommen und gehen und spiegeln das Selbstwertgefühl der Kinder und die Dynamik Ihrer Familie wider. Genießen Sie die ruhigen Zeiten, aber achten Sie auf das Aufflammen von Stresssymptomen, damit Sie sich um das Bedürfnis des Kindes kümmern können, bevor das Ausmaß an Stress, unter dem es leidet, seinem Selbstwertgefühl bleibenden Schaden zufügt.

Wenn Geschwister zusammen aufwachsen, gehört das Auf und Ab ihrer Beziehung zum Leben dazu. Genauso wie Erwachsene durchleben sie friedliche Phasen, gefolgt von Kampf und Unsicherheit. Ein Kind, dessen Selbstwertgefühl immer wieder durch ein Geschwisterkind, einen Freund oder einen Verwandten bedroht wird, braucht meistens Zeit mit einem liebevollen Elternteil, um seinen Glauben an sich selbst wieder erstarken zu lassen. Das kann erfordern, dass man das ältere Geschwisterkind (wenn es alt genug ist) für einen Tag zur Oma schickt, jedem Kind ein eigenes Zimmer gibt oder neue Aktivitäten mit den Eltern oder anderen Spielkameraden vorschlägt, durch die sich das Kind als wertvoller Mensch erlebt. Geben Sie jedem Kind verstärkt Gelegenheit, seinen eigenen Weg zu finden, bei dem es nicht mit Bruder oder Schwester konkurrieren oder teilen muss, und sorgen Sie dafür, dass Ihre Beziehung zu jedem Kind individuell ist. Niemand fühlt sich paar- oder gruppenweise geliebt.

Das einzige Hindernis für das Selbstwertgefühl ist ein Gedanke, der dem Kind suggeriert, es sei nicht wertvoll. Es hat eine Geschichte, die als Beweis seiner Wertlosigkeit oder seines Versagens dient. Wenn Sie ihm die Beweise nehmen, löst sich seine Geschichte in nichts auf. Doch wenn Sie ihm sagen, es solle dem Baby nicht wehtun, hat es einen Beweis dafür, dass es „böse" ist und dass Sie es nicht lieben (weil

Sie das Baby vor dem „bösen" Kind schützen). Sie können sein Drama zusammenschrumpfen lassen, indem Sie es in den Arm nehmen, wenn es dem Baby wehtun will, indem Sie Verständnis und Wertschätzung für sein Bedürfnis bekunden und hilfreiche Ventile für seine Fantasien schaffen. Wenn Sie gegen Ihr Kind ankämpfen, verstärken Sie seinen Schmerz; wenn Sie sich ihm bei seiner Suche anschließen, wird es mit Ihnen gehen, in Ihre Geschichte der Liebe hinein.

Beleidigungen unter Geschwistern

Wenn die Kinder älter werden, fangen sie vielleicht an, beleidigende Bemerkungen über ihre Geschwister zu machen, um sich selbst aufzuwerten. Solche Bemerkungen können freundschaftlich gemeint und harmlos sein, sie können aber auch ein Kind kränken, wenn es sie ernst nimmt. Ein Gefühl der Unsicherheit und Unterlegenheit kann ein Kind dazu bewegen, sein Bedürfnis zu befriedigen, indem es ein anderes Kind herabwürdigt. Was den Adressaten der Beleidigungen angeht, so mag sich ein Kind dadurch ernsthaft gekränkt fühlen, während sie einem selbstsicheren Kind vielleicht nicht viel ausmachen. Was Ihr Kind empfindet, können Sie durch Beobachten und Fragen herausfinden.

Ein selbstsicheres Kind zeigt vielleicht gar keine Reaktion auf beleidigende Worte, während ein unsicheres Kind möglicherweise aggressiv wird oder seinen Schmerz in Worten oder auffälligem Verhalten ausdrückt. Ein Vater erzählte mir, er habe seinen neunjährigen Sohn gefragt, was er empfunden habe, als seine Schwester ihn „Miststück" nannte, und der Sohn habe geantwortet: „Nichts", und sein Verhalten habe seine Gleichgültigkeit gegenüber ihrer Äußerung bestätigt. Verhalten unter Kindern, das in den Augen von Eltern kränkend erscheinen mag, kann durchaus harmlos sein und erfordert dann auch keinerlei Eingreifen. Doch es kommt auch vor, dass ein Kind unter wiederholten beleidigenden Bemerkungen leidet, was bedeutet, dass es glaubt, was zu ihm gesagt wird.

Wenn Sie den Eindruck haben, dass Ihr Kind sich wirklich verletzt fühlt, ermutigen Sie es, wahrzunehmen, wer es wirklich ist, so dass die Worte seines Bruders oder seiner Schwester ihre Macht verlieren. Hören Sie ihm zu und vermeiden Sie es, anzudeuten, die Worte des Geschwisterkindes bestimmten seine Gefühle. Eine Aussage wie „Er macht dich…(z.B. wütend)" impliziert, dass die Worte des Bruders die Gefühle des Kindes bestimmten. Nachdem Sie Ihrem Kind zugehört haben, bekunden Sie Ihre Wertschätzung und stärken Sie sein Selbstgefühl: „Hättest du gern ein gutes Gefühl von dir selbst, ganz gleich, was dein Bruder zu dir sagt?" So ermutigen Sie es, seinen eigenen Wert unabhängig von den Worten eines anderen zu erkennen. Sobald es seinen eigenen Wert in sich selbst sieht, kann ihn niemand mehr wegnehmen. Es wird lernen, dass die Worte anderer keinen Einfluss darauf haben, wer es ist.

Gehen Sie auf die Bedürfnisse des gekränkten Kindes ein, doch bekunden Sie auch Verständnis für das Bedürfnis des Geschwisterkindes, das andere schlecht zu machen. Warum hat es es nötig, seine Schwester oder seinen Bruder zu beleidigen? Versucht es zu beweisen, dass es besser ist, weil es an sich selbst zweifelt? Zweifelt es an Ihrer Liebe? Kann es seinen schmerzlichen Gedanken von der Realität unterscheiden?

Selbstzweifel entsprechen nie der Realität, denn jedes Kind ist ein wertvoller und liebenswerter Mensch. Überlegen Sie, ob bestimmte Bedürfnisse möglicherweise zu kurz gekommen sind. Wenn die Bedürfnisse nach Privatsphäre, Aufmerksamkeit, Liebe und andere, spezifische Interessen befriedigt werden, wird Ihr Kind zufrieden sein und es nicht nötig haben, seine Frustration an seinem Bruder oder seiner Schwester auszulassen.

Sollten Sie merken, dass Sie für ein Kind und gegen das andere Partei ergreifen, halten Sie inne und nehmen Sie das stumme Selbstgespräch in Ihrem Inneren wahr (s von s.a.l.v.e.), wenden Sie dann Ihre Aufmerksamkeit (a) jedem der Kinder zu, hören Sie zu, lauschen Sie (l) und bekunden Sie Verständnis und Wertschätzung (v) für die Gefühle jedes Kindes, ohne eins der beiden zu bevorzugen oder zu kritisieren. Hören Sie sich das, was jedes Kind zu sagen hat, ganz an. Einem Kind gegenüber Verständnis und Wertschätzung zu bekunden steht nicht im Widerspruch dazu, bei dem anderen Kind dasselbe zu tun. Wir schlichten nicht den Streit, sondern äußern nur Wertschätzung für ihre Gefühle und nehmen ihre Wünsche und Sichtweisen zur Kenntnis. Sich nicht in den Inhalt der Auseinandersetzung einzumischen, ermutigt (e) die Kinder, Vertrauen in sich selbst zu haben und einfallsreich zu sein.

Wenn Sie herauszufinden versuchen, ob sich eins Ihrer Kinder gekränkt fühlt, werden Sie oft feststellen, dass sich der „Übeltäter" in größerer seelischer Not befindet, wie es bei Aaron der Fall war:

Der siebenjährige Joseph kam weinend aus dem Kinderzimmer: „Mama, Aaron hat gesagt, ich wär ein Esel, und hat meinen Turm kaputtgemacht."

Rebecca umarmte Joseph und sagte: „Bist du ein Esel?"

„Nein. Mama, er hat meinen Turm kaputtgemacht."

„Möchtest du ihn neu bauen?"

In dem Moment kam der zwölfjährige Aaron aus dem Kinderzimmer.

„Oh, beschwert er sich wieder wie ein Baby bei der Mama?", sagte er provozierend.

Rebecca erkannte den Schmerz in Aarons Äußerung. Sie ging auf ihn zu, berührte ihn, sah ihm in die Augen und fragte: „Möchtest du mal ganz in Ruhe mit mir reden?"

Aaron setzte sich neben seine Mutter auf die Couch, woraufhin Joseph, das ursprüngliche „Opfer", das Zimmer verließ und wieder spielen ging. Offenbar hatte er das Gefühl, dass sich seine Mutter genug um ihn gekümmert hatte. Doch der Schmerz seines Bruders saß tiefer.

„Was ist das Schlimmste daran, einen Bruder zu haben?", fragte Rebecca Aaron. Er horchte auf und fing an, ihr ausführlich davon zu erzählen. Sie hörte ihm aufmerksam zu und merkte, dass Aaron das Gefühl hatte, ein Versager zu sein. Als sie seine Gefühle spiegelte und Wertschätzung dafür zum Ausdruck brachte, weinte er ein paar Tränen und erzählte

viele kleine Geschichten, die deutlich machten, warum er das Gefühl hatte, von der Gegenwart seines jüngeren Bruders in seinem Leben erdrückt zu werden. Aarons Zweifel an seinem eigenen Wert war der Grund, weshalb er seinen Bruder ärgerte.

Bei einem telefonischen Beratungsgespräch mit mir am nächsten Tag sagte Aaron zu mir: „Ich hasse meinen Bruder."

„Wäre es dir lieber, wenn er weg wäre?", fragte ich.

„Ja", antwortete er.

„Erzähl mir, wie es zu Hause ohne ihn wäre", forderte ich ihn auf. Aaron schwieg. Nach einer Weile sagte er: „Nein, ich will nicht, dass er weg ist. Den Gedanken kann ich nicht ertragen."

„Du willst also doch, dass dein Bruder bei euch lebt?"

„Ich glaub schon. Ich kann mir nicht vorstellen, dass er nicht da wäre. Ich liebe ihn ja; es ist nur, dass er so eine Nervensäge ist."

„Wieso ist er eine Nervensäge? Erzähl mir mehr."

„Oh, ich weiß nicht. Eigentlich ist er ganz in Ordnung."

„Ist für dich auch alles in Ordnung, Aaron?"

„Ich glaube schon. Ja. Ich wünschte, meine Mutter hätte mehr Zeit für mich und mein Vater auch. Sie verbringen so viel Zeit mit Joseph."

„Sie verbringen nicht genug Zeit mit dir?"

„Na ja, doch, das tun sie schon, es ist nur, dass… na ja, eigentlich will ich gar nicht mehr Zeit mit ihnen verbringen. Er ist jünger als ich. Ich brauche es nicht. Ich brauche Zeit für meine Freunde."

„Also ist dein Bruder im Grunde in Ordnung, deine Eltern lieben dich und verbringen so viel Zeit mit dir, wie du es gut findest. Irgendwelche Probleme?"

Aaron lachte. „Ich kann mir bestimmt eins ausdenken. Es ist erstaunlich, wie ich mir diese Geschichte ausgedacht habe."

Unser Ziel ist nicht die Bewältigung der unmöglichen Aufgabe, Kinder großzuziehen, die nie einen Schlag für ihr Selbstbild erleben. Solch ein Leben gibt es nicht, und wenn wir unsere Kinder vor realen Erfahrungen abschirmen, schwächen wir sie nur. Vielmehr sollten Kinder mit der Fähigkeit aufwachsen, die Realität mit emotionaler Kraft und Weisheit anzunehmen. Wir streben danach, eine liebevolle und angstfreie Beziehung zu unseren Kindern aufzubauen – eine, die das Ausdrücken aller Gefühle zulässt und in deren Wärme sich unsere Kinder geborgen fühlen. Dies stärkt die Selbstsicherheit, die sie brauchen werden, um selbst ein sinnerfülltes Leben zu führen und eine positive Wirkung auf andere zu haben.

Unterstützen Sie täglich das Selbstwertgefühl Ihres Kindes, indem Sie zu ihm und zu seinen Entscheidungen Ja sagen und indem Sie Ihre Liebe und Anerkennung authentisch zum Ausdruck bringen. Das bedeutet, dass es keine Erwartungen gibt, die der Freude darüber, dass das Kind so ist, wie es ist, im Weg stehen könnten.

Fußnoten

1+2 Leo Buscaglia, Love: What Life is All About, Ballantine Books, Neuauflage 1996.

3   Bruce Linton, Ph.D., „The Window", aus: Wife, Son, Daughter: A Father's Poems, Fathers Forum Press, Berkeley, CA, 1995.

4   Siehe Naomi Aldorts Artikel zum Thema Lob in: Mothering, Ausgabe 71/1994, deutsche Übersetzungen von S. Mohsennia unter http://www.leben-ohne-schule.de/artikel2.html; Life Learning, Ausgabe Nov/Dez. 02, Jan/Feb 03 und Mär/Apr 03, deutsche Übersetzungen unter http://www.leben-ohne-schule.de/artikel2.html.

5   Dieser Vergleich ist entnommen aus: Adele Faber und Elaine Mazlish, Hilfe, meine Kinder streiten. Ratschläge für erschöpfte Eltern, aus d. Amerikan. von Dinka Mrkowatschki, München: Droemer Knaur 1988.

Quellenhinweise

Blanton, B., *Radical Parenting*, Sparrow Hawk Publications 2002

Breeding, J., *The Wildest Colts Make the Best Horses*, Bright Books 1996

Breeding, J., *True Nature and Great Misunderstandings: On How We Care for Our Children According to Our Understanding*, Eakin Press 2004

Briggs, D., *Your Child's Self-Esteem*, Mainstreet Books 1975

Byron, Katie, *Loving What Is: Four Questions That Can Change Your Life*, Harmony Books 2002

Byron, Katie, *I Need Your Love: Is That True? How to Stop Seeking Love, Approval and Appreciation and Start Finding Them Instead*, Harmony Books 2005

Greenberg, D., *Endlich frei: The Sudbury Valley School*, Sudbury Valley Press 1995

Greenberg, D., *Child Rearing*, Sudbury Valley Press 1987

Holt, J., *Wie kleine Kinder schlau werden*, Perseus Publishing, überarbeitete Ausgabe 1995

Holt, J., *How Children Fail*, Perseus Publishing, überarbeitete Ausgabe 1995

Holt, J., *Instead of Education: Ways to Help People Do Things Better*, Sentient Publications 2004

Holt, J., *Learning All the Time*, Addison Wesley Publishing Company, Reprint 1990

Holt, J., *Never Too Late: My Musical Life Story*, Addison Wesley Publishing Company, Reprint 1991

Hunt, J., *The Natural Child: Parenting from the Heart*, New Society Publishers 2001

Juul, J., *Das kompetente Kind. Auf dem Weg zu einer neuen Wertgrundlage für die ganze Familie*, Deutsch von Sigrid Engeler, Rowohlt Verlag 1997

Kohn, A., *Unconditional Parenting: Moving from Rewards and Punishment to Love and Reason*, Atria 2005

Kohn, A., *Punished By Rewards: The Trouble with Gold Stars, Incentive Plans, A's, Praise and Other Bribes*, Mariner Books 1999

Kohn, A., *No Contest: The Case Against Competition*, Houghton Mifflin Company 1987

O'Mara, P., *Natural Family Living: The Mothering Magazine Guide to Parenting*, Atria 2000

Neill, A.S., *Summerhill-D: Theorie und Praxis der antiautoritären Erziehung*, Hart (UK) 1984

Neill, A.S., *Freedom – Not License!* Hart (UK) 1996

Rosenberg, M. Ph.D. et al., *Gewaltfreie Kommunikation*, Puddledancer Press 2003

Thevenin, T., *The Family Bed*, Avery 1987

Winn, Marie, *The Plug-in Drug: Television, Computers and Family Life*, Penguin 2002

Bücher zum Thema Geburt und Gesundheit:

Mendelsohn, R., M.D., *Male Practice*, Contemporary Books 1981

Mendelsohn, R., M.D., *How to Raise a Healthy Child in Spite of Your Doctor*, Ballantine Books 2001

Noble, E., *Childbirth with Insight*, Houghton Mifflin Co. 1983

Zeitschriften:

Life Learning (Kanada): Internationale Zeitschrift für selbstbestimmtes Lernen
Mothering (USA): Zeitschrift für natürliches Familienleben
Byron Child (Australien): Zeitschrift für progressive Familien
Natural Parenting (Australien): Echte Alternativen für Eltern von heute
The Mother Magazine (Vereinigtes Königreich)
Journal for Family Living (USA)
Compleat Mother (USA): Zeitschrift über Stillen, Geburt und Schwangerschaft
Mit Kindern wachsen: Neue Perspektiven & Wege im Leben mit Kindern

Websites, die Gelegenheit zur Selbsterkenntnis bieten:

TheWorkForParents.com
AuthenticParent.com
Naomi.Aldort.com
TheWork.org
Landmarkeducation.com
Sedona.com
Radicalhonesty.com
mit-kindern-wachsen.de
mbsr-deutschland.de

Organisationen, die Unterstützung bieten:

La Leche Liga
Attachment Parenting International
Commercial Alert
The Natural Child Project
Zentrum für gewaltfreie Kommunikation
Mit Kindern wachsen

Danksagung

Mit dem Schreiben dieses Buches begann ich, als mein Jüngster noch ein Kleinkind war, vor ungefähr acht Jahren. Ich hatte alles bald aufgeschrieben, aber ich war als Mutter zu sehr beschäftigt, um es zu überarbeiten und für den Druck vorzubereiten. Vor fünf Jahren, als mein Jüngster, Oliver, sechs war, wäre das Buch beinahe erschienen, doch dann beschlossen er und sein Bruder Lennon, Musikstunden zu nehmen (Cello, Geige, Klavier und später auch Dirigieren und Komponieren). Beide Jungen zeigten großes Talent, so dass ich das Buch noch für ein paar Jahre beiseite legen musste. Heute komponiert und dirigiert Lennon Aldort (15) seine eigenen Symphonien, und Oliver Aldort hat bei zahlreichen Orchestern als Solist gespielt und ist im Fernsehen und Radio aufgetreten; unter **www.OliverAldort.com** können Sie ihn sehen.

Das Buch, das Sie heute in Ihren Händen halten, ist viele Male umgeschrieben und überarbeitet worden. Gewissermaßen ist es mit mir und meinen drei Kindern gewachsen.

Meine Dankbarkeit beginnt bei meinen Kindern, meinen persönlichen Ratgebern und Lehrern. Yonatan Aldort lehrte mich unter anderem, dass das Kind, ganz gleich, wie liebevoll und großartig ich als Mutter auch sein mag, seinen eigenen Film von seiner Kindheit dreht und dass dies die einzige Kindheit ist, die es hat. Lennon Aldort hat mich gelehrt, mit einem Kind in dessen Welt einzutauchen und neue Wirklichkeiten zu entdecken, von deren Existenz ich nichts wusste. Er hat mich gelehrt, Selbsttäuschung von tiefer Wahrheit zu unterscheiden, und hat mich jedes Mal darauf hingewiesen, wenn ich in meinem eigenen Denken gefangen war. Der Jüngste, Oliver Aldort, hält noch immer meine Hand auf dem Weg zur Selbsterkenntnis und lehrt mich das Wesen des Buddha. Wenn die Dinge nicht so laufen, wie er es wollte, sagt er: „Was soll's", und schaut fröhlich nach vorne. Wenn ich mich mit mütterlichen Sorgen quäle, fragt er: „Mama, warum tust du dir das an?"

Als Nächstes gilt meine Dankbarkeit den Tausenden von Kindern, die mir das Material für dieses Buch geliefert haben. Ich bin all den Eltern zutiefst verbunden, die den Mut hatten, meinen Rat zu suchen und mir ihre Familiengeschichten anzuvertrauen. Diese Geschichten, mit geänderten Namen und Umständen, werden Sie im ganzen Buch finden, ebenso wie Geschichten aus meiner eigenen Familie mit echten Namen (mit Genehmigung).

Mein lieber Mann Harvey hat mir Unterstützung und Widerstand geboten; er hat mich herausgefordert, jedoch stets meinen Fähigkeiten und meiner Weisheit vertraut. Er hat mich oft gerufen und gesagt: „Ich kann das mit den Kindern nicht friedlich lösen. Bitte zauber doch mal wieder." Nachdem ich mich um die Situation gekümmert hatte, sagte er: „Bring das Buch raus. Die Welt braucht es."

Es gäbe dieses Buch nicht ohne die Fähigkeit meiner Mutter, selbst zu wachsen, während ihre Kinder wuchsen, und als Großmutter Fragen zu stellen und stets bereit zu sein, etwas Neues zu lernen. Der erste Mensch, der mich das Konzept der Wertschätzung von Gefühlen lehrte, war meine liebe Mutter. Sie war und ist noch immer eine fortschrittliche und außergewöhnliche Mutter und hat nie aufgehört zu lernen.

Ich danke meinem Lektor Patrick Farenga, dem früheren Herausgeber der Zeitschrift *Growing Without Schooling* und einem führenden Vertreter der Unschooling-Bewegung, für das Lektorat und die Formatierung meines Manuskripts. Pat nahm es und brachte es gewandt und mit Leichtigkeit in seine endgültige Form. Bevor ich das Buch Patrick gab, hatte ich das Glück, mit meinem Freund, dem Literaturprofessor Richard Fadem, daran zu arbeiten. Er redigierte meinen Text nicht; vielmehr gab er mir einen Crashkurs zum Thema Schreiben und Lektorieren.

Ellen Steiner und Deborah Burke danke ich dafür, dass sie mit mir am ursprünglichen Manuskript gearbeitet haben, und Lisa Biskup, Michael Biskup und Chrys Buckley dafür, dass sie das Buch redigiert haben. Mein Dank gilt auch Victoria McCown für das Korrekturle-

sen und dafür, dass sie mir Grammatik beigebracht hat. Ohne Sheryn
Hara vom Book Publishers Network, die mir die Last abnahm, das
Manuskript für den Druck vorzubereiten, hätte ich dieses Buch nicht
fertig stellen können. Auch Justin Smith und den Mitarbeitern bei
Bang Publishing gilt mein Dank.

Ich möchte meinen Freunden danken, die Teile des Buches gelesen
und wertvolle Kommentare abgegeben haben: Marjon Riekerk, Ka-
thy Gainor, meinem Bruder Kobe Hass, meiner Schwägerin Michele
Hass und anderen, deren Kommentare mir eine Hilfe waren. Ich kann
unmöglich alle namentlich erwähnen, aber ich bin für jedes bisschen
Feedback, das ich bekommen habe, dankbar.

Der Weg hin zur respektvollen und natürlichen Begleitung des Kindes
durch seine Eltern ist von vielen Einzelpersonen und Organisationen
unterstützt worden. Vor allem danke ich Attachment Parenting International und La Leche Liga, deren viele engagierte Mütter und Leite-
rinnen meine Artikel verbreitet und meine Arbeit genutzt haben, um
bei Eltern kleiner Kinder etwas zu verändern. Insbesondere bin ich den
Müttern von Northwest Attachment Parenting und anderen Eltern-
gruppen im Nordwesten der USA und in Neuengland verbunden.

Ein besonderer Dank gilt den vielen Menschen, die mein Denken
durch ihre Texte beeinflusst haben. Manche von ihnen leben noch,
andere sind gestorben. Dafür, dass sie mir ihre Gedanken und ihre
Liebe geschenkt haben, danke ich: Byron Katie, Werner Erhard, John
Holt, Eckhart Tolle, Marshall Rosenberg, Joseph Chilton Pearce, Daniel Greenberg, A.S. Neill, Robert S. Mendelsohn MD, Tine Thevenin
und vielen anderen, deren Worte ich gehört oder gelesen habe, ohne
mir zu merken, wer sie waren. Ich danke auch den vielen Menschen,
die mich unterstützt, Klappentexte geschrieben und mich haben wissen lassen, dass dieses Buch etwas bewirken kann: Brad Blanton, John
Breeding, John Taylor Gatto, Jan Hunt, Wendy Priesnitz (Kanada)
und Veronika Robinson (Vereinigtes Königreich).

Besonders danken möchte ich auch Peggy O'Mara, Herausgeberin
der Zeitschrift *Mothering*. Peggy ist stets eine treibende Kraft in der

Bewegung zu einer natürlichen Haltung als Eltern gewesen. Ihre füh-
rende Rolle hat mir und anderen den Weg geebnet, um das Leben von
Kindern und Eltern rund um die Welt zu verändern.

Mein wichtigster Dank gilt Ihnen, der Leserin/dem Leser, für Ihren
Mut, dieses neue Paradigma der Elternschaft zu erkunden. Ohne Sie
könnte es dieses Buch nicht geben. Ich spiegele Ihr Bemühen wider,
gemeinsam mit Ihren Kindern zu wachsen.

In Liebe und Dankbarkeit,
Naomi

Kontaktinformationen

Die Artikel von Naomi Aldort, Ph.D., zum Thema Begleitung von Kindern sind international publiziert worden. Außerdem hält sie Vorträge und arbeitet als Therapeutin, wobei sie *The Work* mit spezifischer Beratung verbindet, die sich nach dem von den Eltern eingeschlagenen individuellen Weg in der Begleitung ihrer Kinder (Attachment Parenting, Unschooling, Mainstream usw.) richtet. Sie benutzt das Verfahren des Nachfragens, um die Gedanken und Meinungen offen zu legen, die der Fähigkeit der Eltern, aus Liebe heraus zu handeln, im Wege stehen.

Naomis Artikel und Ratgeberspalten sind weltweit in verschiedenen Zeitschriften und Büchern zu finden. In der Zeitschrift *Mit Kindern wachsen* gab es über viele Jahre eine Kolumne von ihr zu verschiedenen Themen, international erscheinen Artikel von ihr unter anderem in: *Mothering Magazine* (USA), *The Journal of Attachment Parenting International*, dem bei McGraw Hill erschienenen Universitätsfachbuch *A Child's World*, außerdem in *Byron Child* (Australien), *Natural Parenting* (Australien), *The Mother* (Vereinigtes Königreich), *Hand in Hand* (USA), *Life Learning Magazine* (Kanada), *Taking Children Seriously* (Vereinigtes Königreich) und *Gentle Spirit*. Naomis Artikel sind ins Deutsche, Hebräische, Japanische, Spanische und Niederländische übersetzt worden.

Für weitere Informationen besuchen Sie bitte Naomis Websites:
www.NaomiAldort.com
www.TheWorkForParents.com
www.authenticchild.com
www.AuthenticParent.com
Telefon 001-360 376-3777
naomi@aldort.com
Naomi Aldort, Ph.D.
P.O. Box 1719
Eastsound, WA 98245
USA

Weitere Literatur aus dem Arbor Verlag

Myla & Jon Kabat-Zinn

Mit Kindern wachsen

Die Praxis der Achtsamkeit in der Familie

18 Jahre nach der ersten Auflage von *Mit Kindern wachsen* haben Myla und Jon Kabat-Zinn ihr Buch grundlegend überarbeitet – dabei aber die Essenz der ursprünglichen Ausgabe bewahrt: dass das Leben mit Kindern ein Weg von ungeahnter Tiefe und Erfüllung sein kann.

Nie zuvor sind die wissenschaftlichen Beweise so unwiderlegbar gewesen, dass die Schulung von Achtsamkeit ausgeprägte positive Effekte für uns selbst und für alle haben kann, mit denen wir zusammenleben. Und nie zuvor ist es für Eltern wichtiger gewesen, diese Veranlagung, die wir alle haben, zu kultivieren – zu Bewusstheit und herzlicher Offenheit für den gegenwärtigen Moment und letztendlich zu größerer Weisheit, wie man ein erfülltes und sinnvolles Leben führen kann.

Die behandelten Themen sind vielfältig und reichen von grundsätzlichen Überlegungen bis hin zu vielen praktischen Beispielen und konkreten Hinweisen für ein harmonisches Leben mit Kindern. Ein wertvoller Ratgeber für alle, die in ihrem Elterndasein neue Wege gehen möchten.

ISBN 978-3-86781-141-5

Lienhard Valentin & Petra Kunze

Die Kunst, gelassen zu erziehen

Achtsamkeit im Leben mit Kindern

„Bis ich Mutter wurde, konnte ich in der schönen Illusion leben, ein netter Mensch zu sein!"
Kennen Sie das? Dieses Zitat stammt von einer Mutter in einem Elternseminar. Kinder sind wundervolle, zauberhafte Wesen. Aber: Sie können uns manchmal auch zur Weißglut treiben. In diesem Buch erfahren Sie:

- wie Sie mit Ihren Kindern auch im täglichen Familienchaos und in schwierigen Situationen *achtsamer, gelassener und liebevoller* umgehen können;
- wie Sie sich klarer werden können über Ihre Haltung zu sich und zu Ihren Kindern;
- wie Sie Wichtiges von Unwichtigem unterscheiden, manches ändern und anderes *loslassen*;
- wie Sie eine neue, *harmonischere und glücklichere* Familien-Atmosphäre schaffen können.

„Dieses Buch weist uns einen wirkungsvollen, wahrhaft praktischen Weg, um unsere Kinder achtsam ins Leben zu begleiten."
Jon und Myla Kabat-Zinn

ISBN 978-3-86781-142-2

Alfie Kohn

Liebe und Eigenständigkeit

Die Kunst bedingungsloser Elternschaft,
jenseits von Belohnung und Bestrafung

Was denken Eltern über ihre Kinder? Was empfinden sie für ihre
Kinder? Wie handeln sie?
Liebe und Eigenständigkeit ermuntert uns, genau hinzuschauen.
Das lohnt sich, denn es gibt einen Weg, unsere Kinder respektvoll
und in Liebe zu begleiten. Ein Weg, der uns in einen tiefen und
klaren Kontakt mit unseren Kindern bringt und uns sogar über die
Zeit der Pubertät hinaus mit ihnen zu verbinden mag.
Doch noch fragen wir uns häufig, wie wir es hinkriegen, dass unsere
Kinder das tun, was wir von ihnen wollen. Genau hier stecken wir
in den Sackgassen gewohnter Erziehungsversuche fest.
Alfie Kohn steht uns zur Seite, indem er mit den Mythen und
Wunschvorstellungen eingefahrener Erziehungslehren aufräumt und
uns an jenen Punkt zurückführt, an dem das Fragen wirklich Sinn
macht: „Was brauchen Kinder und wie können wir diese Bedürfnisse
erfüllen?"
Übliche Erziehungsmethoden wie Bestrafung oder Belohnung
versagen an dieser Stelle. Sie setzen auf Kontrolle und vermitteln
unseren Kindern so, dass sie nur dann geliebt werden, wenn sie uns
gefallen oder wenn sie uns beeindrucken. Alfie Kohn verweist auf
umfassende, aber wenig bekannte Forschungsergebnisse, die bele-
gen, welchen Schaden es anrichten kann, wenn sich unsere Kinder
ihre Anerkennung erst „verdienen" müssen.
Liebe und Eigenständigkeit weist uns demgegenüber, ganz praxisbe-
zogen, neue Wege.

ISBN 978-3-86781-015-9

Daniel Siegel & Tina Payne Bryson

Achtsame Kommunikation mit Kindern

12 revolutionäre Strategien aus der Hirnforschung für die gesunde
Entwicklung Ihres Kindes

Ihr Kind hat mitten im Supermarkt einen Wutanfall? Ihre Fünf-
tklässlerin schmollt auf der Bank, statt mit den anderen Kindern
zu spielen? Haben Kinder die Absicht, ihren Eltern andauernd das
Leben schwerzumachen? Nein – hier zeigt sich nur, dass sich das
Gehirn Ihrer Kinder noch entwickelt!

In diesem richtungsweisenden praktischen Buch enträtseln der Neuro-
psychologe Daniel Siegel und die Erziehungsexpertin Tina Payne Bryson die emotionalen Zusammenbrüche und ausweglosen Situationen
im Leben mit Kindern. Für jeden verständlich, erklären sie die neuen
wissenschaftlichen Erkenntnisse über die Prägung und Entwicklung
des kindlichen Gehirns. Durch die Anwendung dieser Erkenntnisse
auf das tägliche Leben mit Kindern können Sie Wutausbrüche, Streit
oder Ängste zu einer Gelegenheit machen, um die Integration des
Gehirns Ihres Kindes zu unterstützen und wirkliches Wachstum zu
ermöglichen.

*„Jeder, der für Kinder sorgt oder der ein Kind liebt, sollte dieses Buch
lesen.“*

Daniel Goleman

ISBN 978-3-86781-082-1

Mit Kindern wachsen e.V.

Neue Perspektiven und Wege im Leben mit Kindern

Im Verein *Mit Kindern wachsen* befassen wir uns nunmehr seit mehr als 20 Jahren mit neuen Wegen im Leben mit Kindern. Diesen Wegen ist gemeinsam, dass sie Kinder nicht nach unseren wohlmeinenden Vorstellungen ‚erziehen‘, sondern sie von Anfang an als fühlendes Subjekt respektieren, ihre Integrität bewahren und es ihnen erlauben wollen, sich nach ihrem eigenen inneren Gesetz zu entfalten – und dies sowohl in der Familie als auch in Kindergarten und Schule. In diesem Zusammenhang bieten wir in Deutschland, Österreich und der Schweiz verschiedene Vorträge, Seminare und Weiterbildungen an, über die Sie sich auf unserer Website informieren können.

In unserer Zeitschrift stellen wir verschiedene Ansätze und Autoren vor, deren Arbeit die innere und äußere Neuorientierung im Umgang mit Kindern unterstützen und begleiten kann. Wir hoffen, dass wir dazu beitragen können, Kinder und ihre Entwicklungsbedürfnisse besser zu verstehen, sie einfühlsam ins Leben zu begleiten und Wege zu finden, mit ihnen zu wachsen. In diesem Sinne hoffen wir, dass unser Angebot für Sie viele Anregungen enthalten wird.

Mit Kindern wachsen
Alice-Salomon-Straße 4 • D-79111 Freiburg
Tel. 0049(0)761/47 99 540
info@mit-kindern-wachsen.de
www.mit-kindern-wachsen.de

Online

Umfangreiche Informationen zu unseren Themen,
ausführliche Leseproben aller unserer Bücher,
einen versandkostenfreien Bestellservice und unseren
kostenlosen Newsletter. All das und mehr finden Sie auf unserer
Website.

www.arbor-verlag.de

Mehr von Naomi Aldort:

www.arbor-verlag.de/naomi-aldort

Seminare

Die gemeinnützige *Arbor-Seminare gGmbH* organisiert
Seminare und Weiterbildungen mit führenden Vertretern
achtsamkeitsbasierter Verfahren. Nähere Informationen finden
Sie unter:

www.arbor-seminare.de